장자, 나를 깨우다

장자, 나를 깨우다

2015년 11월 20일 초판1쇄 발행
2018년 9월 19일 초판2쇄 발행

지은이 이석명

펴낸이 권정희
펴낸곳 ㈜북스톤
주소 서울특별시 강남구 언주로108길 21-7, 3층
대표전화 02-6463-7000
팩스 02-6499-1706
이메일 info@book-stone.co.kr
출판등록 2015년 1월 2일 제 2016-000344호
ⓒ 이석명 (저작권자와 맺은 특약에 따라 검인을 생략합니다)
979-11-954638-4-8 (03150)

북스톤은 세상에 오래 남는 책을 만들고자 합니다. 이에 동참을 원하는 독자 여러분의 아이디어와 원고
를 기다리고 있습니다. 책으로 엮기를 원하는 기획이나 원고가 있으신 분은 연락처와 함께 이메일 info@
book-stone.co.kr로 보내주세요. 돌에 새기듯, 오래 남는 지혜를 전하는 데 힘쓰겠습니다.

장자, 나를 깨우다

부자유한 세상에서 장자를 읽는다는 것

이석명 지음

북스톤

잃어버린 '나'를 찾아서

물질은 풍족한데 정신은 공허한 시대다. 오늘날 우리는 어디로 가고 있는가? 부지런히 달려가고 있는데 어디로 향하고 있는지는 모른다. 열심히는 살고 있는데 무엇을 위해 사는지는 모른다. 남들이 달리니 나도 달리고, 남들이 열심히 살아가니 나도 열심히 살아갈 뿐이다. 남들이 달릴 때 달리지 않으면 낙오자가 될 것 같아서, 남들이 열심히 살 때 놀고 있으면 왠지 마음이 불안해서…. 이런 현대인의 삶에 '나'는 없다. 나의 주체적인 삶, 나의 자유로운 삶은 이미 실종된 지 오래다.

이러한 시대에 장자는 우리에게 '나'를 찾아준다. 잃어버린 '나'를 찾게 하여 주체적이고도 자유로운 삶을 살 수 있는 길을 알려준다. 그 과정에서 우리에게 가만히 속삭인다. 매미나 비둘기가 되지 말고 대붕이 되라고. 박제된 거북으로 존재하느니 차라리 진흙탕에 꼬리를 끌며 사는 살아 있는 거북이 되라고. 새장에 갇힌 살찐 꿩이 되지 말고 열 걸음 백 걸음에 겨우 한 모금 마시는 고달픈 꿩이 되라고.

『장자』는 오래된 고전이다. 지금으로부터 2천 3백여 년 전 중국의 어느 시골에 살던 별 볼 일 없는(?) 한 '자연인'이 남긴 저술이다. 사회적 지위도 가진 재물도 없이 궁핍한 삶을 살아야 했던 장자라는 재야 지식인이 온몸으로 남긴 글이다. 그러나 그 긴 세월의 거리를 두고 있음에도 불구하고『장자』는 21세기의 우리 현대인들에게 여전히 매력적으로 다가온다. 아니, 오히려 현대의 물질문명이 발달하면 발달할수록 이 책의 진가는 더욱 빛난다. 물질문명의 일방적 발달은 필연적으로 정신세계의 쇠퇴를 야기하게 되었고, 그 결과 현대인들은 '나'를 잃어버린 채 극성한 물질문명의 숲에서 정신적 방황을 겪고 있기 때문이다.

장자가 필요한 시대다. 이 시대가 장자를 부른다. 장자가 '전국시대'라는 혼란기를 살았던 것처럼 오늘날의 우리 또한 혼란기에 살고 있다. 세계화 시대, 정보화 시대, 무한 경쟁의 시대, 고도산업화 시대, 신자유주의 시대 등, 이 시대를 표현하는 이름이 많아질수록 우리의 정신 또한 더욱더 혼란스럽고 어지러워진다.

이런 혼돈의 시대에 장자는 우리에게 새로운 삶의 길을 제시해준다. 부분에 갇힌 소아(小我)의 '닫힌 삶'이 아니라 전체를 바라보는 대아(大我)의 '열린 삶'으로 들어서게 한다. 타인의 시선 혹은 물질적 조건에 좌우되는 '미몽의 삶'이 아니라, 나의 시선으로 바라보고 주체적으로 살아가는 '깨어 있는 삶'으로 인도한다. 무더운 한여름 갈증에 시달릴 때 마시는 시원한 청량제처럼, 그렇게 장자는 우리에게 다가설 것이다. 그러므로 지금 우리는 이 시대가 주는 혼미함에서 깨어나기 위해 장자가 주는 청량제를 직접 마시러 가야 할 때다.

그런데 장자의 말과 글이 너무 어렵다. 야성의 장자를 직접 만나기 위해서는 넘어야 할 산들이 많다. 일반 독자들이 『장자』를 통째로 이해한다는 것은 결코 쉽지 않다. 그래서 이 책에서는 『장자』의 내용 중 일반 대중에게 쉽게 이해될 수 있는 이야기 형식의 글들만 뽑았다. 그리고 추려낸 이야기들을 주제 별로 아홉 개의 범주로 분류하고, 다시 각각의 이야기에 현대적 해설을 달았다. 비록 여러모로 부족하지만 독자들은 필자의 해설을 사다리 삼아 장자의 정신세계에 좀 더 가까이 다가설 수 있을 것이다.

이 책에서 다루는 아홉 개의 주제는 나름의 일정한 체계, 즉 '대주제'→'인식'→'실천'→'수양'의 틀을 유지하고 있다. 1장에서는 장자 사상의 궁극적인 지향처가 무엇이냐에 대해 말하고 있다. 장자는 「소요유」편 첫머리에서 9만 리 상공을 자유롭게 비상하는 '대붕의 이야기'를 제시함으로써 그의 사상적 이상이 '自由'(자유)에 있음을 암시한다. 2~4장에서는 세상을 어떻게 바라볼 것이냐 하는 인식의 문제를 다룬다. 이를 위해 필자는 '是非'(시비), '價値'(가치), '不具'(불구)라는 세 가지 주제를 뽑았고, 이를 통해 대상 사물에 대한 편견을 제거하고 불편부당한 도의 관점에서 세상을 보고 판단하라는 장자의 메시지를 전달하고자 했다.

5~7장에서는 나의 삶을 어떻게 살아야 하는가 하는 실천의 문제를 다루고 있다. 장자는 마음의 두께를 없애야만 걸림이 없는 자유로운 삶을 살 수 있다고 하였고('養生'), 주어지는 삶의 흐름을 편안히 받아들일 때 불필요한 고통에서 벗어날 수 있다고 했으며('命'), 삶과 죽음을 차별적으로 바라보지 않을 때 진정으로 생사의 문제에서 벗어날 수 있다고 했다.('生死') 마지막으로 8~9장에서는 자유로운 존재에 다가서기 위해 필요한 수행방법 및 경지('修養'), 그리고 수양을 거친 후 도달하게 되는 이상적 인격의 모습('眞人')에 대해 다루고 있다.

이 작업은 지난 여러 해 동안 진행했던 장자 강의를 통해 이루어졌다. 학생들을 상대로 하는 대학강의에서 또는 일반 시민을 대상으로 하는 시민강좌에서 이런저런 형태의 장자 강의를 하면서, 어떻게 하면 장자 사상을 좀 더 쉽고 재미있게 대중에게 전달할 수 있을까 고민했다. 그러다 강의를 위한 글을 쓰기 시작했다.

그 후 많은 시간이 지났다. 주제를 선정하고 거기에 해당하는 이야기들을 찾고 또 합당한 해설을 붙이는 작업은 결코 만만한 일이 아니었다. 한 번의 강의를 위해 일주일 동안 준비했다. 한 학기의 강의가 끝나면 그때까지 작성된 원고를 다시 읽으면서 종합적으로 검토했다. 그렇게 몇 년이 지나면서 어느덧 초고가 완성되었다. 초고가 완성된 이후에도 강의에 앞서 원고를 수정했고, 강의가 끝나면 또다시 원고를 들여다보았다.

장자 강의를 하면서 종종 이런 질문을 받곤 했다. 치열한 경쟁을 통과해야 겨우 살아남을 수 있는 현대사회에서 장자적인 삶의 태도는 너무 소극적이지 않은가? 물질적 조건이 충족되지 않은 상태에서 정신적인 자유라는 게 가능한가? 오늘날 같은 물질만능의 자본주의 시대에 수양을 통해 참된 사람이 된다는 게 무슨 의미가 있는가?

그렇다. 무한경쟁을 부추기는 약육강식의 시대, 물질적 조건만이 모든 가치의 기준이 되는 자본주의 시대에 장자의 사상은 어쩌면 낭만적 이상주의자의 허황된 망상으로 보일 수 있다. 우리를 에워싼 모든 속박으로부터 벗어나 자유롭게 살아가는 자유인이 되라는 장자의 외침은 공허한 메아리로 들릴지도 모른다. 한마디로 장자 사상은 시대의 흐름에 역행하는 낡은 사상일 수 있다. 그러나 장자 사상의 그러한 점이 오히려 이 시대에 장자가 더욱 필요한 이유가 되지 않을까? 경쟁주의 혹은 물질주의 일변도로만 흘러가는 이 시대의 편향과 왜곡을 장자가 견제해줄 수 있지 않을까?

원고를 쓰고 고치는 과정에서 학생들의 질문과 그들과의 토론이 많은 도움이 되었다. 학생들이 제기한 질문들을 통해 장자 사상에 대해 일반인들이 하기 쉬운 오해를 확인했고, 학생들과의 토론을 통해 장자 사상을 쉽게 설명할 수 있는 새로운 아이디어를 얻을 수 있었다.

세상의 모든 일들이 그러하듯이 이 책이 나오는 데도 수많은 사람들의 도움과 공덕이 더해졌다. 그 이름들을 하나하나 거론하는 것이 오히려 그들의 은밀한 공덕을 훼손하는 행위가 될까 두렵다. 그래서 가만히 마음속으로만 그들의 이름을 부르면서 감사의 마음을 전해본다.

2015년 10월, 가을의 문턱에서
장자의 자유와 고독을 생각하며
견독재(見獨齋)에서 저자 쓰다

들어가는 말

1장

自由

낯선 것과 마주하다

"마음에 자유로움이 없으면
육근(六根)의 욕망이 서로 다투게 된다."
(心无天遊, 則六鑿相攘.)

　『장자』 첫 편은 '소요유'(逍遙遊)라는 제목으로 시작된다. 여기
에는 상징적 의미가 있다. 장자는 「소요유」편을 첫머리에 둠으
로써 자기 철학의 궁극적 지향점을 암시한다. 그러므로 장자의
정신세계를 탐색하는 철학 여행을 떠날 때 이 '소요유'라는 말
은 좋은 실마리가 된다.

　서양 학자들은 이 단어를 "행복한 방랑"(Happy Wandering, 제인
잉글리시) 또는 "목적지 없이 어슬렁거리기"(Going Rambling without
a Destination, 앤거스 그레이엄) 등으로 번역하고 있다. 언어학적으
로는 적절할지 모르지만 철학적으로는 잘못된 번역이다.[1] 장자
가 말하는 '유'(遊)는 단순한 '방랑'이나 '어슬렁거림'이 아니
다. 그것은 자기변화 또는 영혼의 변화를 경험한 사람이 누릴 수
있는 마음의 절대적 자유로움을 의미한다. 일체의 외물(外物), 즉
물리적 환경뿐 아니라 사회적 관습이나 관념으로부터 벗어나

---

1) 로버트 앨린슨 지음, 김경희 옮김, 『장자, 영혼의 변화를 위한 철학』, 19쪽.

그 무엇에도 구속되지 않는 자유로운 정신 상태에 머물러 있음, 그리하여 내 존재 밖에 있는 모든 외적인 가치판단으로부터의 완전한 해방 또는 해탈을 말한다.

절대적 자유! 이를 얻기 위해서는 '낯선 것과의 마주침'이라는 특별한 여행이 필요하다. 일상성에 갇혀 있는 사람은 자신이 일상성 속에 갇혀 있는 '죄수'라는 사실을 자각하기 힘들다. 일상성은 우리의 감각을 무디게 만들기 때문이다. 익숙한 것으로부터 벗어나 기존의 것들과 거리를 두는 모험 같은 여행을 감행할 때 비로소 우리는 자유에 한발 다가설 수 있다.

모험을 감행하는 사람에게는 반드시 변화가 온다. 낯선 것과의 마주침을 통해 잠자고 있던 영혼의 감각이 깨어나고, 깨어난 사람은 자신을 돌아보게 되며, 그러한 돌아봄은 영혼의 변화로 인도된다. 영혼의 변화를 경험한 사람은 인격과 관점의 변화를 체험하게 되며, 그 결과 이전과 전혀 다른 방식으로 세상을 바라보게 된다. 인격과 관점의 변화는 종종 '깨달음'이라는 언어로 표현되고, 깨달음은 우리를 자유로운 정신 또는 그러한 삶으로 이끈다. 장자는 평생 누구에게도 속박되지 않는 삶, 어떤 관념에도 얽매이지 않는 자유로운 삶을 지향했고 또 그렇게 살았다. 이 장에서는 이러한 장자의 정신세계에 진입하기 위한 열쇠를 만나게 될 것이다. 시작은 대붕의 이야기다.

물고기가 새로 변화한 까닭

　북명(北冥)에 물고기 한 마리가 살고 있었는데 그 이름은 곤(鯤)이다. 곤은 매우 거대하여 크기가 몇 천 리나 되었다. (오랜 세월이 지난 후) 이 물고기는 새로 변했으니 그 이름은 붕(鵬)이다. 붕의 등은 몇 천 리나 되었는데, 한 번 힘써 날아오르면 펼쳐진 날개는 마치 하늘에 드리운 거대한 구름과 같았다. 바다가 일렁여 큰 파도가 일면 이 새는 남명(南冥)으로 날아갈 준비를 한다. 남명은 천지(天池), 즉 '하늘 연못'의 이름이다.

　기이한 이야기들을 기록한 『제해(齊諧)』라는 책에서도 다음과 같이 말한다. "붕이 남명으로 옮겨갈 때는 파도가 3천 리나 치솟

　　　　　　　　自由

고, 회오리바람을 타고 9만 리 상공으로 날아올라가며, 6개월 동안 날아간 이후에 내려와 쉰다.”

아지랑이와 먼지는 생물들이 숨을 쉼으로써 서로 뿜어내는 것들이다. 하늘이 푸르고 푸른 것은 하늘의 본래 색깔인가, 아니면 너무 멀어 아득하기 때문에 그렇게 보이는 것인가? 9만 리 상공에서 내려다보면 또한 이와 같을 뿐이다.

또한 물이 두텁게 쌓이지 않으면 큰 배를 띄울 수 없다. 마루 위 오목한 곳에 한 잔의 물을 부어놓으면 지푸라기 정도는 뜨지만 잔을 띄우면 바닥에 들러붙는다. 물은 얕고 배는 크기 때문이다. 바람이 두텁게 쌓이지 않으면 ‘거대한 날개’, 즉 붕새를 실을 힘이 없다. 그러므로 붕새는 9만 리 상공으로 날아올라야만 바람이 배 아래에 놓이게 되고, 그런 이후에 바람을 탈 수 있는 것이다. 푸른 하늘을 등에 지고 앞에 아무것도 가로막는 게 없는 이후에야 비로소 붕새는 남쪽을 향해 날아간다. (소요유)

北冥有魚, 其名爲鯤. 鯤之大, 不知其幾千里也. 化而爲鳥, 其名爲鵬. 鵬之背, 不知其幾千里也. 怒而飛, 其翼若垂天之雲. 是鳥也, 海運則將徙於南冥. 南冥者, 天池也.

齊諧者, 志怪者也. 諧之言曰：“鵬之徙於南冥也, 水擊三千里, 摶扶搖而上者九萬里. 去以六月息者也.”

野馬也, 塵埃也, 生物之以息相吹也. 天之蒼蒼, 其正色邪? 其遠而無所至極邪? 其視下也, 亦若是則已矣.

且夫水之積也不厚, 則其負大舟也無方. 覆杯水於坳堂之上, 則
芥爲之舟; 置杯焉則膠, 水淺而舟大也. 風之積也不厚, 則其負大
翼也無力. 故九萬里, 則風斯在下矣, 而後乃今培風; 背負靑天而
莫之夭閼者, 而後乃今將圖南.

　　　　　　　　　　　　＞＜

　북명(北冥)은 북쪽에 있는 바다 또는 북쪽의 깊은 연못을 의미
한다. 여기서 중요한 것은 '매우 깊고 넓은 물'이라는 것이다.
'冥'은 곧 '溟'(명)의 의미를 지니는 글자로, 물이 너무도 깊고
깊어서 검푸른 빛이 감도는 상태를 의미한다. 그러니까 북명이
라고 하는 깊고 넓은 물속에 거대한 물고기 '곤'이 살고 있다는
것이다.

　황당한 이야기다. 수천 리나 되는 거대한 물고기, 그것이 변
한 수천 리 크기의 새, 9만 리 상공으로의 비상과 6개월간의 비
행…. 하나같이 우리의 상식을 초월하는 파격적인 내용들이다.
장자는 왜 이처럼 황당하고도 괴이한 신화적인 이야기로 말문
을 뗐을까?

　충격요법을 통한 '상식의 파괴'를 의도했기 때문이다. 일상
적 관념에 머물러 있는 우리의 상식을 뒤흔들어 놓음으로써 좁
은 세계관에서 벗어나라는 주문이다. 마치 플라톤이 '동굴의 우
화'를 통해, 죄수들이 어두컴컴한 동굴에서 벗어나 찬란한 태양
아래의 밝은 세상을 경험하길 바랐듯이 말이다.

　　　　　　　　　　　　　　　　　　　　自由

장자가 살던 당시는 이른바 '제자백가'(諸子百家)라고 하는 온갖 종류의 사상가들이 모두들 자기 사상만이 최고의 진리라고 앞다투어 외치던 시대였다. 그러나 장자가 보기에는 대부분 자기만의 좁은 세계관에 갇혀 있는 '우물 안 개구리'들이었다. 유가니 묵가니 법가니 이름만 거창할 뿐 하나만 알고 둘은 몰랐으며, 부분에 매달려 전체를 보지 못하고 있었다. 장자는 그들을 둘러싼 단단한 껍데기를 부수고자 했고, 그들을 좁디좁은 '우물'에서 끌어내 망망대해의 드넓은 세계로 인도하고자 했다.

이를 위해 필요한 것이 강한 몽둥이의 충격이다. 꿈속에서 헤매고 있는 자들에게 일격을 가함으로써 한순간 꿈에서 깨어나게 하는 것이다. 마치 미몽에 빠져 있는 중생을 향해 느닷없이 '할!'(喝)을 외치는 선승처럼 말이다.

다음으로 눈길을 끄는 것은 물고기 '곤'이 변하여 '붕새'가 된다는 설정이다. '곤'은 본래 새끼물고기 또는 물고기 알을 의미한다. 중국 고대의 사전인 『이아』(爾雅)의 「석어」(釋魚)편에 곤(鯤)은 '어자'(魚子) 즉 새끼물고기로 풀이되어 있고, 『설문해자』(說文解字)에서도 "물고기로 태어나기 전의 것, 즉 물고기의 알"로 설명되고 있다. 그러니까 장자는 본래 '매우 작다'는 단어에 '매우 크다'는 정반대의 의미를 부여한 셈이다. 이는 '크다'와 '작다'는 단지 상대적인 관념에 불과하다는 장자의 상대주의적 세계관이 반영된 것이기도 하다.

그런데, 물고기가 새로 변한다? 하나의 생물이 다른 생물로 변할 수 있다는 발상은 현대의 진화론에서 쉽게 찾아볼 수 있지만, 장자가 살았던 시대에 진화론적 사고가 있었다고 보기는 어렵다. 그렇다면 이 부분을 어떻게 이해해야 할까? 단순히 장자의 상상 또는 신화적 사고로 받아들여야 할까?

중국 고대에는 하나의 사물은 다른 사물로 변화할 수 있다는 일종의 변화론이 존재했다. 가령 『회남자』에는 다음과 같은 말이 나온다. "옛날에 공우애(公牛哀)라는 사나이가 역병(易病)에 걸려 7일 만에 호랑이로 변했다." 역병은 사람의 형체가 다른 모습으로 변하는 병으로, 서양 전설 속의 '늑대 인간'과 비슷한 병으로 추정된다. 그런가 하면 『예기』 「월령」편에 보면 "계춘(季春)의 달인 3월에는… 들쥐가 변해 메추라기가 된다", "계추(季秋)의 달인 9월이 되면… 참새는 바다로 들어가 조개가 된다" 등과 같은 내용이 종종 눈에 띈다. 따라서 물고기 곤이 붕새로 변했다는 장자의 말은 오늘날의 진화론적 사고라기보다는 당시 유행한 변화론에 바탕을 둔 것으로 볼 수 있다. 동양의 중요 경전인 『주역』(周易)에서 '역'(易)이 '변화'를 가리키듯이, 고대 중국인들은 사물은 쉼 없는 변화의 과정에 놓여 있다고 보았다. 계절도 변하고 상황도 변하며 우리의 인생도 끊임없이 변화하는데 생물이나 사물이라고 다르겠는가. 이러한 변화가 장자에게는 '운명'으로 간주되기도 했다.

그러나 이 이야기에서는 물고기가 새로 변한 외형적 변화가 중요한 게 아니다. '물'이라는 제한된 상황에 갇혀 있던 물고기가 한계를 벗어나 자유로운 존재가 된 질적인 변화, 여기에 초점이 있다. 장자가 보기에 물고기와 새는 존재의 차원이 다르다. 물고기는 물을 벗어나면 옴짝달싹 못한다. 바다의 왕인 고래도 바다를 벗어나면 개미의 밥이 될 수밖에 없듯이, 물고기는 '물'이라고 하는 지극히 제한된 상황에 구속돼 있다. 그러므로 곤이 아무리 커도 물이라는 구속에 갇힌 제한된 존재에 불과하다.

어쩌면 곤은 장자가 바라본 당시 사람들의 모습일지도 모른다. 장자는 한 줌의 부와 권세를 잡고 위세를 과시하려 드는 사람들의 모습에서 곤의 가련함을 보았을 것이다. 제아무리 대단한 권세와 부귀를 누린다 할지라도 그것은 외적인 '거대함'에 불과하다. 내면의 변화, 영혼의 질적 상승이 없는 사람은 외물(外物)에 갇혀 평생 그 한계를 벗어나지 못하는 가련한 존재일 뿐이다.

반면 곤이 붕새로 변했다는 것은 기존의 구속과 틀에서 벗어나 새로운 단계로 진입했음을 의미한다. 곤은 물을 벗어나 드넓은 하늘을 마음대로 훨훨 날 수 있는 자유를 얻었다. 기존의 낡은 세계를 벗어던지고 새로운 세계로 들어간 것이다. 붕새는 수평적 삶(2차원의 세계)을 뛰어넘어 수직적 삶(3차원의 세계)으로 새롭게 진입했음을 상징한다.

자유와 깨달음은 거저 얻어지는 게 아니다. 일단 자발적인 각성이 필요하다. 현재 자신이 머물고 있는 또는 놓여 있는 상태를 정확히 진단하고, 그 상태에서 벗어나야겠다는 적극적인 의지를 가져야 한다. 물고기 곤에서 붕새로 변했다는 것은 자발적 각성을 상징적으로 표현한 것일 수도 있다. 곤이 물고기 상태에 만족하고 물속에서 아무 불편함도 느끼지 못하고 유유자적 노닐었다면 아마 영원히 그 상태에 머물렀을 것이다. 그러나 곤은 물고기로서의 한계를 자각하고 물이 주는 불편함과 제한을 인식했다. 그래서 오랫동안 새가 되기를 꿈꾸었다. 어쩌면 수백 년 수천 년이 걸렸을 수도 있다. 그 긴 세월 동안 물고기 곤은 끊임없이 갈망하고 염원했다. 새가 되어 바다에 비치는 저 푸른 하늘을 마음껏 날 수 있는 그날이 오기를 간절히 기도했다.

그리고 마침내 자유로운 붕새가 되었다.

물고기가 새로 변했다는 것은 일단 자유의 경지에 진입했음을 의미한다. 물이라는 한계를 벗어나 허공을 날 수 있는 자유를 얻었다는 점에서 붕은 질적인 비약 내지는 존재 차원의 상승을 이루었다. 그러나 이것만으로는 부족하다. 붕이 얻은 자유는 아직 미약하고 불완전하다. 이대로라면 매미나 참새와 무엇이 다른가? 비록 붕새가 수천 리에 달하는 몸집을 하고 있다고는 하지만, 단지 새가 된 것에만 만족한다면 다른 새들과 무슨 차이가 있겠는가? 그 거대함에 걸맞은 또 다른 질적인 비약이 필요하다.

이에 장자는 다시 붕새의 힘찬 비상을 독려하고 있다.

이 대목에서 장자는 대붕의 비상에 필요한 또 하나의 요소를 제시한다. 그것은 바로 '형세'다. 장자는 말한다. "바다가 일렁여 큰 파도가 일면 이 새는 남명으로 날아갈 준비를 한다." 붕새는 너무 거대하기 때문에 혼자 힘으로는 높이 날아오를 수 없다. 따라서 태풍 같은 거센 바람이 불어 파도가 출렁일 때 그 바람을 타고 날아갈 준비를 한다. 마침내 거센 회오리바람이 불어오면 그것을 잡아타고 9만 리 상공으로 솟구쳐 날아오른다.

또 장자는 말한다. "물이 두텁게 쌓이지 않으면 큰 배를 띄울 수 없다." 이는 붕새가 9만 리 상공까지 날아오른 이후에야 비로소 남명으로 향하게 되는 이유를 말하고 있다. 마루 위의 오목한 곳에 물을 부어놓고 잔을 띄우면 잔이 바닥에 둘러붙고 말듯이, 바람이 두텁게 쌓이지 않으면 붕새의 거대한 날개를 실을 힘이 없다. 붕새는 9만 리 상공에 솟구쳐 배 아래로 풍부한 바람이 떠받치게 될 때 비로소 먼 여정을 시작할 수 있다.

장자의 관점에서 인생의 성공은 개인의 노력만으로 이루어지지 않는다. 개인의 자각뿐 아니라 적합한 상황이나 환경도 받쳐주어야 한다. 개인에게 주어지는 외적인 환경, 장자는 이를 명(命)이라 불렀다. '명'은 개인의 힘으로는 어찌할 수 없다. 내가 노력한다고 얻어지는 것도 아니고 회피한다고 피할 수 있는 것도 아니다. 우리가 할 수 있는 일은 명을 순순히 인정하고 받아들이는 것이다. 그러므로「인간세」편에서 말한다. "그 어찌할 수 없음을 알고 편안히 명에 따르라."(知其不可奈何, 而安之若命.) (명에 대해서는 6장에서 다시 다룰 것이다.)

붕새가 보다 온전하고 절대적인 자유를 얻기 위해 검푸른 창공을 향해 날개를 펴는 장면에서 우리는 장자의 호방한 문풍(文風)을 엿볼 수 있다. 수천 리나 되는 붕새가 9만 리 상공으로 솟구쳐 날아오르는 모습을 상상해보라. 장자의 글은 자유롭고 생동감이 넘치며 위풍당당하다. 거센 바람을 헤치고 두꺼운 구름을 뚫는 힘찬 기상이 느껴진다.

그러면 곤이 붕새로 변한 다음 또다시 9만 리 상공으로 날아올라간다는 이야기는 무엇을 의미하는가? 그리고 9만 리 상공에 도달한 후 6개월 동안 날아서 다시 '남명'으로 내려온다는 이야기는 또 무슨 의미인가?

9만 리 상공으로의 비상과 6개월 동안의 비행은 험난하고도 긴 수행과정을 상징한다. 선불교에서 돈오점수(頓悟漸修)를 말하듯이, 물고기에서 새로 변화한 것 자체가 중요한 게 아니라 이를 완성하는 과정이 더욱 절실하다는 뜻이다. 그래서 붕새는 휘몰아치는 거센 바람에 올라타 구름을 뚫고 비상했고, 거기서 다시 6개월의 기나긴 여정을 떠나게 된다. 9만 리 상공까지 날아오른다는 것도 쉽지 않지만, 6개월 동안 쉬지 않고 날아간다는 것도 결코 만만치 않은 일이다. 이처럼 험난한 과정을 거친 후 마침내 붕새는 남명에 도달한다.

남명(南冥)은 글자 그대로 해석하면 '남쪽에 있는 깊은 바다' 정도의 의미다. 그러나 장자의 구상에서 남명은 단순한 바다가 아니다. 붕의 출발지가 북명이고 도착지가 남명이라는 사실에 주목하자. 북쪽이 햇빛이 들지 않는 어두움을 상징한다면, 남쪽은 태양이 머무는 밝음이다. 이를 정신 차원으로 환원하면 북명은 일상에 갇혀 있는 어두운 '미몽'의 상태를, 남명은 미몽에서 벗어나 밝은 지혜를 얻은 '깨달음'의 상태를 의미하게 된다.

북명과 남명은 모두 지상의 세계라는 공통점을 지닌다.[1] 즉 이 우화는 대붕이 땅을 박차고 날아오르지만 결국 다시 지상으로 돌아온다는 구도로 되어 있다. 여기서 우리는 장자의 현세간적 사고를 엿볼 수 있다. 장자는 비록 자유를 사랑하고 초월을 꿈꾸지만 결코 현실을 부정하지 않았다는 사실이다. 그는 영혼의 변화를 추구하고 자유로운 정신 경지를 지향하지만 홀로 그 세계를 향유하고자 하지 않았다. 대붕이 9만 리 상공으로의 비상과 6개월 동안의 기나긴 비행을 마감하고 결국 남명으로 내려왔듯이, 장자 또한 오랜 수양과 사유를 통해 깨달은 정신 경지를 세상 사람들과 함께하고자 했다.

---

1) 남명은 북명과 동일한 지상의 세계이지만 그 차원은 다르다. 이 점을 선종의 유명한 공안을 통해 설명해보자. ①산은 산이요, 물은 물이다 ⇒ ②산은 산이 아니요, 물은 물이 아니다 ⇒ ③산은 산이요, 물은 물이다. ①과 ③은 형식은 같지만 내용은 다르다. 이는 성인과 바보가 비슷한 듯하면서 서로 다른 것과 같다. 둘 다 순수하고 맑은 영혼을 지녔다는 점에서는 같다. 즉 둘 다 마음이 비어 있는 순수함을 지니고 있다. 그러나 바보의 빔은 무지로 인한 빔이다. 아무것도 모르기 때문에 세속의 때를 경험한 적이 없고, 그래서 맑고 비어 있다. 반면에 성인은 오랜 수행을 통해 세속의 모든 때를 털어내고 마침내 빔의 상태를 얻은 존재다. 그러므로 ①과 ③은 외적인 형식은 유사하지만 그 내용은 전혀 다를 수밖에 없다.

'작음'에 자신을 가두는 자여!

매미와 비둘기가 붕새를 비웃으며 말했다. "우리는 힘껏 날아 봐야 느릅나무나 다목나무에 겨우 다다를 뿐이고, 때로는 거기에도 이르지 못하고 땅바닥으로 고꾸라진다. 저 붕새는 무엇 때문에 9만 리나 날아올라 남쪽으로 간단 말인가?"

가까운 교외로 놀러가는 사람은 세 끼 식사만 하고 돌아와도 여전히 배가 부르다. 그러나 백 리를 가는 사람은 밤새워 곡식을 찧어야 하고, 천 리를 가는 사람은 석 달 동안 식량을 모아야 한다. 그러니 저 매미와 비둘기가 어떻게 붕새의 거대한 비상을 이해하겠는가?

自由

작은 지혜는 큰 지혜에 미치지 못하고, 짧은 삶은 긴 삶을 혜아리지 못한다. 어째서 그런가? 아침에 잠깐 생겨났다 사라지는 버섯은 초하루와 그믐을 알지 못하고, 매미와 쓰르라미는 봄과 가을을 알지 못한다. 이는 그들의 생애가 짧기 때문이다. 초(楚)나라의 남쪽에 명령(冥靈)이라는 나무가 있는데 5백 년을 봄으로 삼고 5백 년을 가을로 삼는다. 또 상고시대에는 대춘(大椿)이라는 나무가 있었는데 8천 년을 봄으로 삼고 8천 년을 가을로 삼았다고 한다. 이들은 오래 산 것들이다. 그런데 지금 (겨우 8백여 년을 산) 팽조(彭祖)가 특별히 오래 산 것으로 소문나 사람들이 모두 그를 부러워하니, 이 또한 슬프지 아니한가! (소요유)

蜩與學鳩笑之曰:"我決起而飛, 槍楡枋而止, 時則不至而控於地而已矣, 奚以之九萬里而南爲?"
適莽蒼者, 三飡而反, 腹猶果然; 適百里者, 宿春糧; 適千里者, 三月聚糧. 之二蟲又何知?
小知不及大知, 小年不及大年. 奚以知其然也? 朝菌不知晦朔, 蟪蛄不知春秋, 此小年也. 楚之南有冥靈者, 以五百歲爲春, 五百歲爲秋; 上古有大椿者, 以八千歲爲春, 八千歲爲秋, 此大年也. 而彭祖乃今以久特聞, 衆人匹之, 不亦悲乎!

이 이야기는 앞선 대붕 이야기에서 이어진다. 대붕이 하늘 높이 솟구쳐 9만 리 상공에서 거대한 날개를 펄럭이며 남쪽으로 날아가는 모습을 목격한 매미와 비둘기가 비웃는다. "저 붕새는 무엇 때문에 9만 리나 날아올라 남쪽으로 간단 말인가?"

하루 종일 이 나무에서 저 나무로 폴짝거리며 소소한 즐거움에 만족하며 살아가는 매미와 비둘기로서는 대붕의 거대 행위가 이해되지 않을 것이다. 먹고사는 문제만이 최대 관심사인 그들에게 대붕의 거대 행위는 부질없는 짓거리로 보일 뿐이다.

대붕은 '큰' 존재인 반면 매미와 비둘기는 '작음'을 상징한다. 또한 이 '작음'은 일상적 삶에 매몰돼 자신의 삶을 비판적으로 성찰하지 못하는 일반 대중을 가리키기도 한다. 그들은 스스로를 자유롭다고 생각하고 현실에 만족하며 산다. 한 뼘짜리 현실 세계에 속박된 줄도 모른 채.

그러나 쉽사리 넘겨짚지는 말자. 여기서 문제는 '작음' 자체가 아니다. 작은 것이 작게 되는 까닭은 바로 자신에게 집착하기 때문이다. 자신의 '작음'을 인식하지 못한 채 작음에 안주하고 만족하며, 또 그것을 최고의 진리로 생각한다. 그 결과 변화를 거부한다. 아니, 변화의 필요성 자체를 인식하지 못한다.

곤이 붕으로 변화하는 것은 자신에 대한 일종의 초월이었다. 곤은 이미 몸집이 수천 리나 되는 거대한 존재였지만 자신의 한계를 인식했다. 자신이 머물고 있는 물의 한계를 인식함으로써 변화를 꿈꾸었다. 한 톨의 알에서 시작해 그토록 거대한 몸이 되기까지 곤은 항상 변화를 꿈꾸며, 변화를 준비했다.

自由

이런 점에서 물고기 곤의 '거대함'은 변화를 위한 준비를 상징한다. 이 점을 장자는 여행에 비유해 설명하고 있다. 가까운 거리를 다녀올 사람은 별 준비가 필요 없다. 주먹밥 몇 개면 충분하다. 그러나 백 리 혹은 천리의 여행을 계획하는 사람은 밤새워 곡식을 찧거나 몇 개월 동안 부지런히 식량을 모아야 한다. 가는 거리에 비례해 더 많은 준비가 필요한 것이다.

　그런데 매미와 비둘기는 자신들의 '작음'에 갇혀 있다. 더욱 좋지 않은 것은 자신들이 '갇힌 몸'이라는 사실 자체를 인지하지 못한다는 점이다. 아침에 잠깐 생겨났다 사라지는 버섯이 초하루와 그믐을 알지 못하고, 여름 한철 잠시 머무는 매미와 쓰르라미가 봄과 가을을 알지 못하듯이 그들은 더 큰 세계가 있다는 사실에 무지하다. 이를 장자는 다시 팽조(彭祖)를 부러워하는 대중에 비유하고 있다.

　팽조는 『논어』에도 언급된 전설상의 인물로 7백 세를 살았느니 8백 세를 살았느니 하는 장수(長壽)의 대명사다. 사람들은 그를 부러워하나, 기실 팽조의 수명은 명령(冥靈)이나 대춘(大椿)에 비하면 보잘것없다. 이들 나무는 잎이 생겨나는 데에만 5백 년 내지 8천 년이 걸리고, 그 잎이 떨어지는 데에도 그만큼의 세월이 필요하다고 한다. 우리 인간의 셈법으로는 헤아리기 어려운 무한의 삶이다. 그런데 사람들은 이런 존재들은 알지 못한 채 겨우 8백 년을 산 팽조를 부러워하고 있으니…. 이처럼 장자는 작은 세계에 머물고 있는 존재들이 큰 세계의 존재를 이해하지 못한다는 점을 비판하고 있다.

혹여 '자유의 성취'니 '영혼의 변화'니 '깨달음'이니 '도의 완성'이니 하는 말들을 들을 때, 아무 쓸모도 없는 허황된 말이라 여긴 적은 없는가. 어쩌면 우리 모두는 대붕의 비상을 비웃는 저 매미나 비둘기와 같은 존재인지도 모른다. 그래서 현실의 질곡을 벗어나 자유로운 영혼으로의 초월적 삶을 꿈꾸는 이들을 철없는 이상주의자로 치부하며 냉소의 화살이나 날리고 있는지도 모를 일이다.

모든 것을 조망할 수 있는 자유로운 경지를 얻고자 끊임없이 노력할 것인가, 아니면 일상에 매몰돼 반성 없이 살아가는 평범한 삶에 만족할 것인가? 평생을 살아가면서 끊임없이 고민해야 할 인생의 커다란 화두다.

나를 가둔 꿈에서 깨어나라

어느 날 장자가 나비가 된 꿈을 꾸었다. 훨훨 날아다니는 나비가 되어 유유자적 즐기면서 자신이 장자라는 사실을 알지 못했다. 잠시 후 깨어나니 놀랍게도 여전히 장자 자신이었다. 모르겠다, 장자가 나비 꿈을 꾼 것인가, 아니면 나비가 장자 꿈을 꾼 것인가?

장자와 나비 사이에는 반드시 구분이 있을 것이다. 이런 것을 '물화'(物化)라 한다. (제물론)

昔者, 莊周夢爲胡蝶, 栩栩然胡蝶也, 自喩適志與, 不知周也.

自由

俄然覺, 則蘧蘧然周也. 不知周之夢爲胡蝶與, 胡蝶之夢爲周與?
周與胡蝶, 則必有分矣. 此之謂物化.

〰️

기억하든 못 하든, 우리는 매일 밤 꿈을 꾼다. 평소에 미워하던 사람이 나타나 나를 괴롭히는 꿈, 오랫동안 잊고 있던 옛사랑과 예전처럼 달콤한 사랑을 나누는 꿈, 전혀 생각지 않은 이상한 곳을 여행하는 꿈, 새처럼 가볍게 하늘을 날아오르는 꿈, 군대에 다시 입대하는 꿈, 연결되지 않는 이러저러한 장면들이 번갈아 나타나는 어수선한 꿈….

심리학자 프로이트는 "꿈은 무의식으로 가는 지름길"이라고 했다. 잠자는 동안의 사고는 원시적이고 퇴행성을 띠는 경향이 있으며, 깨어 있을 때 작용하는 억제 효과가 감소한다고 한다. 따라서 평소 지니고 있던 욕구, 성욕, 적개심 등과 관련된 내용이 꿈에 자주 나타난다는 것이다.

꿈꾸는 사람은 꿈이라는 작업 과정을 통해 억제된 욕구를 간혹 이상한 내용이나 상징으로 바꾸기도 하는데, 이는 자신조차 받아들이기 어려운 근원적이고 내밀한 욕구를 직면하는 불쾌감을 피하기 위해서라고 한다. 장자는 평소 자유로운 존재가 되기를 갈망했을 것이다. 감당하기 힘든 고달픈 현실을 벗어나 새처럼 자유롭게 노니는 상황을 꿈꾸었을 것이고, 이 욕구가 나비 꿈으로 나타난 것일 수 있다. 장자가 실제로 이 '나비 꿈'을 꾸었

다면 말이다.[1]

각설하고, 장자는 꿈에서 깨어나 중얼거린다. "장자가 나비 꿈을 꾼 것인가, 아니면 나비가 장자 꿈을 꾼 것인가?"

현실과 꿈의 모호성에 대한 물음이다. 오래전부터 철학자들은 현실과 꿈의 차이에 대해 고찰해왔다. 영국 철학자 버트런드 러셀은 "우리가 깨어 있는 삶이라 부르는 것은 끊임없이 계속되는 악몽에 지나지 않을 수도 있다"라고 했으며, "지금 내가 꿈꾸고 있다고는 믿지 않지만, 꿈꾸고 있지 않다고 증명할 수도 없다"고 말했다. 꿈이 현실인지 현실이 꿈인지 구분하기가 쉽지 않다는 철학적 고민이다. 이에 대해 데카르트는 "우리가 깨어 있을 때 일어난 일들은 기억을 통해 하나로 연결할 수 있지만 꿈과 꿈 또는 꿈과 인생 전체는 기억을 통해 연결할 수 없다"라는 말로 꿈과 현실의 차이를 구분했다. 현실에 대한 기억은 일관성이 있지만 꿈에 대한 기억은 단편적이라는 것이다.

그러나 꿈을 꾸고 있는 동안 그것이 꿈인 줄 어떻게 알겠는가? 꿈을 꾸고 있는 나에게 꿈속의 일들은 의심할 수 없는 현실로 여겨진다. 자연히 꿈에서 슬픈 일이나 위험을 겪으면 슬피 울거나 격심한 불안감에 시달린다. 반대로 꿈속에서 기분 좋은 일

---

1) 과연 장자는 실제로 나비 꿈을 꾸었을까? 그것을 통해 그의 철학적 의문이 싹텄을까? 꿈속에서 다른 생물로 변신하는 경우는 그리 흔하지 않다. 날아다니는 꿈은 어린 시절에 흔히 꾸곤 하지만, 사람이 새나 물고기로 변하는 꿈은 거의 경험하기 힘들다. 이렇게 본다면 장자의 '나비 꿈' 이야기는 그의 실제 경험을 서술한 것이라기보다는 자신의 철학적 사고를 설명하기 위해 만들어낸 가공된 이야기로 보는 편이 타당할 것이다.

이 생기면 마치 현실처럼 즐겁게 콧노래를 부르기도 한다. 심지어 꿈속에서 또 꿈을 꾸고 그 꿈을 분석해보기도 한다. 물론 더러는 꿈을 꾸면서 그것이 꿈인 줄 알아차리기도 한다. 흔히 '루시드 드림'(lucid dream) 또는 '자각몽'이라 불리는 꿈이다. 그러나 대부분의 경우는 그 꿈이 꿈인 줄 전혀 인식하지 못한다. 꿈의 내용에 일관성이 있다 없다는 판단은 깨어난 이후에나 할 수 있을 뿐이다.

그런데 여기서 한 가지 의문이 고개를 든다. 장자는 왜 하필 '나비 꿈'을 설정했을까? 왜 위엄 있는 독수리도 아니고 소리가 아름다운 꾀꼬리도 아닌, 작고 나약한 나비인가? 아마도 '나비'가 지닌 특별한 상징성 때문이 아닐까 한다. 그것은 크게 두 가지다.

첫째, '변화'다. 꿈틀대며 힘겹게 땅 위를 기어 다니던 애벌레, 사람들이 징그럽고 더럽다고 기피하던 애벌레, 그 힘겨운 삶을 살던 애벌레가 시간의 긴 사다리를 타고 더할 나위 없이 아름다운 나비로 변신하는 것이다. 본원적으로 애벌레와 나비는 동일한 존재이지만 둘 사이에는 엄청난 질적인 차이가 존재한다. 추함에서 아름다움으로! 애벌레에서 나비로의 탈바꿈은, 적어도 우리 인간의 관점에서는 비약적인 변화가 실현된 것이다.

둘째, '자유'다. 애벌레가 땅에서의 힘겨운 삶을 마감하고 마침내 나비가 되는 순간, 나비는 무엇을 느낄까? 힘겹게 꿈틀거리던 무거움을 벗어던지고 가볍게 날아오를 때, '기어 다님'의 구속으로부터 마침내 벗어났다는 사실을 실감할 때, 나비는 이루 말할 수 없는 자유를 느낄 것이다. 감히 추측건대 해탈한 고승의 자유로움에 비견할 수도 있지 않을까? 숨겨진 욕망이 전이된 것이라는 점에서, 나비는 일체의 속박으로부터 벗어나겠다는 소망을 충족하기 위한 무의식의 요소이기도 하다.[2] 그런 점에서 나비는 「소요유」편에 나오는 '대붕'과 유사한 이미지다. 나비는 애벌레의 한계, 즉 '기어 다님', '추함', '지상에 매인 존재' 등과 같은 온갖 제약과 한계를 극복하고 마침내 자유로운 존재로 변신한 것이다. 대붕이 곤의 한계를 극복하고 자유로운 존재가 되었듯이.

'나비 꿈' 이야기가 「제물론」편의 마지막을 장식하고 있다는 사실은 의미심장하다. 「제물론」의 전체 요지는 옳음과 그름(是非), 이것과 저것(彼此), 아름다움과 추함(美醜) 등은 고정된 것이 아니라 끊임없는 변화의 과정에 놓여 있으며, 따라서 '옳다 그르다', '이것이다 저것이다', '나다 너다'라고 차별하고 구분하는 분별적인 사고를 버리고 도의 자리에서 전체를 하나로 바라보아야 한다는 것이다. 장자는 전체를 하나로 꿰뚫는 이 도의 자리를 '도추'(道樞), '천균'(天均), '이명'(以明), '양행'(兩行) 등으

---

2) 권택영, 『라깡, 장자, 태극기』, 35쪽.

自由

로 호칭하고 있다.

이 제물(齊物)의 세계에서 사물들은 끊임없이 변화한다. 바다가 쉼 없이 출렁이며 시시각각 서로 다른 모양의 파도를 만들어 내듯이, 제물의 바다에서 사물들은 존재의 출렁임에 따라 부단한 변화의 과정을 겪는다. 이런 관점에서 바라보면 어떤 사물도 그 사물로 고정될 수 없다. 현재의 나는 언젠가는 바위가 될 수도 나무가 될 수도 있고 바람이 될 수도 있으며, 개미나 땅강아지가 될 수도 있다. 장자가 나비가 되고 나비가 장자가 되는 것은 전혀 이상한 일이 아니다.

불교에서도 이와 비슷한 이야기를 한다. 이른바 윤회전생론이다. 불교의 교의에 따르면 우리 중생(衆生, Sattva)은 살아 있는 동안 각자가 행한 일 즉 업(業)에 따라 지옥, 아귀, 축생, 아수라, 인간, 천신의 여섯 가지 삶의 모습 가운데 하나를 취하게 된다고 한다. 궁극적인 깨달음을 얻어 윤회의 고리를 벗어나기 전까지는 끊임없이 이런저런 모습으로 바뀌면서 서로 다른 형태의 존재를 이어가게 된다는 것이다.

그러나 장자가 말하는 '물화'는 윤회전생과는 성격이 다르다. 장자가 나비가 되고 나비가 개미가 되는 변화는 악행이나 선행에 대한 응보(應報)나 대가가 아니다. 그저 우연히, 자연스럽게 일어나는 변화의 한 과정일 뿐이다. 존재에 대한 차별도 당연히 없다. 사람이라고 고귀하지 않고 개나 돼지라 해서 미천하지 않다. 단지 우연히 다른 형태로 태어났다고 이해될 뿐이다.

그러므로 당연하게도, 장자의 세계에는 잘난 사람 못난 사람이 없다. 잘생겼든 못생겼든, 가진 재산이 많든 적든, 지식이 많든 적든 존재가치에서는 높낮이가 없다. 단지 서로 조금 다른 사람들일 뿐이다.

장자가 바라본 세계의 존재 사물은 파도가 일렁이듯이 끊임없는 변화의 과정에 놓여 있다. 이것이 '나비 꿈'을 통해 장자가 말하고자 하는 바일 수도 있다. "인간은 같은 강물에 두 번 발을 담글 수 없다"는 헤라클레이토스의 말처럼 말이다.

이러한 변화 한가운데에서 장자는 '물화'(物化)를 말한다. 장자가 말하는 '물화'가 단순히 장자와 나비 사이의 형태 변화만을 의미할까? 이는 형태의 변화를 넘어 영혼의 변화 또는 깨달음의 정신적 경지일 수 있다. 장자 철학자인 로버트 앨린슨은 말한다. "영혼의 변화는 의식의 수준에서 일어나는 바뀜에 비유할 수 있다. 그것은 자신의 인격과 관점의 변화를 겪는 체험이다. 이런 체험을 통해 사람들은 이전과는 다른 방식으로 세상을 보게 된다."[3]

'나비 꿈'은 장자가 잠을 자다 깨어나는 이야기다. 여기서 우리는 '깨어남'에 주목해 이 단순한 우화를 새롭게 해석해볼 수 있다.

---

3) 로버트 앨린슨 지음, 김경희 옮김, 『장자, 영혼의 변화를 위한 철학』, 21쪽.

장자와 나비 사이에는 분명 구분이 있다. 외형상으로도 다르고 생물학적으로도 서로 다른 종족에 속한다. 이런 차이와 구분은 변화 과정에 나타나는 필연적인 현상이다. A에서 B로 변화했다는 것은 A와 B는 서로 다르다는 의미 아니겠는가. 그러므로 장자가 나비 꿈을 꾸다가 깨어났다는 설정은, 작게는 장자의 정신적 변화와 성장을 상징하고 크게는 장자가 미몽의 상태에서 벗어나 크게 깨달은 경지에 이르렀다는 것을 의미할 수 있다.

매일 밤 꿈을 꾸면서 우리의 정신도 나날이 조금씩 자란다. 꿈 속에서 헤매다 깨어나 현실을 자각하면서 우리는 매일 조금씩 성장해간다. 이런 나날의 성장이 축적되다 보면 언젠가는 '커다란 성장', 즉 깨달음에 도달할 수도 있을 것이다.

장자가 말한 것이 바로 이것 아닐까.

이런 관점에서 보면 장자의 상태와 나비의 상태 사이에는 엄청난 차이가 있다. '나비'는 아직 혼돈 속에서 헤매는 무지몽매한 중생을 가리키고, '장자'는 어둠에서 벗어나 밝은 지혜를 얻는 각성한 자를 가리킨다. 이미 느꼈겠지만, 이런 구도는 대붕의 이야기에서도 제시된 바 있다. 물고기 곤이 어둠의 바다 북명에 갇혀 있는 미몽의 존재라면, 남명에 도착한 붕새는 밝은 지혜를 얻은 깨달은 자다.

「소요유」에 묘사된 절대자유의 경지를 『장자』 전체를 꿰뚫는 중심 이념으로 본다면, '나비 꿈'은 결국 깨달음의 경지로 변화 발전해 나아가고자 하는 장자의 꿈을 그렸다고 볼 수 있다. 이런 관점에서 보면 본문의 '물화'(物化)는 단순히 '사물의 변화'가 아니라 '사물의 성장지향적 변화'로 새롭게 해석해야 할 것이다.

어쩌면 우리의 삶은 하나의 거대한 '꿈'인지도 모른다. 이를 달리 해석하면 우리의 삶이 온갖 거짓된 이념들로 가득 차 있다는 말이기도 하다. 나의 단순한 아집과 편견들로부터 시작해, 사회나 국가에 의해 조장된 온갖 인위적 이념과 관념들이 우리의 삶을 겹겹이 둘러싸고 있다.

장자는 우리에게 이 거대한 꿈에서 깨어나기를 촉구하며 그 길을 제시한다. 꿈에서 깨어나야 삶의 진정한 의미를 이해할 수 있기 때문이다. 그리고 삶의 진정한 의미를 이해하는 순간 비로소 우리는 자유로운 존재가 될 것이다. 그러므로 선사(禪師) 임제(臨濟)는 말한다. "안이건 밖이건 만나는 것은 무엇이든 바로 죽여버려라. 부처를 만나면 부처를 죽이고, 조사를 만나면 조사를 죽이고, 나한을 만나면 나한을 죽이고, 부모를 만나면 부모를 죽이고, 친척을 만나면 친척을 죽여라. 그렇게 한다면 비로소 해탈할 수 있을 것이다."

깨닫지 못한 사람이 깨달은 사람을 만나면 열등감에 사로잡히고 숭배하게 된다. 제자가 스승을 만나면 위축되고 가르침을 받으려 든다. 자식이 부모를 만나면 보호받으려 하고 안주하려 한다. 열등감에 사로잡히고 위축되고 안주하려는 마음이 우리의 자유로운 정신을 속박한다. 나를 압도하는 대상이나 이념이 부각되면 나의 삶은 열등한 것, 부정적인 것으로 추락하기 쉽기 때문이다.

부처를 죽이고 스승을 죽이고 부모를 죽이라는 말은 우리의 자유로운 정신을 압박하는 모든 거짓된 이념들로부터 과감히 벗어나라는 주문이다. 권위의 무게로부터, 안락함의 위안으로부터, 익숙함의 편리함으로부터 벗어나라는 것이다. 자신이 특정 시스템에 갇혀 있다는 것을 모르고 그 시스템을 모든 것에 적용하려는 환상에서 벗어나라는 것이다.[4] 자신의 성심(成心)을 통해서만 모든 타자와 관계하려는 무지의 상태에서 벗어나라는 것이다.

그러기 위해서는 '꿈'에서 깨어나야 한다. 그리고 깨어나기 위해서는 우선 내가 꿈속에 있다는 사실부터 자각해야 한다. 꿈을 꿈으로 파악하는 자발적 각성이 선행되어야 한다. 이러한 자각이 있을 때, 대붕이 북명에서 남명으로 가는 비상을 준비하듯이, 우리 또한 비로소 '꿈'에서 깨어나 '현실'로 진입할 준비를 하게 될 것이다.

---

4) 강신주, 『장자, 차이를 횡단하는 즐거운 모험』, 124쪽.

나를 잊고, 공을 잊고, 명예를 잊는다

무릇 그 앎이 벼슬자리 하나 맡을 만한 사람, 그 행위가 마을 하나 돌볼 만한 사람, 그 덕이 군주의 마음에 들어 나라 하나 다스릴 만한 사람, 이런 사람들은 그 안목이 저 매미나 비둘기와 같은 자들이다.

송영자(宋榮子)는 그런 이들을 보면 그저 빙긋 웃을 뿐이다. 그는 온 세상 사람들이 칭찬해도 우쭐하지 않고 온 세상 사람들이 비난해도 낙담하지 않는다. 안과 밖의 구분이 분명하고 영광과 치욕의 경계를 확실히 알기 때문이다. 그러나 그의 한계는 여기 까지다. 비록 세상 사람들의 평가에 연연하지 않지만 그가 아직

自由

확립하지 못한 바가 있다.

열자(列子)는 바람을 타고 경쾌하게 돌아다니다가 보름이 지나서야 돌아온다. 그는 세상의 복에 초연하다. 그러나 그가 비록 걸어 다니는 수고로움에서는 벗어났다 하지만 여전히 의지하는 바가 있다.

그러나 저 천지의 바름을 타고 육기(六氣)의 변화를 부리며 무한한 경지에서 노니는 자라면 그 무엇에 의지하겠는가! 그러므로 지인(至人)은 '나'를 잊고, 신인(神人)은 공을 잊으며, 성인(聖人)은 명예를 잊는다고 한다. (소요유)

夫知效一官, 行比一鄕, 德合一君而徵一國者, 其自視也亦若此矣.

而宋榮子猶然笑之. 且擧世而譽之而不加勸, 擧世而非之而不加沮. 定乎內外之分, 辯乎榮辱之境, 斯已矣. 彼其於世, 未數數然也. 雖然, 猶有未樹也.

夫列子御風而行, 冷然善也, 旬有五日而後反. 彼於致福者, 未數數然也. 此雖免乎行, 猶有所待者也.

若夫乘天地之正, 而御六氣之辯, 以遊无窮者, 彼且惡乎待哉! 故曰; 至人无己, 神人无功, 聖人无名.

장자는 영혼의 진보와 발전에 일정한 단계가 있다고 본다. 곧

이 대붕으로 변화하고 그 대붕이 9만 리 상공으로 비상하고는 다시 6개월을 날아 남명에 도달하는 것처럼, 정신 경지의 변화에는 일정한 발전 단계가 있다는 것이다. 장자는 그것을 네 단계로 구분하고 있다.

첫째는 세속적인 단계다. "그 앎이 벼슬자리 하나 맡을 만한 사람, 그 행위가 마을 하나 돌볼 만한 사람, 그 덕이 군주의 마음에 들어 나라 하나 다스릴 만한 사람"이 바로 여기에 속한다. 오늘날의 부장, 군수, 총리쯤이 될 것이다. 세상의 관점에서 보면 누구나 한 번쯤 되어보고 싶은 그런대로 부러운 지위들이다. 그러나 정신 경지를 우선시하는 장자로서는 그들의 능력과 지위는 별 의미가 없다. 일상이라는 좁은 세계에 갇혀 삶을 비판적으로 성찰하지 못하는 매미나 비둘기 같은 존재들이기 때문이다. 자신의 '작음'을 인지하지 못하는 그들이 변화의 필요성을 인식할 리 없다. 대붕의 우화로 설명하자면, 북명의 곤이 아직 거대한 몸체로 성장하기 이전의 상태라 할 수 있다.

둘째는 송영자(宋榮子)의 단계다. 송영자는 송견(宋鈃)으로도 불리는데 『장자』 「천하」편에서 침략전쟁을 반대하는 평화주의자로 그려지고 있다. 그는 주관이 뚜렷해 남의 말에 쉽게 휘둘리지 않았다. 그러므로 "온 세상 사람들이 칭찬해도 우쭐하지 않고 온 세상 사람들이 비난해도 낙담하지 않는다." 또한 그는 해야 할 일과 하지 말아야 할 일을 명확히 인식해 스스로에게 부끄러운 일은 결코 하지 않는다. 송영자 같은 사람은 세상의 평가에

自由

초연하고 행동거지에 진퇴가 분명하다. 그러나 그는 안과 밖을 구분하고 영광과 치욕의 경계를 짓는 등 분별의식에 사로잡혀 있으므로 완전히 자유로운 영혼에는 못 미친다. 대붕의 우화에서 보자면 수천 리 크기로 성장한 곤의 상태라 할 것이다.

셋째는 열자(列子)의 단계다. 열자는 전국시대 초기의 유명한 도가 사상가로 이름은 어구(禦寇)이며, 관윤(關尹)을 통해 노자 사상을 배운 것으로 알려져 있다. 장자는 열자가 "바람을 타고 다닌다"고 했는데 이 말을 어떻게 이해해야 할까? 혹자는 열자가 기를 수련해 바람을 부릴 수 있는 경지에 이르렀다고 주장하기도 하는데 그 말을 액면 그대로 받아들일 필요는 없다. 그저 열자가 도달한 자유로움의 경지를 은유적으로 표현한 것으로 이해해도 충분할 것이다. '바람'은 자연을 상징하며, 따라서 바람을 타고 다니는 열자는 자연의 흐름에 따라 사는 사람으로 볼 수 있다. 또는 "바람을 타고 다닌다"는 말을 '땅' 즉 세상의 가치와 관념에 얽매이지 않는다는 의미로 이해해볼 수도 있겠다. 세상의 가치에 얽매이지 않으므로 "세상의 복에 초연하다"고 말하는 것이다. 그러나 자연의 흐름에 따라 살든 세상의 가치에 얽매이지 않든 간에 그는 아직 완전히 자유로운, 즉 무위의 삶을 온전히 실천하는 경지에 이르지는 못했다. '바람'에 의지하기 때문이다. 어찌 보면 바람에 의지한다는 것은 무위에 대한 집착을 상징적으로 표현한 것으로 볼 수 있다. 열자가 도달한 경지는 대붕이 바람을 타고 9만 리 상공으로 비상하는 단계에 해당된다.

넷째는 최고의 경지에 이른 소요유의 단계다. 앞서 열자는 의지하는 바가 있었다. 비록 자유로운 존재였지만 무위를 의식하고 무위에 집착하는 제한된 자유인이었다. 이제 그 단계를 넘어서면 무위에 대한 집착마저 사라져 더 이상 무엇에도 의존하지 않는 절대자유의 경지에 이르게 된다. 이를 장자는 "천지의 바름을 타고 육기(六氣)의 변화를 부리며 무한한 경지에서 노니는 자"라고 표현했다. "천지의 바름을 탄다"는 것은 자연의 바른 이치를 따른다는 의미이고, "육기의 변화를 부린다"는 것은 자연계에서 벌어지는 다양한 기운의 변화에 능동적으로 대응한다는 의미다. 이런 사람은 무위자연의 삶을 살되 무위를 의식하거나 그것에 구속되지 않는다. 말 그대로 "무한한 경지에서 노니는 자"인 것이다. 이처럼 세상에 속해 있으면서도 세상에서 벗어난 절대자유를 얻은 자유인은, 대붕이 북명에서 시작된 기나긴 여정을 마치고 남명에 안착한 것에 비유될 수 있다.

최고 경지의 자유인은 '나'에 대한 의식과 집착에서 벗어났으므로 '無己'(무기)라 할 수 있고, 타인을 위해 무언가를 이루어 주고도 거기에 머무르지 않으므로 '無功'(무공)이라 할 수 있으며, 세상에 이름이 드러나는 것을 중시하지 않으므로 '無名'(무명)이라 할 수 있다. 이것이 노자가 말한 '무위의 삶'을 사는 사람의 현실적 모습들이다.

自由

2장

是
非

'옳다' '그르다' 의 덫에서 벗어나다

"내가 안다고 하는 것이 사실은
모르는 것인 줄 어찌 알겠는가? 내가 모른다고 하는 것이
사실은 정말로 아는 것인 줄 어찌 알겠는가?"
(庸詎知吾所謂知之非不知邪? 庸詎知吾所謂不知之非知邪?)

자연 자체에는 시비(是非), 즉 옳음과 그름의 판단이 없다. 강
물은 흐르고 꽃은 피고 바람은 스쳐갈 뿐. 그러나 우리 인간사회
는 늘 시비 문제로 시끄럽다. 왜인가?

장자는 그 이유를 우리의 성심(成心)에서 찾는다. 우리가 항상
성심에 매달려 있기 때문에 시비 문제가 끊임없이 발생한다는
것이다. 그러므로 말한다. "무릇 자신의 성심을 좇아 기준으로
삼는다면 그 누군들 기준이 없겠는가? 어찌 변화의 이치를 알아
마음 스스로 취하는 바가 있는 현명한 자만 기준이 있겠는가?
어리석은 사람도 나름의 기준을 갖게 될 것이다. 성심이 없으면
서 시비가 생겨난다는 것은 오늘 월(越)나라에 갔는데 어제 도착
했다는 말과 같다."(夫隨其成心而師之, 誰獨且无師乎? 奚必知代而心自
取者有之? 愚者與有焉. 未成乎心而有是非, 是今日適越而昔至也.『장자』「제
물론」.)

성심(成心)은 우리 내면에 형성된 고정된 편견을 뜻하며, 나아

가 어느 한 방향으로 내면화된 일정한 규칙까지 포함한다. 구체적인 현실사회에서 살아가는 한, 인간은 누구도 성심에서 자유로울 수 없다. 우리는 늘 특정한 사회환경에 놓이고, 원하든 원치 않든 그 사회가 요구하는 성심을 형성하게 되며, 또 그러한 성심에 근거해 살아가니 말이다. 한국 사람은 한국적인 사고방식을 가지고, 미국 사람은 미국적인 사고방식을 가지고 살게 마련이다.

문제는 성심 자체가 아니라 거기에 집착하는 우리의 마음이다. 특정한 성심을 절대적인 기준으로 생각하는 완고한 마음이 문제다. 한국 사람이 미국에 가서도 여전히 한국적인 사고방식을 고수한다면 그의 삶에 적잖은 문제가 발생하지 않겠는가.

땅 위를 걸을 때와 물속을 헤엄칠 때는 몸동작이 달라야 한다. 땅 위를 걷는 것처럼 물에서 움직이다가는 물에 빠져 죽고 만다. 사람과의 만남도 마찬가지다. 타인과의 마주침에서 우리는 어떤 임계점(critical point)에 놓이게 된다. 이 지점에서 우리는 선택의 기로에 선다. 자신의 성심을 상대방에게 그대로 관철시킬 것인가? 아니면 상대방의 성심을 파악하고 동시에 자신의 성심을 변형시키면서 조화를 모색할 것인가?[1] 그 결정에 따라 갈등

---

1) 강신주, 『장자, 차이를 횡단하는 즐거운 모험』, 131쪽.

과 분쟁이 발생하기도 하고, 사랑과 협력이 형성되기도 한다.

장자는 우리에게 성심에서 자유로워지길 권유한다. 성심을 지니되, 얽매이지 말라는 것이다. 이를 위해 장자는 "조지어천"(照之於天) 즉 '자연의 빛'에 자신을 비추어보라고 말한다. 자연에, 혹은 자연의 흐름 자체에 우리 자신을 맡기라는 것이다. 거울은 오가는 사물에 집착하지 않는다. 오면 받아들이고 가면 보내준다. 그러면서 자신의 맑은 바탕은 늘 그대로 유지한다. 거울의 모습에서 우리는 장자가 말하는 '성심으로부터 자유로운 존재'의 모습을 발견하게 된다.

하나만 알고 둘은 모르는 원숭이들

죽을힘을 다해 어느 하나의 관점을 고집하면서, 사물이 본래 하나임을 알지 못하는 것을 '조삼모사'(朝三暮四)라 한다. 그것의 구체적 내용은 무엇인가?

저공(狙公)[1]이 원숭이들에게 도토리를 주면서 말했다.

"아침에 세 개를 주고 저녁에 네 개를 주겠다."

그러자 모든 원숭이들이 화를 냈다.

저공이 다시 말했다.

---

1) 원숭이 사육을 담당하는 관리, 또는 원숭이를 키우는 사람을 말한다. 『열자』 「황제편」에서는 "송나라에 원숭이들을 기르는 한 노인이 있었다"로 표현하고 있다.

"그렇다면 아침에 네 개를 주고 저녁에 세 개를 주겠다."

그러자 모든 원숭이들이 기뻐했다.

형식과 내용은 달라지지 않았지만 원숭이들은 화를 내기도 하고 좋아하기도 했다. 이는 자기네가 옳다고 하는 하나의 관점에 매여 있기 때문이다. 이에 성인은 옳다 그르다 하는 편견을 무너뜨리고 편안히 천균(天鈞)에 머문다. 이를 일컬어 '양행'(兩行)이라 한다. (제물론)

勞神明爲一, 而不知其同也, 謂之朝三. 何謂朝三?

狙公賦芧曰 : "朝三而暮四."

衆狙皆怒.

曰 : "然則朝四而暮三."

衆狙皆悅.

名實未虧而喜怒爲用, 亦因是也. 是以聖人和之以是非而休乎天鈞. 是之謂兩行.

조삼모사(朝三暮四)! 우리 귀에 꽤 익숙한 고사성어다. 무슨 뜻인가? 대개의 국어사전에는 '간사한 꾀로 남을 희롱하거나 속이는 행위나 말'을 뜻한다고 풀이돼 있다. 가령 회사 측과 대립하고 있는 노조 측에서는 이렇게 불평할 수 있다. "회사 경영자들은 근본적인 대책을 내놓기보다는 조삼모사로 우리를 구슬리려고만 한다.”

　이런 뜻풀이를 앞의 이야기에 그대로 적용해보자. 그러면 저공(狙公)이라는 사람이 간교한 꾀로 순진한 원숭이들을 속이는 이야기가 된다. 실제로 이 고사가 실려 있는 또 다른 문헌인『열자』에서는 이렇게 말한다. “성인이 지혜로 우매한 대중을 농락하는 것 또한 저공이 지혜로 원숭이들을 농락한 것과 같다.”

　『열자』에 의하면 송나라에 많은 원숭이를 기르는 저공이라는 사람이 있었는데, 집안 형편이 어려워져 원숭이들을 충분히 먹일 수 없게 되자 조삼모사의 꾀를 내어 원숭이들의 마음을 붙잡아둘 수 있었다고 한다. 오늘날 많은 사람들이 ‘조삼모사’의 출처를『열자』「황제」편으로 알고 있는데, 그래서인지 그 의미를『열자』의 논조에 따라 이해하고 있다.

　『열자』의 저자는 일반적으로 열자(列子) 또는 열어구(列禦寇)로 알려져 있는데, 그는 전국시대의 도가 사상가로 기원전 400년경 정(鄭)나라에 살았다고 한다. 그러나 현재 우리가 읽고 있는『열자』는 전국시대의 열자가 남긴 그 책이 아니라, 몇 백 년 뒤 위진시대에 성립된 위작이다.[2] 따라서 앞에 언급된『장자』「제물론」편이 ‘조삼모사’의 최초 출처가 된다.

　장자가 말하는 ‘조삼모사’의 본래 의미는 현재 우리가 일반

---

2) 『열자』가 편찬된 것은 열어구에 관한 행적과 자료가 단편적으로 전해져 내려오다가 한(漢)나라 때 유향(劉向)이 중복된 것을 정리해 책으로 엮으면서부터다. 그러나 후에 그 책은 분실되었으며 현재 우리가 보는『열자』는 위진시대에 장담(張湛)이 주석을 달아놓은 것에 근거한 것이다.

적으로 이해하고 있는 것과는 전혀 다르다. 장자가 비판하는 대상은 저공이 아니라 원숭이들이다. 원숭이들은 아침에 세 개를 준다고 했을 때는 모두 화를 냈고, 아침에 네 개를 준다고 했을 때는 모두 기뻐했다. 어째서인가? 근시안적인 단견에 빠져 있기 때문이다. 원숭이들은 "아침에 세 개"라는 말 뒤에 이어지는 "저녁에 네 개"라는 말에는 관심을 기울이지 않았다. 아니, 단견에 빠져 있는 그들로서는 뒤에 이어지는 말에 귀 기울일 여유가 없었을 것이다. 그뿐 아니라 이렇게 받으나 저렇게 받으나 총합은 같다는 사실도 인지하지 못했다. 좁은 시야에 갇힌 원숭이들로서는 아침과 저녁을 동시에 고려할 통합적 능력이 없었기 때문이다. 게다가 원숭이들은 그러한 자기네 생각이 절대적으로 옳다고 믿는 강한 아집, 즉 성심(成心)에 사로잡혀 있었다. 그 결과 형식만 다를 뿐인 동일한 상황에 일희일비하는 경박함을 보인 것이다. 어리석다.

그러면 생각해보자. 우리의 모습은 어떠한가? 저 원숭이들과 다르다고 말할 수 있는가? 사람들은 대개 저마다의 입장에서 각자의 안경을 쓰고 사태를 판단한다. 자신의 시각과 관점에서 세상을 바라보고, 그것에 근거해 해석하고 판단하려 든다. 그러면서 상대방이 그렇게 하면 못마땅해한다. 심지어 상대방에게 그가 갇혀 있는 좁은 세계에서 벗어나 객관적으로 공정하게 바라보라고 훈수를 둔다. 자신도 똑같은 오류를 범할 수 있다는 점에는 눈을 감은 채. 나의 주장과 판단이 근시안적일 수 있다는 데

是非

까지 생각이 미치지 못하는 것이다. 남의 눈에 있는 티끌은 잘 보면서 내 눈의 들보는 보지 못하는 꼴이다. 세상의 시비 문제는 대개 이런 데서 발생한다.

그러면 이런 문제에서 벗어나려면 어떻게 해야 하는가? 이에 대해 장자는 천균(天均) 또는 양행(兩行)이라는 특별한 관념을 제시하고 있다.

우선 장자는 말한다. "옳다 그르다 하는 편견을 무너뜨리고 편안히 천균(天鈞)에 머물러야 한다." 원숭이들은 성심(成心)이라는 견고한 성에 갇혀 있었다. 성심은 나의 관점으로 세상을 바라보는 마음이고, 나는 옳고 남은 그르다는 굳건한 믿음이며, 타인의 접근을 완고히 거부하는 아집의 성이다. 그러므로 시급한 것은 이러한 성심을 깨뜨리는 것이고, 이를 위해서는 '천균'에 의지해야 한다는 것이다.

'천균'이란 저절로 그러한 자연 상태에서 유지되는 균형감각을 지닌 조화로운 마음이다. 천균에 대해 당나라 시대의 유명한 장자 주석가 성현영(成玄英)은 이렇게 말했다. "천균이란 자연의 균등한 이치를 말한다. 도에 통달한 성인은 마음이 텅 비어 있어서 집착하는 바가 없다. 그러므로 시비 이전의 상태에서 시비를 하나로 조화시킬 수 있다. 이 때문에 성인은 균형 잡힌 마음의 상태에서 지식의 작용을 그치게 하고, 저절로 그러한 자연의 경지에서 마음을 쉬게 한다."[3] 옳다 그르다 하는 지식의 작용이 그치고 저절로 그러한 자연의 경지에서 마음을 쉬게 하면 시비는 사라지고 마음은 지극한 조화를 얻게 된다는 것이다. 이러한 의미의 천균은 일종의 '판단 중지'와 같다. 나의 생각만이 옳다는 아집 또는 성심의 작동을 멈추고 타인의 생각에 귀 기울이는 유보적 태도다.

천균의 상태에서는 이것과 저것, 옳음과 그름, 가능과 불가능이 동시에 작용하기도 하고 그치기도 한다. 그래서 천균을 또 다른 말로 '양행'(兩行)이라 한다. '양행'은 대립하는 두 가지 입장을 모두 바라보고, 두 입장을 모두 인정하고 수용하는 태도를 가리킨다. '나는 옳고 너는 그르다'가 아니라 '나도 옳고 너도 옳다'는 양가적(兩可的) 입장이며, '이것은 이것이고 저것은 저것이다'는 이분법적 사고가 아니라 '이것은 저것일 수 있고 저것도 이것일 수 있다'는 전향적 사고다. 요컨대 인간이 전체를 조망하지 못하고 어느 한쪽만 보는 한계가 있음을 지각하여, 서로 각자의 논리가 있음을 용인하는 것이 양행이다.[4] 이것이야말로 "시비 문제를 떠나지 않으면서도 시비 문제를 없게 하는"(不離是非而得無是非) 절묘한 방법이 아닐 수 없다.

여기서 우리는 조선시대의 명정승이었던 황희를 따라다니는

---

3) 天均者, 自然均平之理也. 夫達道聖人, 虛懷不執, 故能和是於無是, 同非於無非, 所以息智乎均平之鄕, 休心乎自然之境也. (『장자집석』 제1책, 74쪽)
4) 방동미 지음, 남상호 옮김, 『원시 유가 도가 철학』, 385쪽.

고사를 떠올리게 된다. 어느 날 황희 정승이 퇴궐(退闕)하여 집으로 돌아왔더니, 시비를 다투고 있던 두 하인이 달려와 황희에게 각자의 사정을 호소했다. 하인 A의 말을 듣고 나서 황희는 '너의 말이 옳다'고 말했다. 하인 B의 말을 듣고 나서는 '너의 말도 옳다'고 했다. 그러자 옆에서 듣고 있던 하인 C가 기가 막혀서, 'A도 옳고 B도 옳다고 하니 대감마님의 정신이 뭔가 잘못된 것 같습니다'라고 비꼬았다. 그러자 황희가 '듣고 보니 너의 말도 옳구나'라고 대답했다. 이에 다투던 하인들이나 지켜보던 이들이 모두 한바탕 웃고 말았다고 한다. 황희 정승은 하인들 사이에 벌어진 시비 문제를 옳고 그름을 명확히 가림으로써 해결한 것이 아니라, 양쪽의 입장을 모두 듣고 인정해줌으로써 문제 자체를 해소시키는 방법으로 해결했던 것이다. 이처럼 양행은 둘 다를 긍정하고 둘 다를 부정하는 병행의 논리로서, 결국 무궁한 적응의 논리인 '도추'(道樞)의 또 다른 표현이다.[5]

성심을 떠나 도추(道樞)의 자리에 선 사람에게 세상사의 차별적 현상이나 분별적인 사건들은 모두 그렇고 그런 '하나'로 보일 뿐이다. 세상 사람들은 높거나 낮은 지위, 부유함과 가난함, 잘남과 못남, 아름다움과 추함 등과 같은 차별적 상황들에 일희일비한다. 그러나 도추의 자리에 선 사람에게 그런 구분과 구별은 '도토리 키 재기'일 뿐이다. 그러므로 장자는 조삼모사의 고

5) 김충열, 『김충열 교수의 노장철학 강의』, 285-286쪽.

사를 꺼내기 직전에 다음과 같은 말을 한다. "가는 나무줄기와 대들보, 문둥병자와 같은 추한 사람과 서시처럼 아름다운 사람, 그리고 기이하고 비정상적인 것들도 도의 관점에서 보면 서로 통하여 모두 하나가 된다."(莛與楹, 厲與西施, 恢恑憰怪, 道通爲一.) 장자가 「소요유」편 첫머리에서 대붕의 이야기를 꺼낸 것도 어쩌면 이런 사고의 발로였을 수 있다. 9만 리 상공으로 비상한 대붕에게 아래로 내려다보이는 세상의 모습은 그저 가물가물한 '하나'일 뿐이다.

사람들이 일생을 살아가면서 만나게 되는 행, 불행의 총합도 결국 '하나'가 아닐까? 어떤 사람은 젊은 시절에 많은 고난을 겪다가 만년에 평안하게 사는가 하면, 또 어떤 사람은 젊은 시절에는 호강하지만 늙어서 온갖 고난을 만나기도 한다. 삶이 순탄하고 행복할 때는 그것이 행운인 줄 알아차리지 못한다. 자신이 열심히 노력했으니 응당 누려야 할 결과라 생각한다. 그러다 불행이 닥치고 고난이 다가오면 '신은 어째서 나만 괴롭히고 못살게 구느냐'고 신의 무정함과 세상의 불공평함을 원망한다. 그동안 누린 복은 생각지도 않은 채, 남들이 힘들게 살 때 호의호식했던 것은 잊은 채, 지금 자신에게 닥친 불행만 탓한다.

그러나 인생 전체로 보면, 특별히 더 행복한 사람도 특별히 더 불행한 사람도 없을지 모른다. 지금 고단한 삶을 살고 있다면 머지않아 평안한 삶이 다가올 것이고, 지금 분에 넘치게 행복하다면 언젠가는 힘든 시기가 도래할 것을 예상해야 하지 않을까?

절대적 판단 기준이 있는가?

설결(齧缺)이 왕예(王倪)에게 물었다.

"선생님은 누구나 동의하는 절대 기준을 아십니까?"

"내가 어찌 그것을 알겠는가?"

"선생님은 자신이 그것을 모른다는 사실을 아십니까?"

"내가 어찌 그것을 알겠는가?"

"그렇다면 사물에 대해서는 알 수 없다는 것입니까?"

"내가 어찌 그것을 알겠는가?

그러나 시험 삼아 한번 말해보도록 하지. 내가 안다고 하는 것이 사실은 모르는 것인 줄 어찌 알겠는가? 또 내가 모른다고 하는 것이 사실은 정말로 아는 것인 줄 어찌 알겠는가?

　내 그대에게 한번 물어보겠네. 사람은 습한 곳에서 자면 허리가 아프고 반신불수가 되지. 미꾸라지도 그러한가? 사람은 높은 나무 위에 올라가면 벌벌 떨며 두려워하지. 원숭이도 그러한가? 사람, 미꾸라지, 원숭이 이 셋 중 누가 바른 거처를 안다고 할 수 있는가?

　사람은 가축을 맛있게 먹고 사슴은 풀을 맛있게 먹으며 지네는 뱀을 맛있게 먹고 올빼미는 쥐를 맛있게 먹지. 사람, 사슴, 지네, 올빼미 이 넷 중 누가 바른 맛을 안다고 할 수 있는가?

　사슴은 사슴과 어울리고 물고기는 물고기와 노니네. 모장(毛嬙)과 서시(西施)는 사람들이 아름답게 여기는 미인들이지. 그러나 그들을 물고기가 보면 물속 깊이 숨고 새가 보면 하늘 높이 날아가며 사슴이 보면 꽁지가 빠져라 달아나지. 사람, 물고기, 새, 사슴 이 넷 중 누가 세상의 진정한 미색을 안다고 할 수 있는가?"(제물론)

齧缺問乎王倪曰 :"子知物之所同是乎?"

曰 :"吾惡乎知之!"

"子知子之所不知邪?"

曰 :"吾惡乎知之!"

"然則物无知邪?"

曰 :"吾惡乎知之!

　　　　　　　　　　　　　　　　是非

雖然嘗試言之. 庸詎知吾所謂知之非不知邪? 庸詎知吾所謂不知之非知邪?

且吾嘗試問乎汝. 民濕寢則腰疾偏死, 鰌然乎哉? 木處則惴慄恂懼, 猨猴然乎哉? 三者孰知正處?

民食芻豢, 麋鹿食薦, 蝍蛆甘帶, 鴟鴉嗜鼠, 四者孰知正味?

猨猵狙以爲雌, 麋與鹿交, 鰌與魚游. 毛嬙·西施, 人之所美也; 魚見之深入, 鳥見之高飛, 麋鹿見之決驟. 四者孰知天下之正色哉?"

⌒⌒

이 이야기는 설결(齧缺)과 왕예(王倪) 두 사람의 대화로 이루어져 있다. 설결은 요임금 시대의 유명한 현인이었던 허유(許由)의 스승이라 한다. 지금 설결이 왕예에게 가르침을 청하고 있으니 왕예는 스승의 스승, 현인 중의 현인인 셈이다. 그런 왕예에게 설결이 세 번 질문했는데 그때마다 왕예는 "내가 어찌 그것을 알겠는가?"라고 답하고 있다.

그는 우선 모든 판단의 근거가 되는 보편적인 기준이 존재하는지를 모른다고 말한다. 다음으로 자신이 모른다는 사실을 모른다고 말한다. 마지막으로 사물에 대한 인식 자체가 가능한지를 모른다고 말한다. 이렇게 모르쇠로 일관하는 왕예는 진실로 아는 자인가, 모르는 자인가?

이 우화를 통해 장자는 인식과 판단에 대한 상대주의적 관점을 제시하고 있다. 이를 위해 장자는 우리의 삶에 밀접한 세 가지 사례 즉 올바른 거처, 올바른 음식, 올바른 배우자의 경우를 예로 든다. 여기서 반복되는 '올바름'(正)은 하나의 절대적 기준을 의미한다. 거처, 음식, 배우자에 대한 절대적 기준 즉 이 세상 모든 존재가 동의할 수 있는 하나의 근본적인 기준이 과연 있을까?

그렇지 않다. 미꾸라지는 늪지가 편안하지만 사람은 습한 곳에서 자면 건강을 해친다. 원숭이는 높은 나무 사이를 자유자재로 뛰어다니지만 사람은 나무꼭대기에 올라가면 오금이 저려 부들부들 떤다. 올빼미는 쥐를 잡아 맛있게 먹지만 사람들은 쥐를 보면 기겁한다. 사람들은 절세미인을 보면 가슴이 두근거리지만 사슴이나 새들은 죽어라 달아난다.

이처럼 옳고 그름의 절대적인 기준은 있을 수 없다. 이것이 장자의 생각이다. 바른 거처, 마땅한 음식, 좋아하는 미색에 대한 기준은 종족에 따라 다를 수밖에 없다. 생각이 다르고 관점이 다르고 취향이 다르기 때문이다. 여기서 우리는 서양 철학자 베이컨이 말한 '종족의 우상'을 떠올리게 된다. 인간은 인간이라는 종족의 틀을 통해 세상을 바라보는 존재다. 붉은 색안경을 쓰면 세상이 온통 붉게 보인다. 개는 색맹이기 때문에 인간과 개가 바라보는 세상은 서로 다를 수밖에 없다. 마찬가지로 인간이 이해하는 세상은 전적으로 '인간의 관점'에서 벗어날 수 없다.

베이컨의 이른바 '4대 우상론'은 애초 참된 앎을 확보하기 위

是非

해 제기되었다. '종족의 우상'은 인간이 대상을 바라볼 때 인간을 기준으로 생각하는 한계를 말한다. '동굴의 우상'은 각자 개인이 살아온 경험에 비추어 대상을 인식하는 한계를 가리킨다. '시장의 우상'은 언어가 가지는 한계다. 명칭만 있고 존재하지 않거나, 애매하게 정의한 표현이 혼란을 준다는 것이다. '극장의 우상'은 전통이나 유명인의 권위를 이용해 자기 논리가 정당하다고 주장하는 것을 말한다. 베이컨은 이들 4대 우상을 제거해야 비로소 순수 경험이 가능하고, 그에 따라 참된 앎이 확보될 수 있다고 주장했다.

그러면 장자의 경우는 어떤가? 장자의 주장은 베이컨과 비슷한 것 같으면서 조금 다르다. 넓게 보면 장자 역시 '진지'(眞知) 즉 참된 앎에 이르는 하나의 과정으로서 상대주의적 논의를 제기했다고 볼 수 있다. 참된 앎을 얻으려면 현재 내가 알고 있는 사실이 진실이 아닐 수도 있다는 점을 인정해야 하지 않겠는가? 각자가 서 있는 현재의 좌표를 포기하고 '나의 눈'을 떠나 타인의 관점에 서서 바라볼 수 있는 사유의 유연성을 지닐 때 비로소 참된 앎에 한 걸음 다가설 수 있다.

그러나 장자의 이야기에는 좀 더 현실적인 계기가 있다. 그가 살던 세상에 만연했던 온갖 형태의 시비 문제를 해소하기 위해서였다. 백가쟁명(百家爭鳴)이 한창이던 당시, 제자백가의 여러 학파들은 서로를 비방하고 비판하면서 자기네 주장이 옳음을 입증하기 위해 동분서주했다. 장자는 그런 소아적 태도로는 결코 문제를 해결할 수 없다고 보았다. 그래서 앞의 우화를 들려주며 옳고 그름에 대한 기준은 상대적일 수밖에 없다는 사실을 일깨우고, 나아가 인간도 개인 또는 집단에 따라 견해가 서로 다를 수 있다는 사실을 사람들이 받아들이기를 바랐다.

「제물론」에서 장자는 말한다. "내가 보기에 인의(仁義) 논쟁의 시작이나 시비 다툼의 길은 번잡하고 혼란스럽기만 하다. 그러니 내 어찌 그 옳고 그름을 분별할 수 있겠는가!"(自我觀之, 仁義之端, 是非之塗, 樊然殽亂, 吾惡能知其辯!) 세상의 모든 존재는 각자의 고유한 시스템을 지니고 있다. 내 눈에는 나만의 '파란 안경'이 씌워 있을 수 있고, 너의 눈에는 너만의 '빨간 안경'이 씌워 있을 수 있다. 이 점을 인정한다면 세상의 온갖 시비 문제는 저절로 해소되지 않겠는가.

우매한 사람들은 사물의 양면을 동시에 보지 못하고, 서로 다른 사물들의 모습이 결국 하나로 통할 수 있음을 알지 못한다. 그런 이들에게 장자가 주는 해법은 '나'의 관점에서 벗어나 '전체'를 담는 넓은 시야를 가지라는 것이다.

내가 옳으면 너는 그른가?

가령 나와 자네가 논쟁을 한다고 하자. 자네가 나를 이기고 내가 자네를 이기지 못한다면, 자네는 정말로 옳고 나는 정말로 그른 것인가? 내가 자네를 이기고 자네가 나를 이기지 못한다면 나는 정말로 옳고 자네는 정말로 그른 것인가? 어느 한쪽이 옳으면 다른 한쪽은 그른 것인가? 아니면 둘 다 옳거나 둘 다 그른 것인가? 나도 자네도 알 수 없다면 제삼자는 더더욱 알 수 없을 것이다. 그러니 누구를 시켜 옳고 그름을 판단하게 할 수 있겠는가?

만약 자네와 생각이 같은 사람을 시켜 판단하게 한다면, 그는

이미 자네와 생각이 같으니 그가 어떻게 올바르게 판단할 수 있
겠는가? 반대로 나와 생각이 같은 사람을 시켜 판단하게 한다
면, 그는 이미 나와 생각이 같으니 그가 어떻게 올바르게 판단할
수 있겠는가? 만약 나와 자네와 생각이 다른 사람을 시켜 판단
하게 한다면, 그 사람은 이미 나와도 자네와도 생각이 다르니 그
가 어떻게 올바르게 판단할 수 있겠는가? 만약 자네와 같고 나
와도 같은 생각을 하는 사람에게 판단하게 한다면, 그는 이미 자
네나 나와 생각이 같으니 그가 어떻게 올바르게 판단할 수 있겠
는가? 이렇게 나와 자네 그리고 제삼자 모두 제대로 알 수 없으
니, 이제 누구를 기다려야 한단 말인가? (제물론)

　　旣使我與若辯矣. 若勝我, 我不若勝, 若果是也, 我果非也邪? 我
勝若, 若不吾勝, 我果是也, 而果非也邪? 其或是也, 其或非也邪?
其俱是也, 其俱非也邪? 我與若不能相知也, 則人固受黮闇, 吾誰
使正之?
　　使同乎若者正之, 旣與若同矣, 惡能正之? 使同乎我者正之, 旣
同乎我矣, 惡能正之? 使異乎我與若者正之, 旣異乎我與若矣, 惡
能正之? 使同乎我與若者正之, 旣同乎我與若矣, 惡能正之? 然則
我與若與人俱不能相知也, 而待彼也邪?

이 말은 구작자(瞿鵲子)와 장오자(長梧子) 사이의 대화 중 일부

다. 장오자가 구작자에게 분별적인 앎을 통해 시비를 따지는 일
이 얼마나 허망한지 일러주는 대목이다.

내가 옳으니 네가 그르니… 우리 일상에서 이런 시비 논쟁은
얼마나 흔한가. 문제는 옳고 그름을 명확히 가리기가 쉽지 않다
는 사실이다. A와 B가 논쟁을 벌여 어느 한쪽이 이기든, 그가 정
말로 옳다고 판단할 수 있는가? 장자는 그럴 수는 없다고 주장
한다. 왜 그런가? A와 B는 서로 다른 개별자들이기 때문이다. 가
치관과 생각이 서로 다르고, 각자가 놓인 처지와 상황 또한 다르
다. 이처럼 서로의 조건이 다를진대 양자를 하나의 기준으로 판
단하다니, 이는 애초에 가능하지 않다. 그러니 '진리의 자리'(절
대적인 객관적 관점)에서는 논리나 말주변으로 논쟁에서 이겼다
해도 그가 반드시 옳다고 판단할 수는 없다는 것이다.

그러면 제삼자인 C에게 맡겨보면 어떨까? 우리는 흔히 제삼
자는 객관적이고 공정하게 판단할 수 있다고 생각한다. 그러나
장자의 관점은 다르다. C의 생각이 A나 B 어느 한쪽으로 기울어
져 있으면 자신이 이해하는 입장이 옳다고 할 것이고, A나 B와
전혀 다른 입장이라면 둘 다 그르다고 할 것이다. 반대로 C의 생
각이 A와 B와 같다면 A와 B 각자의 입장을 모두 이해하고 그들
모두 옳다고 판단할 것이다. 결과적으로 C도 올바로 판단할 수
없다.

그러면 도대체 어쩌라는 말인가? 어떻게 해야 정확히 시비를
가릴 수 있는가? 여기에 대해 장자는 「제물론」에서 "천예(天倪)

에 의해 조화시키고, 만연(曼衍)에 맡기라"(和之以天倪, 因之以曼衍)
고 제안한다. '천예'란 '시비를 초월한 자연의 길' 또는 '모든 대
립이 균형을 얻어 각자 있는 그대로 존재하게 하는 자연의 도리'
를 의미한다. 따라서 "천예에 의해 조화시킨다"는 말은 시비에
대한 집착에서 벗어나 조화를 지향하는 자연의 도리에 따르라는
것이다. '만연'이란 '저절로 그러한 변화의 흐름'을 의미한다.
따라서 "만연에 맡기라"는 말은 모든 것을 변화의 흐름에 맡기
고 자신의 생각에 너무 집착하지 말라는 것이다.

　세상살이를 하다 보면 이것과 저것을 분명히 구분하고 옳고
그름을 명확히 판단해내야 할 때가 있다. 가령 누군가 도둑질을
했다면 그 사람을 즉시 붙잡아 합당한 형벌을 가하는 게 사회정
의에 부합할 것이다. 그러나 그것이 전부일까? 어떤 때는 이것
과 저것을 분명히 구분하지 않고 옳고 그름을 명확히 판가름하
지 않는 게 더 나을 때도 있다. 명확히 판가름하지 않음으로써
시비 문제 자체가 해소되는 경우도 있으니 말이다.

　명철한 이성과 철저한 분별력으로 옳고 그름을 명확히 따지
는 일은 수학이나 논리학에서나 가능한 일이다.[1] 인간의 현실에
서 옳다 그르다는 결국 상대적일 수밖에 없다. 상대적으로 옳고
상대적으로 그를 뿐이지, 무언가가 절대적으로 옳거나 그르다
는 것은 있을 수 없다. 우리의 모든 판단은 크게는 '인간'이라는

---

1) 수학에서도 반드시 통하는 것은 아니다. 가령 '삼각형 내각의 합은 180도다'는 공리에 속하는 명
제이지만, 실제 세계에서 이 명제는 사실상 입증 불가능하다.

종족의 한계에 갇혀 있고, 작게는 '개인'이라는 한계에 묶여 있기 때문이다. 우리가 갇혀 있는 한계를 완전히 벗어나지 못하는 한 객관적인 판단은 불가능하다.

우리가 할 수 있는 것은 많지 않다. 우리 모두 서로 다르다는 사실을 받아들이고, 내가 옳다고 생각하는 것이 타인의 관점에서는 그를 수도 있다는 점을 인정하는 것뿐. 이는 곧 각자의 성심(成心) 또는 편견에서 벗어나 도의 자리, 즉 자연 자체의 관점에서 바라보는 길로 향하는 첫걸음이기도 하다.

물고기의 즐거움을 아는 법

장자가 혜자와 호수(濠水)의 다리 위를 거닐고 있었다.

장자가 말했다.

"물고기가 한가롭게 노닐고 있군. 이것이 물고기의 즐거움이겠지."

혜자가 말했다. "자네는 물고기가 아닌데 어떻게 물고기의 즐거움을 안단 말인가?"

장자가 대답했다. "자네는 내가 아닌데 내가 물고기의 즐거움을 알지 못한다는 것을 어찌 아는가?"

혜자가 대답했다. "나는 자네가 아니니 진실로 자네의 마음을

是非

안다고 할 수 없을 것이네. 그렇다면 자네도 물고기가 아니니 자네가 물고기의 즐거움을 알지 못한다는 것은 분명하네."

장자가 말했다. "자, 처음으로 돌아가 보세. 자네는 나더러 어찌 물고기의 즐거움을 알 수 있느냐고 했지. 그 말은 이미 내가 물고기의 즐거움을 안다는 것을 알고 물은 걸세. 나는 이 호수에서 물고기의 즐거움을 알았다네." (「추수」)

莊子與惠子遊於濠梁之上.

莊子曰 : "儵魚出遊從容, 是魚之樂也."

惠子曰 : "子非魚, 安知魚之樂?"

莊子曰 : "子非我, 安知我不知魚之樂?"

惠子曰 : "我非子, 固不知子矣; 子固非魚也, 子之不知魚之樂, 全矣."

莊子曰 : "請循其本. 子曰 '汝安知魚樂?' 云者, 旣已知吾知之而問我. 我知之濠上也."

장자와 혜자 두 친구가 호수(濠水)의 다리 위를 거닐다가 논쟁이 붙었다. 이른바 '호량지변'(濠梁之辯)이다. 한가롭게 헤엄치는 물고기를 보고 장자가 무심코 한 말이 논쟁의 발단이었다. 영리한 머리로 논쟁하기를 즐기는 혜자가 장자를 곤경에 빠뜨릴 기회를 놓칠 리 없다. "자네는 물고기가 아닌데 어떻게 물고기의 즐거움을 안단 말인가?" 어느 유행가의 가사처럼 "네가 나를 모르는데 난들 너를 알겠느냐"는 식이다.

혜자는 명가(名家)의 대가, 요즘말로 하자면 논리학의 대가다. 그래서 모든 상황과 사건을 논리적으로 따지고 분별하기를 좋아했다. 장자와 물고기는 엄연히 서로 다른 개체다. 동일한 종족인 사람들끼리도 남의 마음을 알기란 쉽지 않다. 그런데 말도 통하지 않는 물고기의 속마음을 장자가 안다고 나서고 있으니 혜자로서는 절호의 공격 기회를 포착한 것이다.

논리학자들은 이성을 중시한다. 명철한 이성으로 판단할 때 A는 A이고 B는 B다. A가 B가 되고 B가 A가 되는 일은 가능하지 않다. 가령 장자가 나비가 되고 나비가 장자가 되는 일은 꿈조차 꿀 수 없다. 이러한 이성적인 관점에서는 사람이 물고기의 마음을 안다는 것이 가당치 않다. 설령 장자가 어떤 신비한 방법으로 물고기의 마음을 안다 해도, 그 사실을 논리적으로 증명할 길이 없다. 그런데 증명할 수 없는 것을 말한다? 논리주의자에게는 아무런 의미가 없는 행위다. 비트겐슈타인이 "말할 수 없는 것에 관해서는 침묵해야 한다"[1]라고 선언했듯이 말이다.

이렇게 말하고 보니 정말 장자의 말이 허술해 보인다. 만약 장자가 혜자를 논리적으로 반박하고자 했다면 이렇게 말했어야

---

1) 『논리철학논고』. 비트겐슈타인이 보기에 거의 모든 철학적 명제들은 참이나 거짓이 아니라 헛소리다. 세계를 초월한 것에 관하여, 다시 말해 언어를 초월한 것에 관하여 말하는 순간 그것은 헛소리다. 형이상학, 윤리학, 종교, 예술 등은 말할 수 없고 단지 보여줄 수 있을 뿐이다. 그래서 그는 말한다. "말할 수 없는 것에 관해서는 침묵해야 한다."

是非

한다. '자네는 내가 물고기의 즐거움을 알지 못한다고 했네. 그렇다면 자네는 내가 아니면서 이미 내가 물고기의 즐거움을 모른다는 것을 알았다는 말이 되는군. 이는 곧 자네는 내가 아니면서 나를 안다는 의미가 아닌가? 그렇다면 나 또한 비록 물고기가 아니라도 물고기의 마음을 알 수 있지 않겠는가?' 그런데 장자는 "자네는 나더러 어찌 물고기의 즐거움을 알 수 있느냐고 했지. 그 말은 이미 내가 물고기의 즐거움을 안다는 것을 알고 물은 걸세"라는 조금은 생뚱한 대답을 내놓고 있다. '자네는 물고기의 즐거움을 알 수 없다'는 말이 어떻게 '내가 물고기의 즐거움을 안다는 것을 이미 알고 있다'와 연결될 수 있단 말인가?

혜자의 논박에 대한 장자 응답의 핵심은 "나는 이 호수에서 물고기의 즐거움을 알았다네"에 있다. 물속에서 노니는 물고기를 보는 순간 그 물고기의 즐거움을 알았다는 것이다. 여기에는 논리고 뭐고 없다. 그 모든 것을 초월하는 직관적 감각이 작용할 뿐이다. 장자가 물고기의 즐거움을 안 것은 논리적으로 이해될 수 있는 성질이 결코 아니다. 반면 장자가 물고기가 되고 물고기가 장자가 되는 상황, 즉 주객합일의 상태에 이르렀다면 장자가 물고기의 즐거움을 안다는 것은 전혀 이상한 일이 아니다. 장자와 물고기 사이의 간극이 사라지는 순간 물고기의 즐거움은 장자에게 전달될 수 있었을 것이다.

다소 괴이하게 들리는가? 직관적 감각? 주객합일의 상태? 이 말이 쉽게 이해될 수 없다면 앞서 언급한 '나비 꿈' 이야기를 다시 떠올려보자. '나비 꿈'에서는 장자가 나비가 되고 나비가 장자가 되기도 했다. 이 이야기는 장자가 도달한 물아일체의 경지를 표현한 것으로 해석할 수 있다. 다시 말해 이 이야기에서 묘사한 '물화'(物化)의 경지는, 주체와 대상이 아무런 간극 없이 하나가 된 주객합일의 상태다. 나와 사물 사이에 일체의 거리가 사라진 경지에 이르면 나와 사물은 즉각적인 교감과 교류가 가능하다고 보는 것이다.

물아일체의 경지라니, 마음을 수련해본 경험이 없는 평범한 사람들로서는 뜬구름 잡는 이야기처럼 들릴 수 있다. 그러나 단순화해보면 그리 난해할 것도 없다. 일종의 교감(交感)도 물아일체라 할 것이다. 부부가 오래 살면 말하지 않아도 척 보고 상대방의 생각을 알고 느끼게 된다. 마음이 통하는 오랜 친구는 눈빛만 봐도 상대방의 마음에 폭풍이 이는지 햇살이 비추는지 안다. 집에서 키우는 강아지들도 자기를 진심으로 좋아하는 식구와 그렇지 않은 식구를 구별한다. 사람과 사람 사이, 또는 사람과 동물 사이에 오가는 모종의 교감 작용이 있기 때문이다. 이런 교감 능력을 확대하고 발전시키다 보면 궁극적으로 물아일체의 경지까지 나아가게 되지 않을까?

혜자는 이성적 사고 또는 주객이분법적 사고에 근거해 장자와 물고기 사이에는 넘나들 수 없는 인식론적 간극이 있다는 논리를 폈다. 이에 대해 장자는 이분법적 사고를 넘어선 물아일체의 경지를 말한다. 물고기의 즐거움을 아는 것은 논리나 인식의

문제가 아니다. 나와 만물이 하나가 될 수 있다는 직관적 체험에서 나온 것이다.[2] 마음으로 아끼는 누군가와 교감할 수 있듯이, 만물과도 하나가 될 수 있다는 것이다.

2) 오강남 옮김. 『장자』. 369쪽.

3장

価
値

쓸모 있음과 쓸모없음 사이에 머물다

"쓸모없음을 안 이후에
비로소 쓸모 있음에 대해 말할 수 있을 뿐이다."
(知无用而始可與言用矣.)

장자는 평생 재야에 머물면서 강력한 비판철학자로 살았지만, 그 또한 비판의 화살을 비껴가지는 못했다. 장자에 대한 비판의 주요 요지는 '당신의 말은 너무 허황되다'는 것이었다. 말이 허황되다는 것은 그 말에 현실성이 없다는 의미이고, 현실성이 없다는 것은 실제의 삶에 도움이 되지 않는다는 뜻이다. 요컨대 장자의 말은 현실적 유용성이 부족한 쓸모없는 말이라는 것이다.

과연 '쓸모'란 무엇일까?

일상성에 길들여져 있고 성심(成心)에 갇혀 있는 사람들은 좁은 관점에서만 '쓸모'를 생각한다. 기존의 관습과 타인의 시선 속에서 '쓸모'를 바라본다. 그러나 주시하는 대상의 '쓸모'는 제한적일 수밖에 없다.

자유로운 사고를 지닌 사람은 열린 마음으로 '쓸모'에 접근한다. 우선 기존의 인식에 얽매이지 않고 다양한 관점에서 '쓸모'를 바라본다. 하나의 시선이 아니라 다양한 시선으로 바라본다.

이렇게 열린 마음으로 보면 여러 형태의 다양한 '쓸모'가 드러나게 마련이다.

또한 자유인은 타자의 시선에서 자유롭다. 남이 어떻게 생각하느냐 또는 사회적 인식이 어떠하냐에 구애받지 않는다. 타인의 시선이나 평가에 얽매이지 않고 오직 '나'의 주체적 인식 속에서 '나'의 진정한 쓸모가 어디에 있는지를 생각한다.

물질적 조건과 유용성만이 존재가치의 유일한 기준이 되는 세상이다. 인간은 그 자체의 존엄성을 상실하고 점차 도구적 존재로 전락하고 있다. 인간의 쓸모가 단지 유용성으로 평가되는 도구적 사물로 추락하고 있다는 말이다. 심지어 상업자본주의 구조 속에서 인간의 가치는 상품적 가치와 동일시되기도 한다. 오늘날 취업 대열에 뛰어든 수많은 이들의 고민이 무엇인가? 어떻게 하면 자신의 상품적 가치를 크게 드러내 취업에 성공할 수 있을까, 이것 아닌가!

왜곡되고 전도된 현대사회의 가치체계에서 벗어나 인간 본연의 자연성을 회복해야 한다. 그리하여 어떤 것에도 이용당하지 않고, 개인의 자유로운 삶을 온전히 누릴 수 있는 진정한 쓸모의 길을 걸어야 한다. 장자가 그러했던 것처럼 말이다.

누구의 기준으로
나의 쓸모가 정해지는가?

혜자가 장자에게 말했다.

"나에게 큰 나무가 있는데, 사람들은 그것을 '가죽나무'(樗)라 부른다네. 그것의 밑동은 울퉁불퉁하여 먹줄을 칠 수 없고, 잔가지들은 구불구불하여 자를 댈 수 없지. 사람들이 오가는 길가에 서 있지만 목수도 거들떠보지 않네. 지금 그대의 말은 크기만 할 뿐 아무 쓸모가 없네. 그래서 사람들이 아무도 귀 기울이지 않는 거라네."

장자가 말했다.

"그대는 너구리나 살쾡이를 본 적이 없는가? 몸을 납작 엎드

價値

린 채 먹이를 기다리고, 이리 뛰고 저리 뛰고 높이 뛰고 낮게 뛰다가, 결국에는 덫에 걸리고 그물에 잡혀 죽고 말지. 저 거대한 소 이우(犛牛)를 보게. 몸집이 하늘에 구름을 드리운 것처럼 거대하지만 쥐 한 마리도 잡지 못하네. 지금 그대는 저 큰 나무의 쓸모없음을 걱정하고 있는데, 어찌하여 그것을 무하유지향(无何有之鄉) 또는 광막지야(廣莫之野)에 심어놓고 그 주위를 하는 일 없이 배회하거나 그 아래에서 한가로이 낮잠을 자지 않는가? 그 나무는 도끼에 찍힐 일도 없고 그것을 해칠 것도 없으니, 어찌 쓸모없음을 괴로워한단 말인가!"(소요유)

惠子謂莊子曰："吾有大樹, 人謂之樗. 其大本擁腫而不中繩墨, 其小枝卷曲而不中規矩, 立之塗, 匠者不顧. 今子之言, 大而無用, 衆所同去也."

莊子曰："子獨不見狸狌乎? 卑身而伏, 以候敖者. 東西跳梁, 不避高下; 中於機辟, 死於罔罟. 今夫犛牛, 其大若垂天之雲. 此能爲大矣, 而不能執鼠. 今子有大樹, 患其无用, 何不樹之於无何有之鄉, 廣莫之野, 彷徨乎无爲其側, 逍遙乎寢臥其下. 不夭斤斧, 物无害者, 无所可用, 安所困苦哉!"

앞에 등장했던 혜자가 다시 나왔다. 그는 중국 고대철학의 한 유파인 명가(名家)의 대표자로, 장자의 절친한 친구이기도 하다.

한때 혜자가 저술한 '수레 다섯 대 분량'의 글이 있었다고 하지만 모두 사라지고, 그가 주장한 일부 역설만『장자』를 비롯한 몇몇 문헌에 남아 있을 뿐이다.[1] 그는 수많은 추종자들을 거느리고 있었으며, 장자와 달리 현실 정치에도 관심이 깊어 위나라의 재상에 등용되기도 했다.

당시 말 잘하기로는 장자가 유명했지만 명(名)과 실(實)의 문제에 밝았던 혜자 또한 만만치 않은 상대였다. 어쩌면 둘은 서로에게서 자신과 닮은꼴을 발견했기에 늘 티격태격하면서도 호감을 잃지 않고 친하게 지낼 수 있었을 것이다. 혜자가 죽은 후 장자는 "이제 나는 더불어 이야기할 상대가 없구나!"라고 한탄하며 크게 슬퍼했다고 한다.

이 이야기에서도 장자와 혜자는 대립한다. 미루어 짐작건대 혜자의 비판은 장자에 대한 당대의 일반적 평가이기도 했을 것이다. '대붕의 이야기'에서 보듯이, 장자의 말은 너무 거창하고 비현실적이다. 수천 리 크기의 새, 9만 리 상공으로의 비상, 6개월 동안의 비행! 상식에 충실한 일반인들로서는 당혹스럽고 거부감마저 느끼게 하는 과장들이다. 마치 매미와 비둘기가 그렇

---

1) 혜자의 역설은 당시의 서양 철학, 특히 그리스의 궤변철학자 제논의 유명한 역설과도 비슷하다. 일반적으로는 도가 사상과 약간 유사한 점이 있는데, 그의 역설은 공간과 시간에 대한 원자론적 견해에서 발달한 상대성 이론에 바탕을 두고 있다. 그의 첫 번째 역설은 이렇다. "지극히 큰 것은 바깥이 없으니 이를 일러 대일(大一)이라 한다. 지극히 작은 것은 안이 없으니 이를 일러 소일(小一)이라 한다."『장자』「천하」편에서는 "혜시의 학설은 모순되어 있으며, 그의 말은 진리를 놓치고 있다"고 비판하고 있다.

듯이 말이다. 이러한 거대 담론은 사람들이 감당하기 힘들뿐더러, 자기네 삶의 천박성과 세속성을 새삼 일깨워주는 불편한 압박기제가 되기도 한다. 따라서 자기만의 세계에 갇혀 소소한 일상적 삶의 가치에 만족하고 안주하는 사람들에게 장자의 말은 거창하기만 할 뿐 아무런 쓸모가 없는 것으로 평가절하되었을 것이다.

혜자는 이러한 장자의 약점을 '가죽나무'라는 가상의 나무에 빗대어 비판하고 있다. 가죽나무라 불리는 거대한 나무 한 그루가 있는데, 크기만 할 뿐 현실적으로 아무런 쓸모가 없다. 밑동이나 가지가 울퉁불퉁하고 구불구불하여 재목으로 쓸 수 없기에, 지나가는 사람들이 아무도 그 나무를 거들떠보지 않는다는 것이다. 인간 중심의 일상적 관점에서 나무의 쓸모는 사람들이 필요로 하는 재목감이 되느냐 아니냐에 달려 있다. 따라서 울퉁불퉁하고 구불구불하게 생긴 나무는 아무리 거대하다 해도 쓸모없는 나무가 된다. 장자가 평소 하고 다니는 말들도 저 가죽나무처럼 거대하기만 할 뿐 현실적으로 아무런 쓸모가 없다는 혜자의 신랄한 비판이다.

이에 대해 장자는 세 가지 측면에서 반박한다.

첫째, 자신을 비판하는 속인들의 자잘한 품격에 대한 지적이다. 너구리나 살쾡이 같은 것들은 온갖 잔재주를 부려 먹이를 잘 잡는다. 반면에 덩치가 "하늘에 구름을 드리운 것처럼" 커다란 소 이우는 작은 쥐 한 마리도 잡지 못한다. 그러나 이 두 종류의 동물 중 어느 쪽의 품격이 더 높은가? 당연히 경박스럽게 날뛰는 너구리나 살쾡이보다는 여유롭게 걸어 다니는 이우에게 더 높은 품격을 부여할 것이다. 너구리나 살쾡이는 "이리 뛰고 저리 뛰고 높이 뛰고 낮게 뛰다가" 결국에는 사람들이 놓은 덫에 걸려 죽고 만다. 마치 온갖 잡다한 일들로 동분서주하다 제 명도 채우지 못하고 초라하게 죽어가는 세상 사람들처럼. 자기 살 길을 찾으려 꾀와 민첩함을 추구하다 보면, 그러한 삶의 방식 때문에 역설적으로 파멸을 앞당기게 되는 것이다.[2] 이우는 어떤가? 비록 작은 쥐 한 마리 잡을 능력도 없지만(사실 소는 쥐를 잡을 필요가 없다), 드넓은 들판을 어슬렁거리며 지내니 얼마나 한가롭고 여유로운가? 더욱이 이우는 너구리나 살쾡이처럼 잔재주를 부리다 덫에 걸려 죽을 염려도 없다. 장자는 이러한 이우의 모습에 은연중 자신의 삶을 빗대고 있다.

둘째, '쓸모'에 대한 인식을 확장하라는 지적이다. 당장의 쓸모, 현실적인 쓸모에 얽매이지 말고 좀 더 넓은 시야에서 대상의 잠재적인 효용성에 대해 생각해보라는 것이다. 혜자는 가죽나무가 쓸모없다고 했는데, 그것은 그가 나무의 용도를 재목으로 국한했기 때문이다. 성심(成心)에 갇혀 있는 태도다. 시야를 넓혀 또 다른 측면에서 쓸모를 찾아본다면 어떨까? 장자는 말한

---

2) 이효걸, 『이효걸의 장자강의』, 89쪽.

價値

다. "그대는 저 큰 나무의 쓸모없음을 걱정하고 있는데, 어찌하여 그것을 무하유지향(无何有之鄉) 또는 광막지야(廣莫之野)에 심어놓고 그 주위를 하는 일 없이 배회하거나 그 아래에서 한가로이 낮잠을 자지 않는가?"

'무하유지향'은 그 어디에도 있지 않는 또는 그 무엇도 존재하지 않는 드넓은 공간을 의미한다. 이는 일체의 편견, 아집, 왜곡된 이념 등이 사라진 자유로운 정신세계에 대한 상징이다. 이곳은 모든 장애가 사라진 드넓고 텅 빈 곳이므로 '광막지야'로 표현되기도 한다. 이러한 곳에 저 거대한 가죽나무를 심어놓는다면, 그리하여 그 아래에서 한가로이 소요하는 즐거움을 누릴 수 있다면, 그 효용은 단지 작은 재목이 되어 한두 사람을 돕는 것에 비할 바가 아니라는 주장이다. 특히 오늘날처럼 각박한 삶에 지친 사람들이 그 나무 그늘 아래에서 한가로이 쉬면서 심신을 회복할 수 있다면, 이는 단지 돈 몇 푼의 경제적 가치에 국한되지 않을 것이다. 당장 눈앞의 경제적 효용성보다 긴 안목으로 그것이 우리에게 주는 정신적 효용성을 따져보는 것도 중요하지 않을까? 오늘날 인문학적 가치가 새롭게 조명되는 것도 이와 같은 맥락 아닐는지. 고도성장과 경제발전만이 중시되던 과거 몇 십 년 동안 인문학은 '밥벌이'가 안 된다는 이유로 천대받아 왔다. 그러나 물질문명이 한계를 드러내면서 인문학적 가치가 새롭게 조명되고 있다. 우리 인간은 단지 빵만으로 살 수 없는 존재라는 사실을 자각하게 된 것이다.

셋째, 타자의 시선이 아니라 사물 그 자체의 관점에서 쓸모를 생각해보라는 지적이다. 장자는 말한다. "그 나무는 도끼에 찍힐 일도 없고 그것을 해칠 것도 없으니, 어찌 쓸모없음을 괴로워한단 말인가!" 나무 자신의 입장에서 최상의 쓸모는 무엇일까? 가능한 한 온전한 상태로 오랫동안 세상에 머물러 있는 것, 즉 생명 보존일 것이다. '개똥밭에 굴러도 이승이 낫다'고 말하지 않는가? 곧고 굵은 재목이 되어 궁궐의 기둥으로 쓰이면 가치가 높아질까? 화려한 꽃을 피워 많은 사람들의 시선을 끌면 좋은 나무가 될까? 달고 맛있는 과일을 주렁주렁 매달아 사람들의 미각을 자극하면 쓸모 있는 나무일까? 좋은 재목이 되는 나무, 아름다운 꽃을 피우는 나무, 맛있는 과일이 열리는 나무는 분명 쓸모가 있다. 그러나 이때의 '쓸모'는 어디까지나 인간이라는 타자의 관점에서 본 것이다. 좋은 재목이 되는 나무는 일찍 잘려 천수를 누리지 못할 것이고, 아름다운 꽃을 피우면 사람들이 앞다투어 꽃을 딸 것이며, 맛있는 과일이 열리는 나무는 가지가 찢어진다. 나무의 입장에서 보면 진정한 쓸모는 중간에 잘리거나 상하는 일 없이 천수를 다 누리고 죽는 것이다. 그러므로 가죽나무는 쓸모 있는 재목이 되지 못해 사람들에게 외면당하는 것을 괴로워할 필요가 없다.

나무 이야기는 이쯤 하고, 이제 우리 이야기를 해보자. 흔히 말하는 쓸모 있는 사람과 쓸모없는 사람의 기준은 무엇인가? 현재의 나는 쓸모 있는 사람인가, 쓸모없는 사람인가? 쓸모 있는 사람으로 인정받고 있다면 어떤 측면에서 그런가? 혹 쓸모없는 사람이라 생각된다면 무엇이 그렇게 만들었는가? 어떤 기준이 우리의 쓸모를 정하는가?

공자나 예수 같은 성인들이 이 시대를 산다면 어떻게 평가될까? 십중팔구 쓸모없는 사람 또는 무능한 사람으로 낙인찍히지 않을까? 사실 공자나 예수는 2천여 년 전 그들의 사회에서도 '쓸모없는 사람'으로 배척받았다. 공자는 '상갓집 개'로 조롱되었고, 예수는 심지어 목숨까지 잃지 않았던가. 이른바 인류의 스승 또는 성인이라 불리는 사람들도 혜자의 관점에서는 한낱 '쓸모없는 사람'들이다. 뛰어난 기술이 있어 남에게 도움을 주지도 않았고, 높은 권력으로 억울한 사람을 구제해주지도 않았으며, 재물이 많아 어려운 사람을 돕지도 않았다. 현실적으로는 지극히 무능했기에 그들은 경제적으로나 사회적으로나 사람들에게 별 도움이 되지 못했다.

그럼에도 오늘날까지 그들의 이름이 기억되고 많은 사람들이 그들을 따르는 이유는 무엇인가? 그들의 말과 사상이 사람들에게 정신적인 도움과 위안을 주었기 때문이 아닐까? 장자의 가죽나무 아래에 사람들이 머물면서 휴식을 취할 수 있었듯이, 사람들은 성인의 그늘 아래 머물면서 정신적인 위안을 얻고 평안을 얻는다. 장자가 볼 때 이런 유용성이야말로 그 어떤 것보다 훨씬 더 크고 중요한 쓸모가 된다.

이런 장자의 철학을 우리 사회에 되살릴 수는 없을까? 예컨대 현대에는 노인이 '뜨거운 감자'가 되고 말았다. 생산 현장에서 물러나 있으면서 국가에서 제공하는 온갖 경제적 혜택(노령연금, 지하철 무임승차, 경로우대권 등)을 요구하는 천덕꾸러기 취급을 받고 있다. 노인을 천덕꾸러기로 여기게 되는 직접적인 이유는 사람의 가치를 경제적 유용성 여부로 판단하기 때문이다. 한 사람의 인간으로서 갖는 본연의 가치를 바라보지 않는다면, 인간에게도 생산성만 따져 '쓸모없음'이라는 낙인을 찍게 된다는 것이다.

나무는 일정한 나이가 지나면 더 이상 키가 자라지 않는 대신 체적이 늘어난다. 즉 몸통이 굵어진다는 말이다. 그리고 몸통이 굵은 노목일수록 더 많은 이산화탄소를 흡수하고 더 많은 산소를 내뿜어 공기를 맑게 한다. 사람도 그렇지 않은가. 나이가 먹을수록 경험과 지혜가 늘어난다. 노인들이 지닌 삶의 경험과 지혜를 존중하고 활용하는 사회적 분위기가 조성된다면, 더 이상 그들을 천덕꾸러기로 바라보는 일은 없을 것이다.

쓸모가 아니라 존재가치를 생각하라

장석(匠石)이 제(齊)나라로 가다가 곡원(曲轅)에 이르러 사당나무로 있는 큰 상수리나무를 보았다. 크기는 소 수천 마리를 덮을 만했고, 둘레는 백 아름이 넘었으며, 높이는 산을 굽어볼 정도였다. 지상으로부터 10인(仞, 약 80자) 높이를 지나서 가지들이 달려 있는데, 배를 만들 수 있는 것만 해도 여남은 개가 넘었다. 이 나무를 구경하는 사람들이 시장바닥처럼 바글바글했는데, 장석은 쳐다보지도 않고 가던 길을 계속 갔다.

제자가 한동안 이 나무를 구경하다가 급히 장석을 쫓아가 물었다.

"제가 목수 도구를 잡고 선생님을 따라다닌 이래 일찍이 저 나무처럼 훌륭한 재목을 본 적이 없습니다. 그런데 선생님은 이를 외면하고 가던 길을 재촉하시니 무슨 까닭입니까?"

장석이 대답했다.

"그만두어라, 더 이상 말하지 말라! 저것은 쓸모없는 나무일 뿐이다. 저 나무로 배를 만들면 그대로 가라앉을 것이고, 관을 짜면 금방 썩을 것이며, 그릇을 만들면 쉬이 깨질 것이고, 문을 만들면 진액이 줄줄 흐를 것이며, 기둥을 만들면 좀이 슬 것이다. 저 나무는 재목이 되지 못하니 아무 데도 쓸 곳이 없다. 그 때문에 저토록 장수할 수 있는 것이다."

장석이 집으로 돌아와 잠을 자는데 사당나무가 꿈에 나타나 말했다.

"그대는 나를 무엇에 비교하려는가? 세상 사람들이 '좋은 나무'라 하는 것에 비교하려는가? 아가위나무, 배나무, 귤나무, 유자나무 같은 유실수는 열매가 익으면 찢겨지고 욕을 당하지. 큰 가지는 부러지고 작은 가지는 당겨지고. 이들은 열매 맺는 능력 때문에 삶이 힘들어지는 것이네. 그래서 타고난 생명을 다 누리지 못하고 중간에 요절하니, 세상살이에서 스스로 자신에게 타격을 가하는 셈이지. 대부분의 사물이 이와 같네.

또한 나는 오랫동안 쓸모없는 존재가 되길 바라왔네. 몇 차례 죽을 고비를 넘긴 후 이제야 겨우 그 뜻을 이루었는데, 이것이 내 자신에게는 큰 쓸모가 되는 것이지. 만약 내가 쓸모가 있었더

價値

라면 이처럼 큰 나무가 될 수 있었겠는가.

또한 그대와 나 모두 한낱 사물에 불과한데 어찌 사물이 사물을 평가한단 말인가? 그대처럼 죽을 날이 멀지 않은 '쓸모없는 인간'이 어찌 '쓸모없는 나무'를 안단 말인가!"(인간세)

匠石之齊, 至於曲轅, 見櫟社樹. 其大蔽數千牛, 絜之百圍, 其高臨山, 十仞而後有枝其可以爲舟者旁十數. 觀者如市, 匠伯不顧, 遂行不輟.

弟子厭觀之, 走及匠石, 曰:"自吾執斧斤以隨夫子, 未嘗見材如此其美也. 先生不肯視, 行不輟, 何邪?"

曰:"已矣, 勿言之矣! 散木也. 以爲舟則沈, 以爲棺槨則速腐, 以爲器則速毀, 以爲門戶則液樠, 以爲柱則蠹. 是不材之木也, 無所可用, 故能若是之壽."

匠石歸, 櫟社見夢曰:"女將惡乎比予哉? 若將比予於文木邪? 夫柤梨橘柚, 果蓏之屬, 實熟則剝, 剝則辱; 大枝折, 小枝泄. 此以其能苦其生者也, 故不終其天年而中道夭, 自掊擊於世俗者也. 物莫不若是.

且予求無所可用久矣, 幾死, 乃今得之, 爲予大用. 使予也而有用, 且得有此大也邪.

且也若與予也皆物也, 奈何哉其相物也? 而幾死之散人, 又惡知散木!"

장자보다 조금 앞선 시대를 살았던 도가 계통의 인물 중 양주(楊朱)라는 사람이 있었다. 그는 이른바 '위아주의자'(爲我主義者)로 유명하다. 오직 자신만 위하는 사람, 말 그대로 극단적 이기주의자다.

맹자는 그를 다음과 같이 비판했다. "양주는 자기만을 생각하는 자이니, 자기 몸의 터럭 한 올을 뽑아서 천하를 이롭게 한다 해도 하지 않을 자다."(楊子取爲我, 拔一毛而利天下, 不爲也.)[1] 물론 맹자의 말을 액면 그대로 받아들일 필요는 없을 것이다. 맹자가 이 말을 할 당시는 백가쟁명(百家爭鳴)의 시대여서, 자신과 생각을 달리하는 학파를 맹렬히 헐뜯으며 비방하기 일쑤였기 때문이다. 특히 맹자 스스로 고백하듯이 당시는 "양주와 묵적의 사상이 널리 유행하여, 세상 사람들의 관심은 양주에게 쏠리지 않으면 묵적에게 쏠렸다."(『맹자』「등문공하滕文公下」) 따라서 맹자의 비판에는 자신보다 인기가 많은 양주에 대한 시기와 질투도 어느 정도 섞여 있었을 것이다.

이 사실을 입증하듯, 맹자보다 후대에 활동한 한비자의 평가는 조금 다르다. "여기에 어떤 사람이 있으니, 그는 의로운 일에도 위태로운 성에 들어가려 하지 않고 군에 입대하려 하지 않으

---

1) 『맹자』「진심상」(盡心上). 이러한 양주에 대비되는 인물로 묵자를 들 수 있다. 그는 양주와 반대로 중물경생(重物輕生)의 인물로 평가되고 있는데, 그는 자신의 안위를 돌보지 않고 오직 타인을 위한 삶에 몰두했다. 그리하여 『장자』「천하」편에서 묵자는 "장딴지에 솜털이 남아 있지 않았고, 정강이에 털이 없었다"(腓無胈, 脛無毛)라고 언급되고 있다.

며, 천하의 큰 이익으로도 그의 종아리 터럭 하나와 바꾸려 하지 않았다. 당시 임금들은 그를 예우하고 그의 지혜를 귀하게 보고 그의 행실을 높이 여겨 경물중생(輕物重生)의 선비라 했다."(『한비자』「현학顯學」) 세상의 이익보다 자신을 먼저 생각한다는 평가는 맹자와 동일하지만, 한비자는 양주를 '경물중생(輕物重生)의 선비'로 높이 평가하고 있다.

양주 사상의 핵심은 경물중생(輕物重生), 즉 세상 무엇보다 자신의 생명이 가장 소중하다는 것이다. 이러한 사상이 바로 앞의 나무 이야기에 담겨 있다.

이 이야기에서 우리는 장자 특유의 허무맹랑한 허풍과 과장을 또 만나게 된다. 둘레가 백 아름이 넘고, 높이는 산을 아래로 굽어볼 정도이며, 폭은 소 수천 마리를 품을 수 있을 만하고, 가지만으로도 수십 척의 배를 만들 수 있는 나무…. 오직 장자의 세계에서나 자랄 수 있는 나무다. 고대에는 거대한 나무를 통해 신의 영역과 소통할 수 있다고 여겼다. 따라서 상상을 초월하는 거대한 사당나무는 장자가 그리는 신의 영역, 즉 무엇에도 걸림이 없는 자유로운 정신 경지에 대한 상징적 표현으로 볼 수 있다.

사람들은 이 거대한 사당나무를 보려고 안달인데 오직 한 사람, 장석만은 쳐다보지도 않고 가던 길을 계속 갔다. 장석은 수십 년간 목수로 일했기에 흘깃 보기만 해도 그 나무가 재목인지 아닌지 알 수 있다. 그래서 거대한 사당나무를 보는 순간 전문가

답게 '저 나무는 크기만 할 뿐 재목으로서는 아무런 가치가 없다'라고 즉시 판단할 수 있었을 것이다. 인간에게 필요한 재목의 용도로는 아무런 가치가 없고, 그 때문에 저처럼 오랫동안 장수하면서 덩치만 키워왔다는 것이다.

그런데 장석은 여기서 한 가지 치명적 실수를 저질렀다. 나무를 보고 숲을 보지 못한 것이다. 그는 자신의 성심(成心), 즉 목수의 관점에서만 나무를 바라보았다. 이 때문에 사당나무의 비난을 자초하게 되었다.

노련한 목수 장석으로부터 쓸모없다는 비난을 들은 사당나무는 억울했다. 장석이 남들처럼 자신을 우러러보고 감탄하지 않은 것은 아무래도 상관없다. 사당나무 자신은 그런 것을 초월한 지 이미 오래다. 오히려 사람들이 몰려들어 야단법석을 떠는 게 부담스럽고 귀찮다. 이렇게 많은 사람들이 야단을 떨다가 행여 자기 몸을 상하게 할까 봐 은근히 걱정이 되기도 한다. '그런데 저 장석이라는 놈은 좀 심하다. 관심 없는 건 괜찮지만, 어쩌자고 나를 쓸모없는 나무라고 음해하고 비방한단 말인가? 제 놈이 나를 얼마나 안다고….' 분한 마음을 참을 수 없었던 사당나무는 장석의 꿈에 나타나기로 했다.[2]

장석의 꿈에 나타난 사당나무는 장석의 그릇된 생각을 강한 어조로 지적한다. 사람들은 아가위나무, 배나무, 귤나무, 유자나

2) 고대인들은 어떤 사물이든 오랜 세월의 풍파를 견디고 나면 어느 순간 신령스러움이 깃들어 자유자재로 변신할 수 있다고 믿었다.

價値

무 같은 유실수들을 '좋은 나무', '유익한 나무', '쓸모 있는 나무'라 평가하지만, 정작 그런 나무의 말로는 어떤가? 열매가 익으면 찢기고 부러지고 심지어 베이기도 한다. 사람들의 인정을 받게 된 능력, 즉 열매 맺는 능력이 오히려 그들을 해치고 사지로 몰아가는 원인이 되는 것이다.

사당나무는 자신 이외의 것에 견주려는 시도 자체를 거부한다. 이는 단순한 이기심에서가 아니다. 자신은 개별적 존재로, 그 무엇과도 비교될 수 없는 고유한 존재가치를 지녔다는 자존감의 발로다. 또한 사당나무는 '쓸모'의 덫으로부터 자신을 방어하고자 했다. 쓸모 있는 존재가 되어야 한다는 강박관념이 오히려 자신을 해칠 수 있음을 깨달았기 때문이다. 그러므로 사당나무는 선언한다. "나는 평생 쓸모없음을 추구해왔노라!"

한발 더 나아가, 사당나무는 과연 장석이 나무의 쓸모 있음과 없음에 대해 판단할 자격이 있는지 묻는다. "그대와 나 모두 한낱 사물에 불과한데 어찌 사물이 사물을 평가한단 말인가? 그대처럼 죽을 날이 멀지 않은 '쓸모없는 인간'(散人)이 어찌 '쓸모없는 나무'(散木)를 안단 말인가!"

장석이나 사당나무나 모두 '물'(物)에 불과하기 때문에 '물'이 '물'을 판단한다는 것은 합당하지 않다는 주장이다. 마치 죄인이 죄인을 심판하는 것이 부당하듯이 말이다. 여기서 우리는 모든 사물 존재는 동등한 가치를 지닌다는 장자의 제물(齊物)적 사고를 다시 확인하게 된다. 장자는 인간이 다른 사물들과는 다른 특별한 존재라는 생각을 거부한다.[3] 동물이나 식물 심지어 바위 같은 무생물도 인간과 동등한 가치와 지위를 갖는다고 생각한다. 우리가 인간으로 태어난 것은 우연에 의한 '사건'일 뿐이고, 다음 삶에서는 개로 태어날 수도 있고 돌로 태어날 수도 있다. 현대식으로 말하자면 인권(人權)만 존중해야 하는 게 아니라 물권(物權)도 존중해야 한다고 보는 것이다.[4]

고목의 입을 빌려 장자는 도구적 관점의 위험성을 경고하고 있다. 인간은 사물을 오직 인간의 삶에 필요한 이용가치, 즉 '쓸모'로만 바라본다. 우리가 대면하는 모든 사물은 우리의 삶에 도움이 되느냐 아니냐에 따라 '쓸모 있는 것'과 '쓸모없는 것'으로 구분된다. 개별 사물의 고유한 가치에 대한 관심은 생략된 채 말이다.

이러한 인간의 오류는 여기서 그치지 않는다. 도구적 관점에 익숙한 사람은 다른 사람을 대할 때도 유용성의 관점에서 관계를 맺으려 든다. 도움이 되는 사람, 해가 되는 사람, 도움도 해도 되지 않는 사람…. 이처럼 타자를 유용성의 가치로만 바라보는

3) '인간이 만물의 영장이다'라는 생각은 어디까지나 인간의 생각일 뿐이다. 인간 외에 그 어떤 존재가 이 점을 인정해주었는가? 기독교인들은 『성경』에서 하나님이 만물을 창조하시고 인간에게 만물을 주재하고 이용할 권능을 부여했다고 하지만, 그것도 결국은 인간이 남긴 글이고 인간의 생각이 담긴 유물에 불과하다.

4) 영화 〈아바타〉에는 이런 생각이 잘 반영돼 있다. 이 작품에는 나비족이 머리카락 끝으로 사물과 교감하는 장면이 나온다. 그리고 부득이하게 다른 생물들을 죽이게 되면 미안한 마음을 표현하는 장면도 등장한다. 자신들 외의 다른 사물을 존중하고 그들의 물권(物權)을 인정하는 태도라 할 것이다.

사람의 말로는 명확하다. 자신 또한 타자에 의해 쓸모 여부를 판단받는 도구적 존재가 될 뿐이다.

　이러한 도구적 관점은 현대 자본주의 사회에서 물질적 유용성, 즉 '경제적 가치'로 변용되어 나타나고 있다. 사물뿐 아니라 사람까지도 모든 게 경제적 가치로 평가되고, 고유의 존재가치는 무시되기에 이르렀다. 그 결과 현대인들은 오로지 자신의 유용성을 높이는 데에만 혈안이 돼 있다. 공부를 하고 경험을 쌓는 행위도 경제적 가치를 높이는 데 유용하지 않으면 안 한다. 이런저런 스펙을 쌓아 자신의 상품성을 높인 사람에게는 보상으로 안정적인 직업과 고액의 연봉이 주어진다. 그런데 그 결과는 무엇인가? '나'의 존재가치는 사라지고 오직 '나'의 상품성만 기억될 뿐이다. 그러다 상품성마저 사라지면 폐기처분되듯 잊혀진다. 이것이 2천여 년 전 장자가 경고한 우리의 자화상 아닐까?

쓸모를 초월하는 자리에 머물라

장자가 산속을 가다가 큰 나무를 보았다. 가지와 잎사귀가 무성한데 벌목꾼들이 바로 옆에 있으면서도 베려 하지 않았다. 그 이유를 묻자 "아무 쓸모가 없소"라고 대답했다. 그러자 장자가 말했다. "이 나무는 쓸모가 없으므로 천수를 다 누릴 수 있게 되었구나!"

산에서 내려와 옛 친구의 집에 머물게 되었다. 친구가 반가워하며 심부름꾼 아이에게 거위를 삶게 했다.

아이가 물었다.

"한 마리는 잘 울고 한 마리는 울지 못합니다. 어느 놈을 잡을

까요?"

주인이 대답했다.

"울지 못하는 놈을 잡아라."

다음 날 제자들이 장자에게 물었다.

"어제 산속의 나무는 쓸모가 없기 때문에 천수를 누릴 수 있었는데, 오늘 주인집의 거위는 쓸모가 없어서 죽게 되었습니다. 선생님은 어디에 머무르시렵니까?"

장자가 빙긋이 웃으면서 대답했다.

"나는 쓸모 있음과 쓸모없음 사이에 머물고자 한다." (산목)

莊子行於山中, 見大木, 枝葉盛茂, 伐木者止其旁而不取也. 問其故, 曰 :"无所可用." 莊子曰 :"此木以不材得終其天年!"

出於山, 舍於故人之家. 故人喜, 命豎子殺雁而烹之.

豎子請曰 :"其一能鳴, 其一不能鳴, 請奚殺?"

主人曰 :"殺不能鳴者."

明日, 弟子問於莊子曰 :"昨日山中之木, 以不材得終其天年; 今主人之雁, 以不材死. 先生將何處?"

莊子笑曰 :"周將處乎材與不材之間."

이 이야기는 장자 제자들의 글을 모아놓은 「산목」(山木)편에 나온다. 앞서 제시된 장자의 이야기들은 쓸모없음의 쓸모에 대해 말하고 있다. 즉 세상의 관점에서 쓸모없다고 여겨지는 것이 오히려 자신에게는 진정한 쓸모가 될 수 있다고 주장했다. 그렇다면 세상에서 쓸모없는 존재가 되기만 하면 항상 생명을 온전히 보전할 수 있을까? 오히려 쓸모없어져서 죽음을 초래하는 경우도 있지 않을까? 이런 의문은 이미 오래전에 장자의 제자들에 의해서도 제기되었다. 그래서 「산목」편에는 쓸모없어서 명을 단축한 거위의 이야기가 나온다.

겉으로 보기에 이 이야기에 나오는 제자의 생각은 앞서 제시된 장자의 생각과 모순되는 것 같다. 앞서 두 우화에서 장자는 '쓸모없음'을 중시하는 듯했다. 가죽나무나 사당나무는 세상 사람들에 의해 쓸모없는 나무로 판단되었지만 그것이 오히려 그 나무들에는 진정한 이로움이 되었다고 했다. 그런데 여기서는 쓸모없는 것으로 판단된 거위의 죽음을 예로 들며 무조건 쓸모없음을 고집해서도 안 된다는 사실을 환기시키고 있다. 우화 속 '장자'는 한술 더 떠서 쓸모 있음과 쓸모없음 사이에 머물겠다는 애매모호한 말을 한다. 쓸모 있음과 쓸모없음, 우리는 과연 어디에 머물러야 하는가? 참으로 어려운 문제다.

핵심은 장자가 '쓸모 있음'을 전적으로 부정하는 게 아니라는 점을 인식하는 데 있다. 오히려 그는 '쓸모 있음'을 매우 중시한다. 다만 장자가 말하는 것은 '진정한 쓸모'가 무엇인지 정확히 인식하라는 것이다. 가죽나무나 사당나무는 비록 세상 사람들로부터 쓸모없다고 내쳐졌지만 자신은 참된 쓸모를 찾았다. 자기 생명을 온전히 보전하는 것, 이것이 나무의 입장에서는 참된 쓸모였던 것이다.

그러면 이야기 속 거위는 어떤가? 거위도 자기 생명을 온전히 보전하는 것이 참된 쓸모일 것이다. 그런데 중요한 것은 각자 처한 상황이 다르다는 사실이다. 나무는 쓸모없다고 판단되는 게 생명을 보존하는 데 유리하게 작용했지만, 거위의 경우는 쓸모없는 것으로 판명 나면 언제든 죽을 수 있는 처지였다. 왜냐, 거위는 사람이 키우는 동물이기 때문이다. 사람의 입장에서는 쓸모없다고 판단된 가축은 더 이상 키울 필요가 없다. 따라서 장자에게 거위의 처신을 묻는다면, 장자는 쓸모 있는 거위로 처신하는 게 현명했다고 대답했을 것이다.

'쓸모 있음과 쓸모없음 사이에 머물라'는 말을 액면 그대로 이도 저도 아닌 애매한 상태에 머물라는 뜻으로 이해하면 안 된다. 그렇게 처신하기도 어렵지만 설령 할 수 있다 해도 그것은 또 다른 유위에 불과하고, 유위의 행위는 결국 화를 불러오게 된다. 쓸모 있음과 쓸모없음의 사이란, 이 둘을 초월하는 도의 자리를 가리킨다. 도의 자리에 머물 수 있다면 세상의 그 어떤 화도 피할 수 있을 것이다.

쓸모 있음과 쓸모없음 어느 한쪽에 집착하지 말라. 어느 경우든 내 삶을 온전히 보존할 수 있는 길, 그 길이 진정한 쓸모로 가는 길임을 명심하라.

쓸모없음의 쓸모를 생각하라

혜자가 장자에게 말했다.

"그대가 하는 말은 아무 쓸모가 없네."

장자가 대답했다.

"쓸모없음을 안 이후에 비로소 쓸모 있음에 대해 말할 수 있을 뿐이네.

천지는 넓고도 크지만 사람이 다닐 때 필요한 부분은 단지 발넓이 정도뿐이지. 그렇다고 발 부분만 남겨놓고 나머지를 깊이 파 황천에 이르게 한다면 사람들이 여전히 그 부분을 이용할 수 있을까?"

價値

혜자가 말했다.

"이용할 수 없겠지."

장자가 말했다.

"그렇다면 쓸모없음이 곧 쓸모 있음이 된다는 게 분명하군."

(외물)

惠子謂莊子曰："子言无用."

莊子曰："知无用而始可與言用矣. 天地非不廣且大也, 人之所
用容足耳. 然則廁足而墊之致黃泉, 人尙有用乎?"

惠子曰："无用."

莊子曰："然則无用之爲用也亦明矣."

이 이야기는 쓸모 있음과 쓸모없음의 문제를 노자 철학의 '유
무론'(有無論)에 의해 다시 생각해보게 한다. 노자는 "유와 무는
서로 의존한다"(有無相生) 또는 "유가 이롭게 되는 것은, 무를 바
탕으로 삼기 때문이다"라는 말을 했다.[1] 이 논리를 적용해보면,
결국 유용함이란 무용함을 통해 드러나게 된다는 말이 된다. 이
러한 노자의 생각이 장자의 후학에 의해 수용되어 유무의 관점
에서 유용과 무용의 문제에 접근하는 것이다.

---

1) "三十輻共一轂, 當其無, 有車之用. 埏埴以爲器, 當其無, 有器之用. 鑿戶牖以爲室, 當其無, 有室之
用. 故有之以爲利, 無之以爲用." (11장)

세상 사람들은 드러나는 부분만 주목하고 드러나지 않는 부분은 잊거나 경시하곤 한다. '쓸모'라는 것은 사람들의 눈에 띄고 드러나는 부분이고, '쓸모없음'은 주목받지 못하고 드러나지 않는 부분이다.

이 우화에서 장자가 말하듯이, 길이 길로서 유용할 수 있는 것은 길 밖의 무용성 덕분이다. 만약 길 밖의 쓸모없는 땅이 없다면 길은 더 이상 길이 될 수 없다. 발 딛는 부분만 있고 나머지는 낭떠러지라고 생각해보라. 누가 그 길을 편안히 다닐 수 있겠는가? 그러므로 길 밖의 쓸모없는 부분은 길의 유용성을 결정짓는 중요한 요소가 된다.

이는 하이데거의 '무'(Nichts)의 사고와도 매우 유사하다. 하이데거는 주전자를 예로 들어 사물의 본성에 관해 말했다.

하이데거가 보기에 주전자의 주전자다움은, 그것이 사람에 의해 만들어져 용기가 되었다는 데 있지 않고, 그것이 무언가 담을 수 있는 용기로서 만들어졌다는 데 있다. 생각해보라. 우리는 술을 주전자의 벽면과 바닥에 따르는 것이 아니라, 주전자의 벽면과 바닥으로 이루어진 빈 곳에 따른다. 이 빈 곳이 무(Nichts)이며, 무를 통해 주전자는 주전자의 기능을 다할 수 있다. 따라서 주전자의 물질적 특성은 그것을 구성하는 원료가 아니라, 무언가를 담을 수 있는 '빈 공간'에 달려 있다. 만약 기술자가 주전자라는 물건을 만들었다면, 그는 '빈 공간' 또는 무를 만들었

을 뿐이다. 장자의 길 이야기와 맥락이 닿는 사고다.[2]

　세상 사람들은 대개 당장의 쓸모, 눈에 드러나는 유용성만 중시한다. 그러면서 그것이 실은 드러나지 않은, 눈에 띄지 않은 쓸모없음에 근거하고 있다는 사실을 망각한다. 가령 북극의 빙산은 5분의 1만 물 위에 드러나 우리 눈에 보인다. 그러니까 1의 드러남을 위해 4가 잠겨 있는 셈이다.

　세상사도 대략 이와 비슷하지 않겠는가. 한 사회가 온전히 유지되고 한 국가가 온전히 지탱되기 위해서는 드러나는 몇몇의 지도자 혹은 엘리트만으로는 부족하다. 보이지 않는 곳에서 묵묵히 자기 역할을 다하는 다수의 이름 없는 구성원들이 존재하기에 지도자의 유용성이 드러날 수 있는 것이다.

---

2) 왕카이 지음, 신정근·강효석·김선창 옮김, 『소요유, 장자의 미학』, 123-124쪽.

　　　　　　　　　　　　　　　價値

4장

不具

갖추지 못한 자의 온전함을 보다

"덕이 뛰어나면 형체는 잊어버리게 된다."

(德有所長, 而形有所忘.)

『장자』에는 수많은 불구(不具), 즉 온전히 갖추지 못한 비정상적인 존재들이 등장한다. 꼽추, 난쟁이, 외발이, 추남, 눈과 귀가 없는 자, 비정상적으로 큰 나무, 그리고 정신적 불구라 할 수 있는 미치광이 등이 나온다.

그런데 주목할 점은 이런 존재들이 결코 불행해 보이지 않는다는 사실이다. 오히려 그들은 정치가나 지식인 같은 '정상인'들과 달리 삶이 무엇인지, 그리고 우리의 소중한 삶을 어떻게 영위해야 하는지를 정확히 알고 있는 인생의 달인들로 그려진다. 무엇보다도 그들은 대개 정상인을 능가하는 높은 수준의 덕을 지니고 있거나 독특한 매력을 발산하는 특별한 존재로 묘사되고 있다.

이들은 일종의 국외자(局外者), 즉 아웃사이더들이다. 세상으로부터 인정받지 못하고 외면당하는 존재들, 그래서 늘 세상의 그늘을 덮고 살아가야 하는 누구보다 외롭고 슬픈 존재들이다. 장자는 이들의 입장을 대변한다. 장자 자신이야말로 철저한 국외자였기 때문이다. 물론 그의 소외는 스스로 선택한 것이지만,

그 결과 평생을 재야에서 가난한 서생으로 살아가며 뭇 사람들의 온갖 조롱과 멸시를 감내해야 했다. 심지어 가장 친한 친구였던 혜자로부터도 종종 '허풍쟁이' 취급을 당하지 않았던가?

그러나 장자는 자신의 삶에 강한 자부심을 가졌던 것으로 보인다. 가난한 서생일지언정 어떤 권세에도 머리를 굽히지 않았다. 간혹 권력자들로부터 수하로 들어오라는 유혹을 받기도 했지만 그때마다 장자는 단호히 거절했다. 권력에 빌붙어 호의호식하기보다는, 열 걸음 백 걸음 걸어 겨우 한 번 먹이를 쪼아 먹는 꿩의 고달픈 자유를 선택했다. 그런 자신의 모습이 세상 사람들에게는 '괴짜', '기인', '허풍선이', '미치광이' 등으로 비치는 것을 그도 인식했을 것이다. 이런 인식이 그의 글에서 '불구의 존재'들로 나타난 것이다.

결국 장자 철학에서 '불구'는 역설적 의미를 지닌다. '불구'의 문자적 의미는 '온전히 갖추지 못함'이지만, 『장자』에 등장하는 불구자들은 외면과 달리 내면은 지극히 온전한 자들이다. 신체적 한계와 그에 따른 세상의 멸시와 천대를 극복하고 내면의 덕을 완성함으로써 그들은 일정한 '변화'를 이루어냈다. 그리하여 머지않아 '진인'(眞人)의 대열에 합류하게 될 사람들, 혹은 이미 자유로운 소요유의 경지에 도달한 사람들로 그려진다.

덕이 충만하면 형태를 잊는다

노(魯)나라에 외발이 왕태(王駘)라는 사람이 있었는데 그를 따르는 무리가 공자에 버금갔다. 상계(常季)가 공자에게 물었다.

"왕태는 외발이 불구자입니다. 그런데 그를 따르는 무리가 선생님을 따르는 무리와 노나라의 절반을 차지하고 있습니다. 그는 앞에 나서서 가르치지도 않고 앉아서 사람들과 토론하지도 않습니다. 그런데도 사람들은 텅 빈 채로 왔다가 뿌듯한 마음으로 돌아갑니다. 진실로 그에게 말 없는 가르침이 있어 은연중 사람들의 마음을 완성시켜주는 것 아니겠습니까? 그는 어떤 사람입니까?"

不具

공자가 대답했다.

"왕태 선생은 성인이다. 나는 꾸물거리느라 아직 찾아뵙지 못했을 뿐이다. 나 또한 그분을 스승으로 받들 터인데 하물며 나보다 못한 자들이랴! 어찌 단지 노나라 사람들뿐이겠는가, 나는 온 세상 사람들을 모두 이끌고 그를 따를 것이다."

상계가 말했다.

"이 사람은 외발이인데도 선생님보다 낫다고 하니, 보통 사람과는 한참 다르겠군요. 그러면 이런 사람은 그 마음 씀이 도대체 어떠합니까?"

공자가 말했다.

"죽고 사는 일이 크다 한들 그에게는 아무런 변화를 줄 수 없고, 하늘이 무너지고 땅이 꺼지는 일이 있더라도 그는 눈도 꿈쩍 않을 것이다. 진리를 꿰뚫어보기에 사물과 더불어 변하지 않고, 사물의 변화를 명하면서 그 근본을 지키는 사람이다."

상계가 말했다.

"무슨 뜻입니까?"

공자가 말했다.

"다르다는 관점에서 보면 간과 쓸개도 초(楚)나라와 월(越)나라처럼 멀다. 그러나 같다는 관점에서 보면 만물은 모두 하나다. 왕태와 같은 이는 눈과 귀가 보고 듣는 것을 인식하지 않고 단지 마음을 조화로운 덕의 상태에 노닐게 할 뿐이며, 사물에 대해 하나 된 바를 볼 뿐 잃어버리는 부분에 대해서는 보지 않는다. 그러니 다리 하나 잃은 것은 마치 흙덩이 하나 떨어져 나간 것처럼 여기는 것이다."

상계가 말했다.

"그는 자기 수양에만 힘써, 자기 인식에 의해 자기 마음을 얻었고 자기 마음에 의해 상심(常心)을 얻었을 뿐입니다. 그런데 어째서 사람들이 그에게 모여드는 것입니까?"

공자가 말했다.

"아무도 흐르는 물에 비추어 볼 수 없고, 물이 고요해져야만 비추어 볼 수 있다. 즉 멈춤만이 다른 멈춤을 멈추게 할 수 있는 것이다. 대지에 생명을 받은 것들 중 오직 소나무와 잣나무만이 반듯하니, 겨울이든 여름이든 항상 푸르다. 하늘에서 생명을 받은 사람들 중 오직 요임금과 순임금만이 올바르니, 다행히 자기 삶을 바르게 함으로써 뭇 사람들의 삶도 바르게 할 수 있었다. 무릇 근원을 잘 지키면 그 무엇도 두려워하지 않게 되는 법, 용감한 전사는 혼자서도 대군 속으로 뛰어든다. 명예를 얻기 위해 스스로에게 요구하는 자도 이러하다. 하물며 천지를 관리하고 만물을 품으며, 육체를 단지 일시적인 의지처로 여기고 눈과 귀로 보는 것을 허상으로 생각하며, 모든 인식 작용을 통일시켜 마음이 일찍이 죽은 적이 없는 자에 있어서랴! 그는 언젠가 날을 잡아 하늘로 올라갈 것이니, 이 때문에 사람들이 그를 따르는 것이다. 그런 사람이 어찌 사람들을 끌어 모으는 일에 신경 쓰겠는가!"(덕충부)

不具

魯有兀者王駘, 從之遊者, 與仲尼相若.

常季問於仲尼曰：“王駘, 兀者也, 從之遊者, 與夫子中分魯. 立不教, 坐不議, 虛而往, 實而歸. 固有不言之教, 無形而心成者邪? 是何人也?”

仲尼曰：“夫子, 聖人也. 丘也直後而未往耳. 丘將以爲師, 而況不若丘者乎! 奚假魯國! 丘將引天下而與從之.”

常季曰：“彼兀者也, 而王先生, 其與庸亦遠矣. 若然者, 其用心也獨若之何?”

仲尼曰：“死生亦大矣, 而不得與之變. 雖天地覆墜, 亦將不與之遺. 審乎無假而不與物遷, 命物之化而守其宗也.”

常季曰：“何謂也?”

仲尼曰：“自其異者視之, 肝膽楚越也; 自其同者視之, 萬物皆一也. 夫若然者, 且不知耳目之所宜而遊心乎德之和; 物視其所一而不見其所喪, 視喪其足猶遺土也.”

常季曰：“彼爲己, 以其知得其心, 以其心得其常心, 物何爲最之哉?”

仲尼曰：“人莫鑑於流水, 而鑑於止水, 唯止能止衆止. 受命於地, 唯松柏獨也正, 在冬夏青青; 受命於天, 唯堯舜獨也正, 在萬物之首, 幸能正生, 以正衆生. 夫保始之徵, 不懼之實. 勇士一人, 雄入於九軍. 將求名而能自要者, 而猶若是, 而況官天地, 府萬物, 直寓六骸, 象耳目, 一知之所知, 而心未嘗死者乎! 彼且擇日而登假, 人則從是也. 彼且何肯以物爲事乎!”

이 이야기는 「덕충부」(德充符)¹편의 첫머리에 등장하는 외발이 '왕태'에 관한 우화다. '왕태'(王駘)는 '둔치의 으뜸', 즉 '최고로 어리석은 자'라는 뜻이다. 겉모습은 가장 어리석은 자이지만, 그 내면에는 오히려 덕이 충만하다는 역설적 의미를 담고자 한 것으로 보인다.

이 우화의 지역적 배경은 노나라다. 노나라는 공자가 태어나고 활동했던 나라로, 공자의 영향력이 가장 큰 곳이다. 그런데 장자는 노나라에 왕태라는 불구자를 등장시키면서 공자조차 그를 존경한다는 상황을 설정하고 있다.

여기서 우리는 우화에 등장하는 공자의 성격에 대해 먼저 생각해볼 필요가 있다. 장자는 자신의 우화에 종종 공자를 등장시킨다. 자신이 만들어낸 이야기에 권위를 부여하기 위해서다. 이를테면 베이컨이 말하는 '극장의 우상'을 사용한 셈이다. 당시 공자는 이미 백여 년 전에 사망했지만, 여전히 세상 사람들에게 강한 영향력을 발휘하는 중요하고도 위대한 인물이었을 것이다. 이러한 유명 인사를 끌어들임으로써 장자는 자신의 이야기

---

1) 「덕충부」라는 말은 직역하면 '덕이 충만한 표시'(The Seal of Virtue Complete)가 된다. 내면으로 덕이 충만하면 그것이 어떤 형태로든 밖으로 드러나게 되어 있다는 말이다. '덕충부'의 의미에 대해 곽상은 다음과 같이 말한다. "내면에 덕이 충만하면 사람들이 밖에서 호응하게 된다. 밖과 안이 현묘하게 합하여 마치 명(命)에 부합하듯이 하는지라 형체를 잊게 된다." 또 명나라 승려 감산은 다음과 같이 풀이했다. "이 편의 중심 내용은 덕이 내면에 충만하면 유형의 세계 밖에서 자유자재로 소요하게 되고 육신이라는 굴레에서 벗어나게 된다는 것이다. … 도를 배우는 사람은 오로지 내면에 덕을 가득 채우는 데 힘쓸 것이지, 헛된 명성이 사람들에게 회자되는 것을 피해야 한다."

不具

에 극도의 권위를 부여한다. 물론 『장자』 속의 공자는 역사상의 공자가 아니다. 역사상의 공자는 유가 사상의 대표자이지만 『장자』에 나오는 공자는 도가의 이념을 따르고 적극적으로 실천하는 도가 계통의 인물로 그려진다.

이 이야기에서 공자의 제자로 상계(常季)라는 가상의 인물이 등장한다. 이름 그대로 '평범한 사람'인 그는 왕태에 대해 세 가지 의문을 품는다.

첫째, 한낱 불구자에 지나지 않는 왕태가 어떻게 공자와 맞먹는 영향력을 지닐 수 있느냐 하는 의문이다. 다시 말해 몸이 온전하지 못한데 어떻게 마음이 온전할 수 있느냐는 것이다. 심지어 왕태는 "사람들 앞에 나서서 가르치지도 않고 앉아서 사람들과 토론하지도 않는다." 자신의 스승인 공자처럼 사람들에게 중요한 가르침을 주지도 않는데 사람들은 마음 한가득 뭔가로 채운 채 돌아간다. 한낱 불구자에 불과한 왕태가 이런 능력을 지녔다는 사실을 상계는 도저히 받아들일 수 없다.

과연 몸이 온전치 못한 사람은 마음도 온전치 못할까? 편견일 뿐이다. 그러나 문제는, 이것이 단지 상계만의 편견이 아니라 우리 모두의 편견일 수 있다는 것이다. 서양에도 '건강한 신체에 건강한 정신이 깃든다'라는 격언이 있듯이, 우리는 몸의 상태와 마음의 상태를 하나로 연결해서 보는 경향이 있다. 그러기에 몸에 장애가 있으면 마음에도 모종의 장애가 있을 것이라 지레 짐작하게 된다. 이에 대해 장자는 공자의 입을 빌려 불구자에 대한 편견을 질책한다. 왕태는 비록 불구자이지만 내면의 덕은 공자 자신도 본받아야 할 만큼 위대한 사람이라고. 자유로운 정신 경지를 추구하는 데 '외형'이 뭐 그리 중요하겠는가. 또한 제물론의 관점에서 보면 '아름다움'과 '추함', '온전함'과 '불완전함' 사이의 차이는 별 의미가 없다. 중요한 것은 내면의 덕이다. 내면의 수양을 통해 덕을 풍부하게 하는 게 중요할 뿐이다.

둘째, 왕태의 마음 씀 즉 왕태가 도달한 정신 경지는 어느 정도인가에 대한 의문이다. 왕태는 외발이임에도 공자보다 낫다고 하니 그에게 뭔가 특별한 마음 씀, 즉 보통 사람과 다른 정신 경지가 있지 않겠느냐 하는 의문이다. 그러나 공자의 말대로, 왕태는 이미 생사의 문제를 초월한 사람이다. 생사를 초월했기에 "하늘이 무너지고 땅이 꺼지는 일이 있더라도 눈도 꿈쩍 않는다." 어째서 그럴 수 있는가? 왕태는 사물의 개별적인 변화 현상들 너머에 존재하는 사물의 궁극적인 본질 또는 근본을 파악하고 있기 때문이다. 『노자』 16장에서 말하듯이 "만물이 무성하게 일어나는 현상에서, 그것들이 궁극적으로 돌아가는 근본을 보는 것"(萬物竝作, 吾以觀復)이다.

사물은 저마다 제각각인 것 같지만 근원에서 바라보면 모두 '하나'다. 왕태는 이 하나, 즉 사물의 근본을 파악하고 있기 때문에 그의 인식체계 내에서 사물 간의 사소한 차이는 눈에 들어오지 않는다. 그러므로 자신의 다리 하나 없는 것쯤은 흙덩이가 떨어져 나간 것처럼 여길 수 있다. 보통 사람들은 눈과 귀로 보

不具

고 듣는 것들을 중시하고 거기에 얽매여 있다. 보이는 것, 들리는 것이 전부라고 생각한다. 그래서 장애인을 보면 신체적 장애에만 주목하고 내면의 덕이나 그의 사람됨에 대해서는 알아보려 하지 않는다. 그러나 눈으로 보고 귀로 듣는 것은 사물에 대한 피상적인 앎에 불과하다. 장자는 우리에게 사람을 판단할 때에는 단지 눈과 귀에만 따르지 말고 마음으로 바라보기를 권유한다.

셋째, 왕태는 단지 자기 수양에만 힘쓸 뿐인데 사람들이 그에게 모여드는 이유가 무엇이냐 하는 의문이다. 왕태는 남을 돕는 데 적극적인 것도 아니고, 남을 열심히 가르치지도 않으며, 남을 위해 자신을 희생하지도 않았다. 그저 자기 수양에만 힘써 자신에 대한 바른 인식을 얻었고, 이를 통해 자기 마음의 본질을 알았으며, 마침내 그 어떤 상황에도 흔들리지 않는 '상심'(常心)[2]의 경지에 이르렀을 뿐이다. 이런 왕태에게 사람들이 모여드는 까닭이 무엇이냐 하는 의문이다.

이에 대해 공자는 흐르는 물에 비유해 설명한다. 흐르는 물에는 자기 모습을 비추어 볼 수 없다. 그러나 물이 고요히 멈추면 사람들은 자기 모습을 비추어 볼 수 있다. 말 그대로 명경지수(明鏡止水)가 되기 때문이다. 이처럼 물이 흐름을 멈추면 맑아지고, 물이 맑아지면 사람들이 자신의 모습을 비춰보기 위해 몰려

---

2) 분별을 일으키지 않는 마음이며, 천지만물이 원래는 한 몸이라는 것을 알 수 있는 마음이며, 어떠한 사태 심지어 죽고 사는 일을 당해도 동요하지 않을 수 있는 마음이다. (이강수, 『장자 Ⅰ』, 266쪽.)

들게 된다.

거울 앞에서 우리는 무엇을 보는가? 거울을 보는 사람은 없다. 오직 자신의 모습을 볼 뿐이다. 그리고 거울에 비친 자신을 통해 현재 나의 모습을 확인하게 된다. 그와 마찬가지로 왕태에게 몰려든 사람들은 왕태라는 거울을 통해 각자 자신의 모습을 돌이켜 보게 된다. 왕태의 마음이 호수처럼 맑고 고요하므로 그 맑음에 비춰 사람들도 자신의 모습을 돌이켜 볼 수 있는 것이다. 이는 남의 행동을 모방하는 인간의 특성이 인간에 내재한 '거울 세포' 때문이라는 현대과학의 이론과도 어느 정도 닮아 있다.[3]

어쩌면 이것이야말로 '성인'의 존재가치가 아닐까. 노자, 공자, 석가, 예수와 같은 옛 성인들이 오늘날에도 존경받고 숭상되는 이유는 무엇인가? 그들이 남긴 가르침에 우리 자신을 비추어 보고 현재 모습을 확인하며, 또 거기에서 우리가 나아갈 방향을 찾기 때문이 아닌가? 마치 가만히 제자리를 지키고 있는 북극성에 의지해 사람들이 각자 걸어가야 할 올바른 방향을 가늠할 수 있듯이 말이다.

왕태는 몸은 불구였지만 마음은 온전했다. '상계'로 대표되는 보통 사람들은 눈과 귀에 의지하기 때문에 왕태의 외형적 불구에만 눈길을 주었다. 그러고는 왕태를 보잘것없고 하찮은 사람으로 여겼다. 그런데 왕태에게 사람들이 몰려드니 깜짝 놀랐던

---

3) 이효걸, 『이효걸의 장자강의』, 477쪽.

不具

것이다. 그러나 '공자'로 대표되는 현인은 눈과 귀가 아니라 내면의 참된 마음으로 사람을 본다. 공자에게 왕태의 외적인 불구는 중요하게 다가오지 않았다. 오히려 공자는 왕태에게서 덕의 충만함, 즉 마음을 지극히 조화로운 상태에서 노닐게 하는 성인의 모습을 보았다. 그래서 "온 세상 사람들을 모두 이끌고 그를 따를 것"이라고 왕태를 극찬하는 것이다.

생각해보자. 몸이 불구라 해서 마음까지 불구라는 법은 없지 않은가? 몸이 온전하지 못함보다는 마음이 온전하지 못함을 부끄러워해야 하고, 마음이 온전하지 못함보다는 덕이 온전하지 못함을 부끄러워해야 한다. 우리는 혹시 잊어야 할 것은 잊지 못하고, 잊지 말아야 할 것만 잊고 사는 것은 아닌지… 생각해보자.

추함에서 진정한 아름다움을 찾으라

노나라 애공(哀公)이 공자에게 말했다.

"위(衛)나라에 아주 못생긴 사람이 있는데 그 이름이 애태타(哀駘它)입니다. 그와 함께 지내본 사내들은 그에 대한 생각으로 그 곁을 떠나지 못하고, 그를 한 번 본 여인들은 부모에게 '다른 남자의 아내가 되기보다는 차라리 그의 첩이 되고 싶습니다'라고 조르는데 그 수가 수십 명이나 됩니다. 그는 먼저 나서서 무엇을 주장하는 일도 없고 늘 남의 주장에 화답할 뿐입니다. 군주의 자리에 앉아 남의 목숨을 구해준 적도 없고, 재물을 많이 모아 남의 주린 배를 채워준 적도 없습니다. 그뿐 아니라 못생긴

不具

외양은 세상을 깜짝 놀라게 할 정도입니다. 남에게 화답할 뿐 먼저 주창하는 일이 없고, 아는 지식이라고는 주변 일상사에 지나지 않습니다. 그런데도 그의 주변에 수많은 남녀들이 모여들고 있으니 그에겐 뭔가 특별한 점이 있는 게 분명합니다.

그래서 과인이 그를 불러 한 번 살펴보니 과연 용모가 세상을 놀라게 할 정도였습니다. 그러나 그가 머문 지 몇 개월이 지나지 않아 과인은 그의 사람 됨됨이에 끌리게 되었고, 1년도 되지 않아 그를 전적으로 신뢰하게 되었습니다. 마침 나라에 재상이 없기에 그에게 재상 자리를 맡겼습니다. 그는 한참을 머뭇거리다 겨우 반응을 보였는데 분명하지는 않았지만 마치 사양하는 듯 했습니다. 과인은 부끄러워 아예 나라 전체를 그에게 주었습니다. 그러자 얼마 지나지 않아 그가 과인을 떠났습니다. 그가 떠나자 마치 소중한 무엇을 잃어버린 듯한 허전함을 느꼈고, 더 이상 나라 다스리는 즐거움을 함께 누릴 사람이 없는 듯했습니다. 이 사람은 도대체 어떤 사람입니까?"(덕충부)

魯哀公問於仲尼曰:"衛有惡人焉, 曰哀駘它. 丈夫與之處者, 思而不能去也. 婦人見之, 請於父母曰'與爲人妻, 寧爲夫子妾'者, 十數而未止也. 未嘗有聞其唱者也, 常和人而已矣. 无君人之位以濟乎人之死, 无聚祿以望人之腹. 又以惡駭天下, 和而不唱, 知不出乎四域, 且而雌雄合乎前. 是必有異乎人者也. 寡人召而觀之, 果以惡駭天下. 與寡人處, 不至以月數, 而寡人有意乎其爲人也;

不至乎期年, 而寡人信之. 國無宰, 寡人傳國焉. 悶然而後應, 氾然而若辭. 寡人醜乎, 卒授之國. 無幾何也, 去寡人而行. 寡人恤焉若有亡也, 若無與樂是國也. 是何人者也?"

애태타(哀駘它), '슬플 정도로 등이 굽은 어리석은 사람'이라는 뜻이다. 등이 낙타처럼 굽고 못생겨서 세상을 놀라게 할 정도의 남자다. 모르긴 몰라도 애태타를 본 사람들은 처음에는 그를 외면하고 기피했을 것이다. 그러나 잠시 후 사람들의 태도가 바뀐다. 남자든 여자든 서민이든 귀족이든 그를 한 번 만나 교류해본 사람들은 한결같이 그를 열렬히 사모하게 된다는 것이다. 마치 자석에 끌려오는 쇳가루처럼, 꽃향기에 매혹당하는 나비처럼 말이다. 심지어 한 나라의 임금조차 그에게 푹 빠져 나라를 통째로 내주고 싶을 정도였다니, 애태타가 지닌 매력의 원천은 도대체 무엇이었을까?

추한 외모는 보통 비호감으로 여겨지지만 때로는 거꾸로 호감의 동인이 되기도 한다. 간혹 뭇 남성의 인기를 한 몸에 받던 미인이 지극히 평범하거나 평균 이하의 추남을 선택하는 경우를 목격한다. 제삼자로서는 의아할 따름이다. '저렇게 아름다운 미인이 왜 저런 추남을 택했을까?' 어쩌면 이것은 추함이 지닌 묘한 매력 때문일는지 모른다. 우리가 피카소의 추상화에 끌리는 이유는 무엇인가? 그 기괴함 속에 뭔가 거부할 수 없는 아름다움이 있기 때문 아닌가? 그 아름다움은 일반적인 아름다움과는 다르다. 아름답기 때문에 아름다운 게 아니라 추하기 때문에 아름다운, 그런 아름다움이다. 인간에게는 기본적으로 아름다움에만 끌리는 게 아니라 추함에도 끌리게 되는 이중심리가 있다. 노자가 말하듯이 아름다움 속에 추함이 들어 있을 수 있고, 추함 속에 아름다움이 들어 있을 수 있기 때문이다.

그러면 장자의 애태타는 어떠한가? 추남 애태타가 지닌 매력도 인간의 이중심리 때문인가? 강하게 밀쳐내는 동시에 강하게 끌어당기는 추미(醜美)의 오묘한 마력 때문인가? 그러나 장자가 생각하는 애태타의 매력은 단순히 그런 차원은 아닌 듯하다. 본문에서 찾아볼 수 있는 애태타의 매력은 대략 두 가지다.

첫째, 애태타는 "남에게 화답할 뿐 먼저 주창하는 일이 없다." 자기 주장이 없는 사람은 먼저 나서서 무엇을 주도하지 않는다. 남이 나서면 거기에 화답하고 남이 어떤 주장을 하면 맞추어 반응할 뿐이다. 마치 물이 둥근 그릇에 담기면 둥글게 되고 네모난 그릇에 담기면 네모나듯이, 주어진 상황에 자신을 적절히 맞추어 나갈 뿐이다. 이것은 '나'를 고집하고 나를 주장하는 자의식에서 완전히 벗어났기에 가능한 일이다. 일종의 상아(喪我) 혹은 무기(無己)의 경지에 이른 사람이라 할 수 있다.

이런 사람은 얼핏 바보스러워 보인다. 때로는 정반대로 음흉한 술수가처럼 보이기도 한다. 그러나 애태타가 '화이불창'(和

而不唱)하는 것은 그가 바보이거나 술수가여서가 아니다. 애태타는 자연 그대로의 소박하고 순수한 심성을 지녔고, 자신의 덕을 함부로 드러내지 않는 겸손함까지 갖추었다. 이를 장자는 "재전이덕불형"(才全而德不形)으로 설명하고 있다. 인간이 하늘로부터 받은 본래의 바탕을 '재'(才)라 하는데, 애태타는 이것을 온전히 보존하면서 그런 모습을 드러내지 않는 지극히 겸허한 사람이라는 것이다. 장자가 볼 때 이런 사람이 진정으로 아름다운 사람이다. 비록 외모는 흉하지만 더없이 순수하고 아름다운 심성, 즉 자연 자체의 소박한 아름다움을 지녔기에 모든 사람들이 부지불식간에 그에게 끌리게 된다는 것이다.

둘째, 애태타에게는 세속의 욕심이 없다. 그를 본 여인들은 하나같이 그의 첩이라도 되길 바랐으니, 만약 그에게 여색에 대한 욕망이 있었더라면 수많은 처첩을 거느렸을 것이다. 사내들 또한 그를 사모해 떠나려 하지 않았으니, 만약 그에게 영웅심리가 있었다면 거대한 세력을 형성했을 것이다. 임금이 그에게 재상자리를 제의하고 나라 전체를 맡기려 했으니, 만약 그에게 정치적 야망이 있었다면 높은 권력을 쥐고 일국을 좌지우지할 수 있었을 것이다.

그러나 애태타의 마음은 맑은 호수와 같았다. 무리를 모아 강한 세력을 형성하는 일, 수많은 여인들을 거느리는 일, 높은 자리에 올라 세상을 호령하는 일, 이런 것들은 그의 관심 밖이었다. 그의 마음은 맑고 고요하기에 세속의 욕망들이 아예 자리 잡

不具

을 수 없었을 것이다. 이런 게 바로 애태타의 진정한 매력이다. 만약 그에게 세속의 욕심이 있었다면 아무도 그에게 끌리지 않았을 것이다.[1] 사람들을 끌어 모으고자 하는 영웅심리가 없었기에 사내들이 그에게 이끌렸고, 여색을 밝히지 않았기에 여인들이 그에게 반한 것이며, 정치적 야망이 없었기에 임금이 진심으로 그를 좋아하게 된 것이다.

애태타의 매력은 결국 '비움'에서 나온 것이다. 애태타는 자기를 비우는 데 성공했고, 그 비워진 공간으로 사람들이 몰려들게 된 것이다. 말하자면 애태타는 고요한 물과 같았다. 흐르는 물은 제 흘러가기 바빠 남을 비춰주거나 돌아볼 여유가 없다. 비춘다 해도 왜곡된 모습만 보여줄 뿐이다. 그러나 고요한 물은 늘 남을 비춰주고 돌아본다.

애태타는 흐르는 물이 아니라 고요한 물이었기에 사람들이 머물 수 있었다. 그리고 사람들은 애태타를 통해 각자의 자연적 본성을 회복했을 것이다. 세상의 가치를 쫓느라 그동안 잊고 살았던 자신의 순수한 자연성을, 애태타의 빈 모습이 되찾아준 것이다.

---

1) 욕심이 없는 사람에게는 새들이 모여든다. 새들이 날아와 머리나 어깨에 앉기도 한다. 서양의 기독교 성인 프란체스코는 새와 대화를 나누기도 했다고 한다. 그러나 혹여 새들을 잡고자 하는 마음이 있으면 새들이 이를 알아채고 다가오지 않는다.

외모가 아니라 내면의 덕으로 판단하라

신도가(申徒嘉)는 형벌로 다리 하나가 잘린 사람이다. 그는 정자산(鄭子産)과 함께 백혼무인(伯昏无人)을 스승으로 모시고 있었다. 어느 날 정자산이 신도가에게 말했다.

"내가 먼저 나가면 자네는 남아 있도록 하고, 자네가 먼저 나가면 내가 남아 있도록 하세."

다음 날 신도가와 정자산이 또 같은 방에 들어가 함께 앉게 되었다.

그러자 정자산이 신도가에게 말했다.

"내가 먼저 나가면 자네는 남아 있도록 하고, 자네가 먼저 나

不具

가면 내가 남아 있도록 하세. 지금 내가 나가려고 하는데 자네는 머물러 있겠는가? 아니면 나가겠는가? 자네는 재상인 나를 보고도 피하지 않으니 지금 자네가 재상과 맞먹겠다는 건가?"

신도가가 말했다.

"선생님의 문하에 이처럼 재상이니 뭐니 하는 게 있었던가? 그대는 재상 자리에 우쭐하여 남을 함부로 업신여기는 사람이로군. 내가 듣건대 '거울이 맑으면 먼지가 앉지 못하고, 먼지가 앉으면 거울이 맑지 못하게 된다. 오랫동안 현인과 함께 지내면 허물이 없어진다'는 말이 있더군. 지금 자네가 우리 선생님을 크게 받들면서 이같은 말을 하고 있으니 뭔가 잘못된 것 아닌가?"

정자산이 말했다.

"자네는 이미 형벌을 받아 그 꼴이 되었는데도 여전히 요임금보다 훌륭해지려고 하는군. 자네의 처지를 헤아려보고 스스로 반성하는 게 낫지 않은가?"

신도가가 말했다.

"스스로 자기 잘못을 돌이켜 보면서 부당하게 형벌을 받았다고 생각하는 사람은 많지만, 자기 잘못을 돌이켜 보지도 않은 채 요행히 형벌 받지 않은 것을 부당하다고 생각하는 사람은 드무네. 인간의 힘으로 어찌할 수 없는 상황을 이해하고 그것을 운명으로 편안히 받아들이는 것은 오직 덕 있는 사람만이 할 수 있지. 예(羿)의 사정권 내에 머물며 그 한가운데 있다면 반드시 화살을 맞게 되지. 요행히 화살을 맞지 않았다면 그것은 운이 좋기 때문이네.

두 발이 온전한 많은 사람들이 나의 외발을 조롱하네. 그럴 때마다 나는 발끈 화를 내다가 선생님이 계신 곳에 가면 말끔히 잊고 평상심으로 돌아오네. 아마 선생님께서 선한 덕으로 나를 씻어주셨나 보이. 내가 선생님의 문하에 머문 지 19년이나 되었지만 선생님께서는 아직도 내가 외발인지 모르시네. 지금 자네와 나는 정신 경지를 탐구하고 있는데 자네는 나를 겉모습으로 판단하고 있으니, 이거 너무 심한 게 아닌가?"

정자산이 매우 부끄러운 듯이 태도를 바꾸면서 말했다.

"자네는 더 이상 말하지 말게!" (덕충부)

申徒嘉, 兀者也, 而與鄭子産同師於伯昏无人. 子産謂申徒嘉曰 : "我先出則子止, 子先出則我止."

其明日, 又與合堂同席而坐. 子産謂申徒嘉曰 : "我先出則子止, 子先出則我止. 今我將出, 子可以止乎, 其未邪? 且子見執政而不違, 子齊執政乎?"

申徒嘉曰 : "先生之門, 固有執政焉如此哉? 子而悅子之執政而後人者也? 聞之曰 : '鑑明則塵垢不止, 止則不明也. 久與賢人處則無過.' 今子之所取大者, 先生也, 而猶出言若是, 不亦過乎!"

子産曰 : "子旣若是矣, 猶與堯爭善. 計子之德, 不足以自反邪?"

申徒嘉曰 : "自狀其過, 以不當亡者衆; 不狀其過, 以不當存者

　　　　　　　　　　　　　不具

寡. 知不可奈何, 而安之若命, 唯有德者能之. 遊於羿之彀中, 中央者, 中地也. 然而不中者, 命也. 人以其全足笑吾不全足者多矣, 我怫然而怒. 而適先生之所, 則廢然而反. 不知先生之洗我以善邪? 吾與夫子遊十九年矣. 而未嘗知吾兀者也, 今子與我遊於形骸之內, 而子索我於形骸之外, 不亦過乎!"

子産蹴然改容更貌曰 : "子無乃稱!"

이 우화에서도 불구자가 등장한다. 신도가(申徒嘉)가 그 주인공으로, 모종의 형벌을 받아 다리 하나가 잘린 인물이다. 죄인에다 불구자이니 세상 사람들이 멸시하고 천대했을 것이 눈앞에 그려진다. 그러한 세상 사람의 전형으로 이 이야기에는 정자산(鄭子產)이 등장한다.

정자산은 춘추시대 정(鄭)나라의 유명한 재상으로 공자도 매우 존중했던 인물이다.[1] 장자가 이 우화에서 정자산을 등장시킨 것은 그가 재상이라는 높은 지위를 지녔던 역사적 인물이기 때문이다. 명망가를 등장시킴으로써 미천한 신도가와 대비 구도를 설정한 것이다.

---

1) 『논어』에서 정자산에 대한 언급은 다음과 같은데, 모두 긍정적으로 평가되고 있다. "공자는 자산에게 네 가지 군자의 도가 있다고 평가하였다. 자기 자신을 대할 때는 삼감이 있고, 윗사람을 섬길 때는 공경하며, 백성을 기를 때는 은혜롭고, 백성을 부릴 때는 공정하였다."(子謂子產, 有君子之道四焉 : 其行己也恭, 其事上也敬, 其養民也惠, 其使民也義)(公治長), "어떤 사람이 자산의 사람됨에 대해 묻자, 공자가 말하길 '은혜로운 사람이다'라고 대답하였다."(或問子產, 子曰 : 惠人也.)(憲問)

누군가의 사회적 지위가 높아지면 덩달아 인격도 성숙해질까? 아니면, 인격이 고매한 사람이 출세하게 될까? 우리는 지위가 높으면 인격도 성숙하기를 기대하고, 인격이 고매한 사람이 사회적으로도 출세하기를 바란다. 그러나 현실이 반드시 그렇지는 않음을 우리는 잘 알고 있다. 사회적 지위와 인격 사이의 간극이 넓으면 넓을수록 우리의 실망도 커지게 된다. 우화에서 신도가가 정자산에게 실망하듯이 말이다.

이야기는 이렇다. 신도가와 정자산은 백혼무인(伯昏无人)이라는 스승을 모시고 있다. 말하자면 동문수학하는 동창생인 셈이다. 그런데 정자산은 불구자인 신도가가 재상인 자신과 같은 자리에 앉는 것이 못마땅하다. 더구나 신도가는 형벌을 받아 다리가 잘린 죄인이 아닌가. 그래서 정자산은 신도가에게, 자신이 있을 때는 알아서 자리를 피해달라고 거만하게 요구한다. 심지어 인격적 모욕도 서슴지 않는다. 형벌 받은 불구자인 주제에 잘난 체하지 말고 분수에 맞게 처신하라는 면박이다. 이에 참다못한 신도가가 반격에 나선다. 요지는 다음 세 가지다.

첫째, 동문수학하면서 재상이니 뭐니 하는 것을 굳이 따져야 하겠느냐는 것이다. 배움의 자리에서 귀천을 따지는 건 부당하다는 생각이다. 신도가는 정자산에게 말한다. '거울이 맑으면 먼지가 끼지 못하듯이, 공부를 통해 마음을 닦는 사람에게는 남의 허물이 들어오지 않는 법이다. 더구나 우리는 오랫동안 같은

　　　　　　　　　　　　　　　不具

스승님을 모시고 있지 않은가? 스승님의 가르침을 제대로 배웠다면 설사 나에게 허물이 있었다 하더라도 이미 오래전에 스승님의 가르침에 의해 씻겨나갔을 것이다.'

여기서 신도가는 거울의 '밝음'(明)에 초점을 두어 정자산을 반박한다. 앞서 왕태 이야기에서는 물의 '머무름'(止)에 초점을 두어 마음의 동요에 대해 다루었다면, 이번에는 밝음에 초점을 두어 마음의 더럽혀짐을 언급한 것이다.[2] 훌륭한 스승 밑에서 오랫동안 공부했다면 당연히 마음의 더러움이 씻기고 '밝음', 즉 인격의 성숙이 이루어져 남의 허물 따위에는 신경 쓰지 않게 될 것이라는 주장이다. 그런데 정자산은 아직까지도 남의 허물이나 따지고 있으니 그동안 헛공부한 게 아니냐는 비판이다.

둘째, 자신이 죄를 저질러 마땅히 받아야 할 형벌을 받은 것이 아니라, 단지 운이 나빠서 그렇게 되었을 뿐이라는 주장이다. 어떻게 보면 비열한 자기변명 같다. 벌을 받았다면 뭔가 나쁜 일을 저질렀다는 것 아닌가?

그러나 여기서 우리는 장자가 살았던 당시의 시대적 상황을 고려할 필요가 있다. 당시는 전국시대(戰國時代), 문자 그대로 '전쟁하는 나라들의 시대'였다. 춘추시대 말기 중앙정부였던 주(周)왕실의 힘이 쇠퇴하면서 중국 천하는 온통 전쟁의 소용돌이에 휩싸이게 된다. 각 지역마다 군소 제후국들이 포진한 채 힘

---

2) 이효걸, 『이효걸의 장자강의』, 486쪽.

센 자가 약한 자를 위협하고 침략하는 약육강식의 혼란이 지속되었고, 그 피해는 고스란히 힘없는 백성들에게 돌아갔다. 백성들은 군소 권력자들로부터 갖은 요구와 핍박을 받았고, 요구하는 바를 제대로 수행하지 못하면 온갖 명목으로 형벌을 당하기 일쑤였다. 그러니 이런 난세에 벌을 받고 안 받고는 개인의 행위와 노력보다는 운에 좌우되기 쉬웠다.

이런 사정을 신도가는 '예(羿)의 사정권'이라는 비유를 들어 설명한다. 예(羿)는 고대 전설에 나오는 활쏘기의 달인이다.[3] 예(羿)는 명사수였기 때문에 그의 사정권 안에 있는 목표물은 반드시 화살을 맞게 되어 있다. 그런데 어떤 사람이 예의 사정권 안에 있으면서도 화살을 맞지 않았다면, 화살을 잘 피해서가 아니라 운이 좋아서라는 것이다. 마찬가지로 전국시대의 어지러운 세상에서는 형벌을 받지 않은 게 오히려 요행이라는 뜻이다. 그렇다면 정자산이 재상의 지위까지 오른 것 또한 운이 좋아서일 뿐 그리 자랑할 일은 아니게 된다. 따라서 만약 정자산이 온전한 양식을 지녔다면 이런 상황을 오히려 부당하다고 생각하고 부끄러워해야 한다는 주장이다. 동시에 신도가는 "인간의 힘으로 어찌할 수 없는 상황을 이해하고 그것을 운명으로 편안히 받아들이는 것은 오직 덕 있는 사람만이 할 수 있다"고 주장한다. 이

---

3) 일설에 의하면 하(夏)나라 시대 유궁씨(有窮氏)의 제후였다고도 하며, 팔이 길어 활을 잘 쏘았다고 한다. 『회남자』「남명」편에는 예(羿)와 항아(姮娥)의 고사, 즉 예(羿)가 서왕모(西王母)에게 청해 어렵게 불사약을 얻었는데, 그의 아내 항아가 몰래 이 약을 훔쳐 달로 달아났다는 고사가 나온다.

不具

말에는 정자산의 교만에 대한 질책과 함께 자신의 덕에 대한 은근한 자부심이 담겨 있다. 신도가 자신은 비록 다리가 잘렸지만 덕이 있고, 정자산은 재상이지만 내면의 덕이 보잘것없다는 힐난이다.

셋째, 정신 경지를 탐구하는 사람이 겉모습으로 사람을 판단하는 것이 과연 올바른가 하는 비판이다. 신도가와 정자산은 스승 백혼무인을 모시고 19년 동안 공부했다. 그 오랜 세월 동안 백혼무인은 신도가가 외발이라는 점을 의식하거나 언급한 적이 없었다. 이는 백혼무인이 외면보다는 내면을 더 강조하고, 제자들에게 내면의 정신 경지에 힘쓰기를 가르쳐왔다는 것을 의미한다. 그렇기 때문에 신도가는 세상 사람들로부터 조롱당할 때 발끈 화를 내다가도 스승의 곁에 가면 마음이 평온해진다고 고백한다. 그런데 정자산은 이런 스승 밑에서 함께 공부하면서도 여전히 신도가의 외발을 의식하고 무시하며 자신의 신분을 앞세우니, 이해할 수 없다고 질책한다.

이상과 같은 신도가의 반박과 질책에 결국 정자산이 잘못을 크게 뉘우치고 부끄러워하는 것으로 이야기는 마무리된다. 이 우화를 통해 장자는 사람을 판단하는 데 정말로 중요한 것은 외모나 사회적 지위가 아니라 내면의 덕이라는 사실을 새삼 일깨워주고자 한다. 우리 모두 머리로는 이 사실을 알고 있다. 문제는 몸이 따라주지 않는다는 것이다. 외모와 겉포장에 목숨 거는 오늘날의 세태에, 장자의 이 이야기는 과연 어떤 의미를 지닐 수 있을는지?

　외모지상주의의 시대다. 여자들뿐 아니라 남자들도 아름답게 화장하고 예쁘게 피부 관리하는 게 일상이 되었다. 화장법과 피부 관리법을 연마하고, 이 정도로 만족하지 못하는 사람들은 근본적인(?) 미의 완성을 위해 성형외과로 달려간다. 눈에 칼질하고 코를 높이 세우며, 턱을 깎아내고 가슴에 실리콘을 채운다. 오랜 삶의 연륜을 자랑하던 주름살은 보톡스 시술로 한 방에 해치운다. TV에 나온 연예인들은 과시하듯이 자신의 성형 부위와 횟수를 이야기하고, 그 모습을 보는 시청자들은 자신은 어디를 뜯어 고쳐야 할지 가만히 헤아려본다.

　이렇게 모두들 '겉-아름다움'에 열중할 때 '속-아름다움'을 위해서는 무엇을 하고 있는가? 겉-아름다움이 강조되는 시대일수록 속-아름다움은 잊혀진다. 시장의 상품들이 내용물의 충실함보다 포장에 더 공들이듯이, 우리도 겉-아름다움 가꾸기에 몰두하느라 속-아름다움 가꾸기에 등한히 하고 있지는 않은지. 아름다움을 추구하는 행위 자체는 뭐라 할 일이 아니다. 아름다움을 향하는 마음은 인간의 본능적인 욕망이니 말이다. 문제는 아름다움의 방향이다. 외면의 아름다움과 내면의 아름다움, 어느 쪽에 더 치중할 것인가?

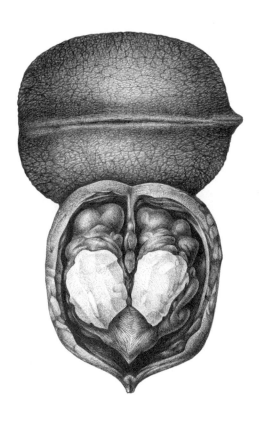

5장

養生

마음의 두께를 없애다

"자신을 비운 채 세상을 살아갈 수 있다면
그 누가 나를 해칠 수 있겠는가!"

(人能虛己以遊世, 其孰能害之!)

　중국 철학은 일반적으로 자연을 거대한 생명체계로 보고, 자연으로부터 부여받은 생명을 어떻게 잘 보존하고 발현할 것인가를 삶의 중요 과제로 삼아왔다. 이 점은 특히 개별적 삶의 가치를 중시하는 도가인들의 사유에서 두드러지는데, 장자는 「양생주」편에 자신의 양생관을 제시하고 있다.

　'양생'(養生)이라 하면 어떤 의미가 떠오르는가? 몸을 건강하게 유지하면서 오래 사는 방법? 그러나 장자가 말하는 '양생'은 이런 통념과는 약간 차이가 있다. 그의 양생이란 이 험난한 세상에서 자신의 생명을 온전히 보전하면서 현명하게 살아가는 자기 보전의 처세법에 가깝다. 그러니까 '양생'의 '생'(生)은 '생명'이라는 뜻을 넘어 우리의 인생 전반을 포괄하는 말이고, '양'(養)은 단순히 '기르다'라는 의미가 아니라 '(삶을) 경영하다', '살아가다'는 의미까지 아우르는 보다 넓은 개념인 셈이다.

　장자는 양생론의 핵심을 '안시처순'(安時處順)에 둔다. 즉 때에 맞게 행동하고 자연의 순리에 따르는 삶이다. 대개 사람들이 삶을 망치게 되는 주원인은 자연의 흐름에 역행하는 인위적 행위 때문이다. 대표적인 것이 분별지와 이에 따른 과도한 지식욕이다. 인간에게 주어진 물리적 조건은 분명 한계가 있다. 누구도 육신의 한계 및 시간의 한계를 벗어날 수 없다. 그런데도 이 운명을 무시하고 지(知)의 작용에 의한 정신적 욕구를 무한정 따르다 보면 육신과 정신의 불균형을 초래하게 된다. 이 점에 대해 장자는 「양생주」 첫머리에서 다음과 같이 말한다.

"우리의 삶은 유한하고 지식은 무한하다. 유한한 삶으로 무한한 지식을 좇으면 위험하다. 그런 줄 알면서도 계속 지식을 추구하면 위태로울 뿐이다. 좋은 일을 하더라도 이름이 드러나지 않도록 하고, 나쁜 일을 하더라도 벌을 받지 않을 정도로 하라. 오직 중(中)의 이치를 따라 그것을 기준으로 삼아야 한다. 그러면 몸을 보존할 수 있고 생명을 온전히 할 수 있으며 어버이를 봉양할 수 있고 타고난 수명을 다 누릴 수 있다."(吾生也有涯, 而知也无涯. 以有涯隨无涯, 殆已. 已而爲知者, 殆而已矣. 爲善无近名, 爲惡无近刑. 緣督以爲經, 可以保身, 可以全生, 可以養親, 可以盡年.)

이 말에서 보듯이 장자가 특별히 강조하는 양생의 핵심 도리는 중(中)의 이치다. 이 '중'의 의미는 두 가지로 해석될 수 있다. 하나는 중도적 태도다. "좋은 일을 하더라도 이름이 드러나지 않도록 하고, 나쁜 일을 하더라도 벌을 받지 않을 정도로 하라"

는 말은 선행이든 악행이든 극단에 치우치지 말라는 충고다. 그리고 어떤 행위가 극단에 치우친다는 것은 거기에 '지'(知)가 개입되고 있다는 의미이기도 하다. 그러므로 장자는 중도적 태도를 유지함으로써 극단적 행위로부터 벗어날 수 있고, 지(知)의 작용을 억제함으로써 우리의 생명과 삶을 안전하게 유지할 수 있다고 생각한다.

한편 '중'의 또 다른 의미는 '허'(虛)다. 마음을 비우라는 것이다. 유한한 삶으로 무한한 지식을 쫓아가는 것도 하나의 욕심이고, 좋은 일 혹은 나쁜 일을 하려는 것도 결국 마음의 욕심이 작용하는 것이다. 이러한 욕심을 덜어내 마음의 두께를 얇게 하는 것이 바로 양생의 중요 요소다.

빈 마음으로 빈 공간에 들어가라

요리사 포정(庖丁)이 문혜군(文惠君)을 위해 소를 해체했다. 손으로 잡고 어깨로 지탱하며 발로 밟고 무릎을 구부리며 칼질을 하는데, 실경실경 설경설경 칼이 움직일 때마다 리듬에 딱딱 들어맞았다. 그 모습이 마치 춤곡 '상림'(桑林)에 맞춰 춤추는 것 같았고, 악장 '경수'(經首)에 따라 몸을 흔드는 것 같았다.

이를 보고 있던 문혜군이 말했다.

"훌륭하도다! 기술이 어떻게 이런 경지까지 이르렀단 말인가?"

그러자 포정이 칼을 내려놓으며 대답했다.

"저는 이것을 기술이 아니라, 한 단계 높은 도라고 말하고 싶습니다. 처음 제가 소를 가를 때는 소가 통째로 보였습니다. 3년이 지나자 더 이상 소가 통째로 보이지 않게 되었습니다. 지금 저는 소를 눈으로 보지 않고 정신으로 만납니다. 감각 작용을 멈추고 정신이 원하는 대로 움직일 뿐입니다. 소가 지닌 자연적인 결에 따라 움직이며 커다란 틈새와 빈 곳을 찾아 칼을 들이댑니다. 이처럼 소의 본래 결에 따라 칼을 움직이니 뼈와 살이 엉킨 곳을 벤 적이 없습니다. 하물며 큰 뼈야 건드리겠습니까?

훌륭한 요리사는 1년에 한 번 칼을 바꿉니다. 살을 가르기 때문이지요. 보통의 요리사는 한 달에 한 번 칼을 바꿉니다. 뼈를 자르기 때문이지요. 지금 저의 칼은 사용한 지 19년이 되었고 갈라낸 소도 수천 마리나 됩니다. 그럼에도 칼날은 마치 막 숫돌로 간 것 같습니다. 소의 뼈마디는 틈이 있고 저의 칼날은 두께가 없습니다. 두께가 없는 것을 틈새로 집어넣으니 넓고도 넓어 칼날의 움직임이 매우 여유롭습니다. 이 때문에 사용한 지 19년이나 되었지만 칼날이 이제 막 숫돌에서 갈아낸 것 같습니다.

그렇지만 뼈와 살이 엉킨 곳에 이를 때면 저는 어려움을 알아채고 조심하며 긴장합니다. 시선은 고정되고 움직임은 느려지며 칼날을 조심조심 움직입니다. 그러다 보면 뼈와 살이 엉킨 곳이 툭하고 갈라집니다. 마치 흙덩이가 철썩 하고 떨어지듯이 말이지요. 그러면 저는 칼을 들고 사방을 둘러보며 잠시 머뭇거리다가 만족하여 칼을 닦아 갈무리합니다."

養生

문혜군이 말했다.

"훌륭하구나! 나는 포정의 말을 듣고 양생의 이치를 얻었노라." (양생주)

庖丁爲文惠君解牛, 手之所觸, 肩之所倚, 足之所履, 膝之所踦, 砉然嚮然, 奏刀騞然, 莫不中音, 合於桑林之舞, 乃中經首之會.

文惠君曰:"譆, 善哉! 技蓋至此乎?"

庖丁釋刀對曰:"臣之所好者, 道也, 進乎技矣. 始臣之解牛之時, 所見无非全牛者. 三年之後, 未嘗見全牛也. 方今之時, 臣以神遇而不以目視, 官知止而神欲行. 依乎天理, 批大郤, 導大窾, 因其固然, 枝經肯綮之未嘗, 而況大軱乎!

良庖歲更刀, 割也; 族庖月更刀, 折也. 今臣之刀十九年矣, 所解數千牛矣, 而刀刃若新發於硎. 彼節者有間, 而刀刃者無厚. 以無厚入有間, 恢恢乎, 其於遊刃, 必有餘地矣. 是以十九年, 而刀刃若新發於硎.

雖然, 每至於族, 吾見其難爲, 怵然爲戒, 視爲止, 行爲遲. 動刀甚微, 謋然已解, 如士委地. 提刀而立, 爲之四顧, 爲之躊躇滿志, 善刀而藏之."

文惠君曰:"善哉! 吾聞庖丁之言, 得養生焉."

이 이야기에는 두 사람이 등장한다. 포정(庖丁)과 문혜군(文惠

君)이다. 포정은 전문적으로 소를 잡아 각을 뜨는 사람 즉 소백정이고, 문혜군은 전국시대 위(魏)나라의 군주였던 양혜왕(梁惠王)이라 한다. 그러니까 이 이야기는 천하디 천한 백정과 고귀한 왕 사이에 진행되는 대화로 구성된 것이다. 그런데 두 사람의 대화가 좀 이상하다. 백정이 왕을 가르치고 있고 왕은 그것을 열심히 듣는다. 고귀한 왕이 천한 백정에게 가르침을 받는 비정상적인 상황을 설정하고 있다.

그러나 장자가 주장하는 '제물'(齊物)의 관점에서 보면 이런 상황은 별로 특이할 것도 없다. 장자는 가을철 짐승의 털끝보다 더 큰 것은 없다고 하면서 태산도 오히려 작은 것으로 간주하고, 갓 태어나 죽은 아이보다 오래 산 사람도 없다고 하면서 8백 년이나 산 팽조도 오히려 요절한 것으로 여긴다.[1]

현상적으로 보면 사물들 사이에는 다양한 차이가 존재한다. 모양, 색깔, 크기, 성격, 지위, 능력, 수명, 지적 수준 등 모든 면에서 제각각이다. 그러나 만물의 본원 즉 도의 자리에서 바라보면 그 많은 차이들이 홀연히 사라진다. 사물들은 끊임없는 변화의 과정 속에 놓여 있고, 또 거시적인 관점에서 보면 그 차이라는 것들도 지극히 사소할 뿐이다. 9만 리 상공으로 비상한 대붕이 내려다본 지상의 사물들이 그저 가물가물한 아지랑이 같았듯이 말이다.

---

1) 『장자』 「제물론」, "天下莫大於秋毫之末, 而大山爲小; 莫壽於殤子, 而彭祖爲夭."

養生

그러니 신분상의 높낮이도 존재할 수 없다. 하루 빌어 하루 먹고사는 거지나 수천억 원의 재산을 쌓아두고 사는 재벌 회장이나, 말단 공무원이나 대통령이나 모두 대동소이한 한낱 인간일 뿐이다. 장자는 백정이 왕을 가르치는 상황을 설정함으로써 만인평등주의를 내세울 뿐 아니라, 한걸음 나아가 신분의 파괴와 해체까지도 주장하고 있다. 거대한 소도 백정 앞에서 이러저러한 고깃덩어리로 해체되듯이, 인간 세상의 최고 권력자인 왕도 장자 앞에서는 천한 백정으로부터 귀한 가르침을 받는 평범한 인간으로 신분 해제되는 것이다.

자, 포정이 소를 해체한다. 온몸으로 소를 지탱하면서 신명나게 칼을 휘두른다. 이를 장자는 "그 모습이 마치 춤곡 '상림'(桑林)에 맞춰 춤추는 것 같았고, 악장 '경수'(經首)에 따라 몸을 흔드는 것 같았다"고 표현하고 있다. '상림'은 은나라 탕임금이 기우제를 지내기 위해 만든 음악이고 '경수'는 요임금이 만든 음악인 함지(咸池)의 한 악장이었으니 모두 고대의 유명한 악곡들이다. 포정의 손놀림과 몸동작이 음악에 맞춰 춤을 추듯이 매우 경쾌하고 자연스러웠다는 것이다. 이는 곧 소를 해체하고 각을 뜨는 포정의 솜씨가 상상을 초월할 정도로 절묘했음을 의미한다. 신기(神技)에 가깝다고나 할까? 이때 포정은 아마 소와 하나가 되었을 것이다. 그리하여 소를 자르고 벤다는 의식 없이 자르고 해체했을 것이다. 칼로 베지만 칼로 베는 것 같지 않게 베는,

말하자면 '벰이 없는 벰'이라는 이야기다.[2]

이 모습을 보고 있던 문혜군이 탄성을 지른다. "훌륭하도다! 기술이 어떻게 이 지경까지 이르렀단 말인가?"

이에 포정이 즉각 반박한다. 기술이 아니라 도라는 것이다.

기술은 누구나 익힐 수 있다. 한 가지 일에 오래 종사하다 보면 자연스럽게 하나의 기술을 습득하게 된다. 시간이 지날수록 손놀림이 빨라지고 요령이 생긴다. 요즘 사람들이 말하는 '1만 시간의 법칙'이 여기에 해당될 것이다. 1만 시간은 하루 3시간씩 10년 동안 종사해야 하는 시간이다. 무엇이든 10년 동안 전념하면 그 분야의 전문가가 된다는 말이다.[3]

그러나 도는 어떤가? 손이 아니라 마음이 열려야 한다. 손으로 소를 해체하는 것이 아니라 마음의 움직임에 따라 손이 움직여야 한다. 포정의 칼은 포정의 손인 동시에 세상을 바라보는 눈이 되어야 한다.[4] 기술에 만족하는 사람은 세월이 흘러도 기술적 역량만 늘 뿐이다. 내면의 어떤 자각이 생기고 이전과 다른 새로운 세계를 향해 마음이 활짝 열릴 때, 비로소 기술의 한계를 뛰어넘어 도의 경지에 들어갔다고 할 수 있다.

천하의 포정 역시 처음에는 그저 그런 백정에 불과했다. 처음

---

2) 오강남 옮김, 『장자』, 149쪽.
3) 신경과학자 대니얼 레빈틴의 연구 결과다. 레빈틴이 작곡가, 야구선수, 소설가, 피아니스트 등 다양한 분야의 전문가들을 대상으로 조사한 결과, 어느 분야든 1만 시간 이하로 연습해서 세계적인 전문가가 된 경우는 없었다고 한다.
4) 정용선, 『장자, 마음을 열어주는 위대한 우화』, 161쪽.

養生

소를 마주했을 때는 온통 커다란 소만 보였다. 그저 '소'라는 추상적 생각으로만 소를 대했으므로 포정과 소 사이에는 커다란 간극이 있었다. 가죽과 털, 뼈와 살만 보이는 온전한 소에서는 칼을 들이밀 틈이 보이지 않는다. 그래서 포정은 커다란 소를 앞에 두고 그것을 어떻게 해체해야 할지 난감해했다. 숫돌에 시퍼렇게 갈아둔 칼날은 해체 작업을 시작한 지 얼마 지나지 않아 이내 무디어졌고, 작업에는 진전이 없었다. 나와 소가 분리된 상태에서 칼을 놀리니 칼이 움직일 때마다 칼날은 소의 몸체에 거칠게 부딪혔다.

그러기를 3년, 드디어 소의 뼈와 힘줄이 보이기 시작했다. 소의 결을 보게 되고 점차 소와 하나로 어울리게 된 것이다. 이러한 단계를 지나고 그것이 더욱 더 심화되면서 마침내 "소를 눈으로 보지 않고 정신으로 만나는" 경지에 이르렀다. 포정은 단지 "감각 작용을 멈추고 정신이 원하는 대로 움직일 뿐이다." 마음에서 지식을 걷어내고 나면, 대상은 더 이상 지식의 대상이 아니라 소통과 어울림의 대상이 된다. 이런 상태에서 대상은 나와 대립하는 존재가 아니라, 나의 행동과 마음이 스며들 수 있는 무대이고 어울릴 수 있는 놀이터가 된다.[5] 포정 또한 소와 하나가 되어 주체와 대상 사이에 아무런 간극이 없는 도의 경지에 이르렀다.

---

5) 이효걸, 『이효걸의 장자강의』, 297쪽.

대상을 정신으로 만날 때 노동이 예술이 된다

도의 단계로 진입한 포정은 마침내 노동을 예술의 경지로 승화시키게 된다. 그가 소를 해체할 때 나는 소리는 음률과 장단에 척척 들어맞았다. 마치 춤을 추는 것 같다.

소의 각을 뜨고 살을 발라내는 일은 분명 노동이다. 과거 사회에서 포정의 일은 천하고 고된 일이었다. 그러나 도의 경지에 진입하면 고기를 잘라내는 일도 더 이상 천하고 고된 노동이 아니라 고귀한 예술의 경지로 승화된다. 고된 노역이 아니라 즐거운 놀이가 된 것이다. 도의 경지에 들어선 포정은 소를 눈으로 보지 않고 마음으로 보며, 그의 손은 힘들게 고깃덩어리를 베어내는 게 아니라 소의 자연적인 결에 따라 칼날을 흥겹게 놀릴 뿐이며, 그의 날카로운 칼은 커다란 틈새와 빈 곳을 찾아 가볍게 아주 가볍게 터치할 뿐이다. 아름다운 음악에 맞추어 흥겹게 춤을 추듯이 말이다.

노동은 힘들다. 마음으로부터 터져 나오는 흥이 없으니 고되고 힘들 뿐이다. 반면 예술은 즐겁고 흥이 난다. 가슴이 뛰고 행복하다. 하지 말라고 말리면 더 하고 싶어진다. 평범한 요리사가 한 달에 한 번 칼을 바꾸고, 뛰어난 요리사는 1년에 한 번 칼을 바꾸는 이유는 그들이 뼈를 자르고 살을 가르는 노동을 했기 때문이다. 그러나 포정의 칼은 19년 동안 수천 마리의 소를 해체하고도 여전히 날카롭다. 두께가 없는 칼을 소의 넓은 틈새로 집어넣고 자유자재로 노닐었기 때문이다. 이러한 예술의 경지는 장자가 지향하는 소요유의 또 다른 모습이다.

장자의 글은 온통 상징과 은유로 가득하다. 이번 '포정해우' 이야기에서는 주요 은유의 대상이 소와 칼이다. '소'가 삶의 덩어리 즉 인생을 상징한다면, '칼'은 세상을 살아가는 나 자신 또는 나의 마음을 상징한다.

젊은 시절, 부모의 우산 밖으로 나와 처음 대면한 인생은 마치 '거대한 소'처럼 우리를 압도하면서 거칠게 다가왔다. 우리의 손에는 막 시퍼렇게 갈아둔 날카로운 '칼'이 들려 있지만, 눈앞의 소가 너무도 거대하고 위압적이어서 어디서부터 어떻게 손을 대야 할지 참으로 난감하다. 거대한 소에 비해 나의 칼은 초라해 보인다. 온갖 시비와 다툼과 이해관계가 복잡하게 얽혀 있는 세상에서 우리의 몸은 터럭만큼도 움직일 여지를 찾을 수 없다.

혈기왕성한 젊은이는 일단 찌르고 본다. 찌르고 째고 자르고 가르며 이리저리 칼을 휘두른다. 때로는 소의 부드러운 부분을 만나 칼이 쉽게 움직이기도 한다. 그러나 대개 칼은 내 뜻대로 움직여주지 않는다. 억센 힘줄을 만나거나 뼈마디에 부딪히면 칼만 다치고 한 치도 나아가지 못한 채 쩔쩔매기 일쑤다. 나아가지도 못하고 물러나지도 못하는 상황, 그런 상황에 직면할 때마다 우리는 좌절하고 절망하며, 더러는 심각하게 포기를 생각하기도 한다. 실제로 몇몇 젊은이들은 견딜 수 없는 절망감에 빠져

일찌감치 칼을 내던져버린다.

그러나 대부분은 수많은 시행착오를 겪고 선인들이 남긴 지혜를 참조해가며 점차 소의 '결'을 보기 시작한다. 처음에는 거대한 덩어리로만 보이던 소가 어느 순간 뼈마디, 힘줄, 고깃결 등으로 구분되면서 그사이로 작은 틈이 드러난다. 이제는 아무데나 찌르거나 함부로 베지 않는다. 소의 몸 덩어리 사이사이에 드러나는 '길'(틈)을 찾아 조심스레 칼을 집어넣는다. 그러고는 그 '길'을 따라 서서히 움직인다. 그러면 살과 뼈가 툭툭 분리되면서 고깃덩어리가 떨어져 나온다. 시간이 지날수록 칼놀림은 조금씩 더 여유로워진다. 두께가 얇을수록 칼의 움직임도 자유롭다. 어느새 칼은 춤추듯이 경쾌하게 움직인다. 신바람이 나고 흥이 난다. 소를 해체하는 일은 더 이상 힘들고 고된 일이 아니라 하나의 즐거운 놀이가 된다.

그러나 모든 일에는 항상 고비가 있는 법. 소의 뼈와 살이 복잡하게 뒤엉킨 곳에 이르면 칼의 움직임도 지극히 조심스러워진다. 마치 얇은 얼음 위를 걷듯 조심조심 나아간다. 호흡마저 멈추고 동작은 느려지고 1분 1초가 긴장의 연속이다. 그렇게 조심스러운 행보를 이어가다 보면 어느 순간 뼈와 살이 엉킨 곳이 툭 하고 떨어져 나간다. "마치 흙덩이가 철썩 하고 떨어지듯이" 말이다. 인생의 희열을 느끼는 순간이다.

養生

자연의 결을 따르라

포정의 칼은 19년을 사용했지만 여전히 날카롭다. 그런데 장자는 왜 하필 '19년'을 상정했을까?

우선 '19'라는 숫자 자체가 상징적 의미를 지닌다. '19'는 '10+9'로 구성되는데, 여기서 '10'은 완전함을, '9'는 오래됨(久)을 의미한다. 따라서 '19년'은 아주 오랜 세월을 가리킨다. 그 오랜 세월 동안 수천 마리의 소를 해체하고도 칼날이 상하지 않았다는 말은, 인생살이가 아무리 복잡하고 힘들어도 마음이 상하거나 어지러워지지 않았다는 뜻이다. 그리고 그렇게 될 수 있었던 데에는 다음 두 가지 이유가 있다.

첫째는 '결', 즉 리(理)를 따랐기 때문이다. '理'(리)는 본래 옥에 나 있는 천연의 결을 의미한다. 옥공이 옥 본래의 결에 따라 옥을 세공하듯이, 포정은 소의 몸에서 자연적인 결을 발견하고 그 길을 따라 칼을 움직였다. 그렇기에 19년 동안 수천 마리의 소를 해체하고도 칼이 여전히 날카로울 수 있었다고 자랑한다. 우리의 삶도 마찬가지다. 자연의 결을 따라 가는 삶 즉 무위의 삶을 살 수 있다면, 우리도 외부 사물에 부딪치거나 걸리지 않고 늘 자유로울 수 있을 것이다. 비록 세월의 흐름에 따라 육신은 늙고 낡아질지라도 말이다.

둘째는 칼날에 두께가 없기 때문이다. 포정은 두께 없는 칼로 소의 몸에 나 있는 넓은 틈 사이로 움직인다. 두께가 없는 것은 사물 속으로 자유자재로 드나들 수 있다. 노자도 이와 비슷한 말을 했다. "세상에서 가장 부드러운 것이 가장 견고한 것 속으로 파고들며, 두께가 없는 것이 틈 없는 사이로 들어간다."(天下之至 柔, 馳騁天下之至堅, 無有入無間.) 물은 세상에서 가장 부드러우며 두 께도 없다. 이러한 물이 단단한 바위에 스며드는 자연현상을 보 고 하는 얘기다. 장자는 이러한 노자 사상을 '포정해우' 이야기 로 발전시킨 셈이다. 그리하여 "이무후입유간"(以無厚入有間), 즉 '두께가 없는 것으로 틈새에 집어넣는다'는 그의 처세 철학을 제시하게 되었다. '두께가 없다'는 것은 두께 없는 마음 즉 허심 (虛心)을 비유하며, '틈'은 사물의 자연스러운 결 속에 있는 빈 공간을 의미한다. 허심으로 사물의 빈 공간에 들어가면, 두께 없 는 칼날이 상하지 않고 소를 해체할 수 있듯이, 마음이 상하지 않고 일을 처리할 수 있다는 것이다.[6]

세상은 험난하다. 2천 5백여 년 전 인도의 왕자 싯다르타가 "인생은 고해다"라고 설파했듯이, 어쩌면 우리네 인생이라는 것은 고통의 바다에 빠져 허우적거리며 힘겹게 나아가는 여정 인지도 모른다. 설사 고해까지는 아니더라도 도처에 날카로운 가시가 찌르는 가시밭길임에는 틀림없다. 내가 원하는 일들은 일어나지 않고 왜 원하지 않는 일들만 생겨나는지, 선한 의도로 추진했는데 나쁜 결과로 귀결되는 경우는 왜 그리 많은지, 착한

---

6) 이강수·이권 옮김, 『장자 I』, 116쪽.

養生

사람은 복 받는다는 옛말이 왜 그리 자주 의심스러운지…. 이처럼 험난한 세상에서 우리는 어떻게 살아야 하는가?

이에 대해 장자는 말한다. '자연의 결에 따르라', '마음의 두께를 없애라'고. 포정이 소의 몸에 드러나는 자연적인 결에 따라 칼질을 하듯이, 두께 없는 칼로 소의 빈 공간 사이를 자유자재로 움직이듯이, 세상을 순리에 따라 자유롭고 여유롭게 살아가라고 말한다. 우리의 삶이 자연의 결에 따르는 횟수가 많을수록 그리고 내 마음의 두께가 얇으면 얇을수록 세상살이는 좀 더 수월해질 것이다.

삶의 고단함은 세상과의 '부딪침'에 정비례한다. 사람과 부딪치고, 욕심과 부딪치고, 아집과 부딪치고, 잡념과 부딪치고…. 세상과의 부딪침이 많으면 많을수록 삶은 더 상처받고 고단해지게 마련이다. 그러니 삶의 통찰력을 길러 '결'을 찾아내고 마음 비움을 실천하여 마음의 두께를 얇게 하자. 그럴수록 삶은 좀 더 여유롭고 자유로워질 것이다.

빈 배처럼 누구도 아닌 존재가 되어라

　바야흐로 배를 타고 강을 건너는데 어떤 빈 배가 다가와 부딪친다면, 비록 성질 급한 사람이라 해도 화를 내지 않을 것이다. 그러나 그 배에 사람이 타고 있다면 소리쳐 비키라고 할 것이다. 한 번 외쳐서 듣지 않고 두 번 외쳐서 듣지 않으면, 세 번째는 반드시 욕설이 따를 것이다. 이전에는 화를 내지 않았는데 지금은 왜 화를 내는가? 이전에는 빈 배였는데 지금은 사람이 타고 있기 때문이다. 사람이 자신을 비운 채 세상을 살아갈 수 있다면 누가 나를 해칠 수 있겠는가! (산목)

養生

方舟而濟於河, 有虛船來觸舟, 雖有惼心之人不怒. 有一人在其上, 則呼張歙之. 一呼而不聞, 再呼而不聞, 於是三呼邪, 則必以惡聲隨之. 向也不怒而今也怒, 向也虛而今也實. 人能虛己以遊世, 其孰能害之!

─◁▷─

앞서 '포정해우' 이야기에서 '두께 없는 칼'에 대해 말했다. 두께 없는 칼은 허심(虛心), 즉 마음 비움을 상징한다고 했다. 마음을 비우고 살아가면 세상과 부딪치지 않고 자유자재로 소요할 수 있다는 것이다. 이번 '빈 배'의 이야기도 마음 비움에 관해 말하고 있다.

이 이야기는 본래 「산목」편에 실려 있는 시남의료(市南宜僚)와 노(魯)나라 임금과의 대화에서 나왔다. 노나라 임금이 시남의료에게 자신의 근심을 하소연한다. "나는 선왕(先王)의 도를 배우고 선군(先君)의 업을 닦아왔으며, 귀신을 공경하고 어진 이를 존경하기를 몸소 실천하여 잠시도 게을리한 적이 없소. 그런데도 근심에서 벗어나지 못하고 있소."(吾學先王之道, 修先君之業; 吾敬鬼尊賢, 親而行之, 无須臾居. 然不免於患.) 어떻게 하면 근심 걱정 없이 살 수 있겠느냐는 절박한 하소연이다.

이에 대해 시남의료는 여우와 표범의 비유를 들어 설명한다. 여우나 표범은 깊은 산속에 숨어 살고 밤중에만 움직이는 등 늘 조심하고 신중하다. 그럼에도 결국 그물이나 덫의 화를 면하지 못한다. 어째서인가? 근본적으로 그들에게는 사람들이 탐내는 아름다운 가죽이 있기 때문이다. 여우나 표범이 자신의 가죽을 벗어던지지 않는 한 결코 사람들의 화를 면할 수 없다는 것이다. 마찬가지로 노나라 임금에게는 '노나라'라고 하는 껍질이 있다. 그 껍질 때문에 근심 걱정에서 벗어날 수 없다는 것이다. 시남의료는 충고한다. "원컨대 임금께서는 '군주'라는 형체를 내던지고 '노나라'라는 껍질을 벗어던지십시오. 그리하여 마음을 씻고 욕망을 제거한 채 무인지경의 드넓은 들판에서 노닐기를 바랍니다."(吾願, 君刳形去皮, 洒心去欲, 而遊於无人之野.) 결국 노나라 군주라는 지위에 집착하는 욕망을 내려놓으라는 말이다.

이어서 시남의료는 머나먼 남쪽 나라에 있는 건덕국(建德國)이라는 마을에 대해 소개한다. "그곳 사람들은 우매하고 소박하며 사심이나 욕망이 적습니다. 그들은 경작할 줄은 알지만 저장할 줄은 모르며, 남에게 베풀면서도 보답을 바라지 않고, 무엇이 의(義)에 적합한지 어떻게 하는 것이 예(禮)에 합당한지 모르며, 마음 내키는 대로 행동해도 모두 자연의 이치에 들어맞으니, 살아서는 마음껏 즐기고 죽어서는 기꺼이 묻힙니다."(其民愚而朴, 少私而寡欲; 知作而不知藏, 與而不求其報; 不知義之所適, 不知禮之所將; 猖狂妄行, 乃蹈乎大方; 其生可樂, 其死可藏.)

결국 문제는 욕망이라는 것이다. 그리고 그 욕망의 근원은 '나'에 대한 의식이며 집착이라 할 수 있다. 장자의 후학들은 우리가 일상적으로 겪는 근심 걱정의 원천은 욕망에 있고, 그 욕망

養生

의 뿌리는 '나'에 있음을 설파하면서 '빈 배'의 비유를 들고 있는 셈이다.

장자는 우리에게 말한다, 빈 배가 되어 그 누구도 아닌 존재가 되라고. 그 누구도 아닌 상태로 존재한다는 것은 '전체'(whole)로 존재함을 의미한다. '전체'로 존재한다는 것은 무슨 뜻인가? '나'에 대한 의식을 버리는 것을 말한다. '나'를 버리고, 만나는 모든 대상과 하나가 되는 것을 말한다. 바보를 만나면 바보가 되고, 성인을 만나면 성인이 되고, 깡패를 만나면 깡패가 되고, 장사꾼을 만나면 장사꾼이 되고, 닭을 만나면 닭이 되고, 나무를 만나면 나무가 되는 것을 말한다. 때로는 바람이 되고 구름이 되어 바람이 부는 대로 불어가고 구름이 흘러가는 대로 흘러가는 것을 말한다. 이렇게 '전체'로 존재하면서 '빈 배'로 흘러간다면 무엇을 만난들 상처를 입고 해를 당하겠는가?

누군가가 나에게 화를 낸다는 것, 또는 내가 누군가에게 화를 낸다는 것은 내게 '나'가 존재하기 때문이다. 내가 그 무엇으로 가득 차 있기 때문이다. 자의식, 자존심, 우월감, 아집 등이 내 안에 가득 차 있을 때, 우리는 만나는 사람마다 부딪치고 깨지고 상대에게 상처를 주거나 상처를 입게 된다.

그러므로 장자는 우리에게 '벽'이 되지 말고 차라리 '문'이 되길 권유한다. 문이 되면 열렸다 닫혔다 하면서 오가는 모든 사물들을 통과시킨다. 그러나 단단한 벽이 되면 스쳐가는 모든 사물들과 부딪치게 된다. 가벼운 산들바람과도 부딪치고, 새털처럼 가볍게 떠도는 소문에도 상처 입게 된다. 이렇게 부딪치고 저렇게 부딪치다 보면 결국 단단한 벽도 금이 가고 깨지고 무너지고 만다.

예전에 어떤 정치인이 '허주'(虛舟)라는 호를 지니고 있었다. 아마도 그는 『장자』를 읽었을 것이다. 그리고 장자를 흠모하는 마음도 어느 정도 있었을 것이다. 자신을 '허주'라 칭한 것은 세상을 살아가면서 또는 정치를 하면서 모든 욕심을 버리고 허심과 무욕으로 세상을 대하겠다는 스스로에 대한 다짐이었을 것이다. 그 정치인이 실제로 그렇게 살고 그 정신을 실천했는지는 단정적으로 판단할 수 없지만, 요즘 같은 혼탁한 정치판에서 그러한 마음을 가진 이가 있었다는 사실은 한 번쯤 뒤돌아볼 만하지 않을까 싶다.

비우면 편안하다. 배 속을 비우면 육신이 편안하고, 마음을 비우면 정신이 평온하다. 샘을 자주 비워야 맑고 깨끗한 물이 솟아오르고, 마음을 자주 비워야 영혼이 투명하고 맑아진다.[1] 무언가에 대한 집착이 사라졌을 때, 무언가를 얻으려고 하는 마음이 소멸되었을 때, 더 이상 '나'에 대한 애착이 존재하지 않게 되었을 때, 우리는 무엇에도 상처받지 않고, 만나는 모든 것에서 아름다움과 감사를 느끼는 환희의 삶을 누리게 될 것이다.

---

1) 이석명, 『노자, 비움과 낮춤의 철학』, 19쪽.

養生

중(中)의 의미를 기억하라

전개지(田開之)가 주(周)나라 위공(威公)을 알현하자 위공이 물었다.

"내가 듣기에 축신(祝腎)이 양생의 도를 배우고 있다던데, 그대는 그의 문하에 머물면서 어떤 가르침을 받았는가?"

전개지가 대답했다.

"저는 빗자루를 잡고 마당이나 쓸 뿐, 저희 선생님께 특별히 배운 바가 없습니다."

위공이 말했다.

"그대는 사양하지 말라! 과인이 양생의 도에 대해 듣고 싶구

　　　　　　　　　　　　　　　養生

나.”

전개지가 말했다.

“선생님께서 말씀하시길, ‘양생을 잘하는 사람은 양떼를 모는 것과 같으니, 뒤처진 양을 보면 채찍질하여 앞으로 가게 하는 것이다’라고 하셨습니다.”

위공이 물었다.

“무슨 의미인가?”

전개지가 대답했다.

“노(魯)나라에 단표(單豹)라는 자가 있었습니다. 그는 바위 동굴에 살고 골짜기의 물이나 마시면서 세상의 이익에는 관심을 두지 않았습니다. 나이 일흔이 되어서도 얼굴은 여전히 어린아이 같았는데, 불행히도 어느 날 굶주린 호랑이에게 잡아 먹혔습니다. 또 장의(張毅)라는 자가 있었습니다. 그는 고하 귀천을 가리지 않고 온갖 사람들을 만나며 교류했는데, 나이 마흔에 배에 열병이 들어 죽었습니다. 단표는 안만 기르다 밖을 호랑이에게 먹히고 말았고, 장의는 밖만 기르다 안이 병들고 말았습니다. 이 두 사람은 모두 뒤처진 부분을 채찍질할 줄 몰랐던 것입니다.”

(달생)

田開之見周威公. 威公曰：“吾聞祝腎學生, 吾子與祝腎游, 亦何聞焉?”

田開之曰：“開之操拔篲以侍門庭, 亦何聞於夫子.”

威公曰：“田子无讓! 寡人願聞之.”

開之曰：“聞之夫子曰：‘善養生者, 若牧羊然, 視其後者而鞭之.’”

威公曰：“何謂也?”

田開之曰：“魯有單豹者, 巖居而水飲, 不與民共利. 行年七十而猶有嬰兒之色, 不幸遇餓虎, 雅號殺而食之. 有張毅者, 高門縣薄, 无不趨也. 行年四十而有內熱之病以死. 豹養其內而虎食其外, 毅養其外而病攻其內. 此二子者, 皆不鞭其後者也.”

〰️

　이 이야기에서는 두 가지 극단적인 사례를 들어, 세상을 살아가는 바른 길이 무엇인지 생각해보게 한다.

　단표는 내면의 수양에만 힘쓰는 사람을 대표한다. 그는 깊은 산속에 묻혀 세속적인 명예나 이익 따위에는 관심을 두지 않은 채 오직 내면의 수양에만 전념했다. 무념무상의 깊은 명상에 잠기거나 단전 호흡법에 몰두했을 것이다. 그 결과 나이 일흔이 되어도 여전히 동안(童顔)을 유지할 수 있었다. 그러던 그가 불행히도 그만 호랑이 먹이가 되고 말았다. 이는 내면의 수양에만 힘쓰느라 '밖'을 소홀히 한 결과라는 것이다. 여기서 말하는 '밖'은 타인 혹은 세상과의 관계일 터다. 세상과의 관계를 무시하고 오직 내면의 정신 수양만 추구했기 때문에, 그리고 이것의 철저한 실천을 위해 깊은 산속에 홀로 머물렀기 때문에 그런 불행을

당하게 되었다는 인식이다.[1]

반면에 장의는 세속의 가치를 추구하는 사람을 대표한다. 자신의 출세와 성공 또는 이익에 도움이 된다면 누구든 가리지 않고 만났다. 이른바 마당발형이다. 아마도 그가 만나고 다녔던 사람은 그의 이해타산에 맞는 고관들이나 부자들이었을 것이다. 그러나 안타깝게도 열병이 들어 나이 마흔도 못 넘기고 죽고 말았다. 그가 열병이 든 원인은 무엇인가? 사람들과 교제하며 기름진 음식과 술을 지나치게 먹고 마셨기 때문일 수도 있고, 또는 이 사람 저 사람의 눈치를 보고 비위를 맞추느라 온갖 걱정과 잡념에 시달렸기 때문일 수도 있다. 어쨌든 장의는 '밖'을 쫓아다니느라 '안'을 돌보지 못하다 젊은 나이에 병들어 죽었다는 것이다.

얼핏 보기에 이 글을 지은 저자는 '안'과 '밖' 모두 중시해야 한다는 입장인 듯하다. 안과 밖 어느 한쪽에만 치우치지 말고 양자의 균형을 맞춰 함께 끌고 나가야 한다는 생각이다. 마치 양떼를 몰 때 뒤처지는 무리를 채찍질해 재촉하는 것처럼 말이다. 그런데 과연 그럴까?

우선 장자 본인의 태도부터 되짚어보자. 장자는 사실 '밖'보다는 '안'을 더 중시했다. 그는 사람들과 교류하며 세상에 적극

---

1) 여기서 우리는 사람이 사람과 더불어 살아야지 어찌 금수와 더불어 살 수 있겠느냐 하는 유가적 사고를 엿볼 수 있다. 공자는 말했다. "새나 짐승과는 함께 무리지어 살 수 없다. 내가 이 사람들의 무리와 함께하지 않는다면 누구와 함께하겠는가?"(鳥獸不可與同羣, 吾非斯人之徒與, 而誰與?)

적으로 참여하고 세상을 변화시키려 하기보다는, 안으로 깊이
침잠하여 자기성찰에 몰두하고 정신 경지의 승화와 고양에 힘
썼다. 일반 사람들이 중시하는 세상의 가치에는 오히려 냉소적
이기까지 했다. 사마천의 『사기』에는 초나라 위왕이 장자를 재
상으로 초빙하려 했다는 기록이 나온다. 이때 장자는 사람에게
잡혀 죽어 궁궐의 화려한 상자에 보관되는 박제된 거북보다는
진흙탕에 꼬리를 끌며 하루하루 힘겹게 살아가는 거북으로 남
겠다며 거절한다. 재상이 되어 권세와 제도에 속박된 화려한 삶
을 살기보다는 차라리 가난하고 미천하지만 자유로운 삶을 선
택하겠다는 것이다. 장자의 이런 태도는 장자 본인의 저술로 알
려진 『장자』 내편 곳곳에서 찾아볼 수 있다. 대표적으로 「덕충
부」편에서 장자는 외모가 볼품없는 여러 불구자들을 등장시키
면서, 그들이 비록 외모는 온전치 못하지만 내면의 덕은 그 누구
못지않다는 점을 누누이 강조한다. 그 외에도 '심재'나 '좌망'
또는 '견독' 등의 정신 수련법을 제시하면서 내면 수양의 중요
성에 대해 언급하곤 했다.

그리고 나서 앞의 이야기를 다시 살펴보니, 이 글의 저자 또한
사실은 내면의 수양에 좀 더 무게를 두고 있다는 사실이 눈에 들
어온다. 일단 비교 대상의 수명이 다르다. 내면의 수양에 힘쓴
단표는 70세까지 살았지만 외면을 쫓은 장의는 40세밖에 살지
못했다. 당시의 사회적 환경이나 위생 여건을 고려할 때 70세는
결코 적은 나이라 할 수 없다. 적어도 평균수명을 훌쩍 넘은 나

이인 것은 분명하다. 단표가 비록 호랑이 밥이 되었다 해도 이미 살만큼 살았다는 의미가 된다. 그리고 깊은 산속에서 호랑이에게 변을 당하는 것은 어쩌다 일어나는 사건이다. 반면 장의처럼 세속의 가치를 추구하다 병들어 죽는 경우는 훨씬 흔하다. 오늘날에도 사회생활을 하면서 심한 스트레스를 받거나 과로에 시달리다 보면 질병에 걸리거나 사망에 이르기도 하니 말이다. 더구나 단표보다 30년이나 일찍 죽지 않았는가!

이처럼 '밖'보다 '안'에 더 무게를 두는 저자의 태도는 뒤이어 소개되는 다음의 이야기에서도 찾아볼 수 있다.

제사를 주관하는 관리가 예복을 입고 돼지우리로 가 돼지에게 말했다. "너는 어찌 죽음을 싫어하느냐? 나는 석 달 동안 너를 잘 먹이고 열흘 동안 근신하고 사흘 동안 목욕재계한 후, 흰 띠 자리를 깔고 너의 어깨며 꽁무니를 제사상 위에 올리려고 하는데, 어떠하냐?"

그러나 돼지의 입장에서 말한다면, 그렇게 되는 것보다는 차라리 겨나 술지게미를 먹으며 돼지우리에서 사는 것이 낫다고 할 것이다. 그런데 사람들은 자신을 위해 생각할 때, 살아서 높은 벼슬자리에 있을 수만 있다면 죽어서 상여에 실려 장식된 관 속에 들어가게 되더라도 기꺼이 하려고 한다. 그런 좋은 대우를 돼지의 입장에서는 물리치면서도 자기 자신의 입장에서는 도모

하려 한다. 돼지의 경우와 다른 것은 어째서인가? (祝宗人玄端以臨
牢筴, 說彘曰: '汝奚惡死? 吾將三月豢汝, 十日戒, 三日齊, 藉白茅,
加汝肩尻乎彫俎之上, 則汝爲之乎?'爲彘謀曰: 不如食以糠糟而錯之牢筴之中, 自爲謀,
則苟生有軒冕之尊, 死得於豚楯之上, 聚僂之中則爲之. 爲彘謀則去之, 自爲謀
則取之, 所異彘者何也?)

높은 지위에 오르고 많은 재물을 소유해 호의호식하는 삶은
대부분의 사람들이 바라마지 않는 바다. 그러나 그렇게 높은 지
위에 오르고 많은 재물을 소유하기까지 포기해야 할 것은 결코
적지 않다. 자존심을 구기고 체면을 버리고 속박을 받아들여야
한다. 무엇보다 자기 뜻대로 사는 자유로운 삶을 포기해야 한다.
그리고 열심히 다른 사람들의 비위를 맞추고 마음에 없는 말을
하면서 온갖 구차함을 감당해야 한다.

정치인들을 보라. 그들이 선거철마다 어떻게 하는가? 대통령
에, 국회의원에, 지방의원에, 지방자치단체장에 선출되기 위해
선거철만 되면 그들은 열심히 뛴다. '열심히 뛴다'는 것은 유권
자를 만날 때마다 연신 머리를 조아리고, 온갖 미사여구를 늘어
놓고, 가식적인 행위와 웃음을 보이고, 심지어 자신의 영혼을 파
는 행위까지 서슴지 않는다는 뜻이다. 그렇게 해서 그들은 겨우
권력을 손에 넣는다. 사업가들을 보라. 사업을 위해 온갖 사람들
을 만나고 다녀야 한다. 특히 권력기관의 사람들, 이권과 관련된

養生

사람들에게는 필요하다면 굽신거리며 향응을 제공해야 한다. 그렇게 해서 그들은 재물을 손에 움켜쥔다.

이렇게 하는 동안 그들의 영혼은 어떻게 되는가? 찌들고 오염되고 피폐해진다. 권력과 재물은 얻었지만 그들의 영혼은 잘 차려진 제사상 위에 놓인 돼지 머리처럼 공허하다. 눈과 입은 웃고 있지만 거기에는 아무런 영혼의 흔적도 찾을 수 없다. 떡 벌어진 제사상 위에서 돼지 머리는 초라한 돼지우리에서 뒹굴던 자유를 그리워하고 있는지도 모른다.

사람들은 돼지 머리의 신세는 조롱하면서도 정작 자신이 그런 삶을 좇고 있다는 사실은 자각하지 못한다. 오히려 그렇게 된 사람들을 부러워하며 그들처럼 되고 싶어 한다. 그날을 위해 사람들은 오늘도 열심히 뛰고 있다.

어떻게 사는 것이 제대로 사는 것인지, 우리가 추구해야 할 진정한 가치는 어디에 있는지, 쉬운 것 같으면서도 어려운 문제다. 우리의 영혼은 늘 스스로에게 속삭이며 끊임없이 다짐한다. '중요한 것은 외면이 아니라 내면이다' 라고. 물질적 조건이나 겉치레에 신경 쓰지 말고 정신적인 발달과 내면의 성장에 더 힘쓰라고. 그러나 정작 현실은 어떠한가? 오늘도 우리는 내가 탄 차와 남이 탄 차를 비교하고, 내가 사는 집과 남이 사는 집을 비교하며, 주식시세의 등락에 웃고 울고, 맛있는 음식과 좋은 술을 찾아다니기 바쁘고, 출세를 위해 인맥을 만들고 줄을 선다. 이런 행위들 어디에 '내면'이 있는가?

'내면'을 중시하다 '외면'을 놓치는 것도 문제이지만, '외면'을 중시하다 '내면'을 잃는 것은 더 큰 문제다. '내면'과 '외면' 어느 하나를 버려야 하는 상황이라면 차라리 '외면'을 잃어버리는 게 낫지 않을까.

養生

【6장】

자연의 흐름 안에 편히 머물다

"내 힘으로 어찌할 수 없는 일이라면
편안히 운명으로 받아들여라."
(知其不可奈何, 而安之若命.)

　나의 삶은 나 스스로 만들어가는 것인가, 아니면 나 밖의 어떤 힘에 의해 조정되고 지배당하는 것인가? 만약 후자라면 그것의 실체는 무엇이며, 어떻게 대해야 하는가?

　우리는 가끔 스스로에게 이런 질문을 던지곤 한다. '인생이 뜻대로 잘되고 있는가?' 왠지 모르지만 그러기보다는 내 뜻과 어긋날 때가 더 많은 것 같다. 나의 삶이 나의 뜻과 달리, 심지어 나의 뜻에 역행하여 흘러갈 때면 우리는 종종 '운명'이라는 것을 떠올리게 된다.

　'운명'이라는 말은 본래 '명'(命)에서 유래했고, '명'(命)의 문자적 의미는 사람의 입으로 지시되는 명령 즉 '입으로 명령하여 시키다'는 의미다.[1] '명'은 본래 임금이 백성에게 내리는 명령이라는 의미로 사용되었을 터, 이후 임금의 명령 외에 하늘의 명령

---

1) 이 점은 '命'이라는 글자가 구(口)와 영(令)으로 구성되어 있다는 사실에서 알 수 있다. 허신(許愼)의 『설문해자』에서 말한다. "명(命)은 시킨다는 뜻이다. 구(口)와 영(令)으로 구성되어 있다."(命, 使也. 從口令.)

까지 포함하게 된다.[2] 그러니까 '명'의 주체는 처음에는 사람이 었다가 점차 하늘로 옮아가 결국 '천명'(天命) 개념으로 발전하게 된 것으로 보인다.

일찍이 공자는 천명을 중시하여 "천명을 알지 못하면 군자가 될 수 없다"(不知命, 無以爲君子也)고 했고, 또 자기 자신은 "나이 50세에 천명을 알게 되었다"(五十而知天命)고 고백했다. 그런데 우리는 '명'에 관한 공자의 발언들 중 한 가지 특이한 사항을 발견하게 된다. 다름 아니라 '천'과 '명'을 구분한다는 것이다. 가령 공자는 『논어』 「안연」(顔淵)편에서 다음과 같이 말한다. "삶과 죽음은 명(命)에 달려 있고 부유함과 귀함은 천(天)에 달려 있다."(死生有命, 富貴在天.) 공자의 이런 태도는 당시에 이미 '명'(命) 개념에 천명의 의미뿐 아니라 명운(命運)의 의미도 내포되어 있었음을 암시한다. 이는 맹자에게로 계승되어, "아무도 행하지 않는데도 행해지는 것은 천(天)의 작용이고, 아무도 이르게 하지 않는데도 이르게 되는 것은 명(命)의 작용이다"(莫之爲而爲者, 天也; 莫之致而至者, 命也)라고 말한다. 이렇게 볼 때, 선진 유가에서 언급되는 '명' 개념에는 천명(天命)과 명운(命運) 두 가지 의미를

---

2) 이에 대해 단옥재(段玉裁)는 다음과 같이 말한다. "영(令)이란 명령을 내리는 것으로 임금의 일이다. 임금이 아니더라도 입으로 시키는 것 또한 영이다. 그러므로 명(命)이란 하늘의 명령이다."(令者, 發號也, 君事也, 非君而口使之, 是亦令也. 故曰命者, 天之令也.)

담고 있었음을 알 수 있다.

　그러면 장자의 경우는 어떠한가? 장자나 그의 후학이나 천명
(天命)에 대해서는 전혀 언급하지 않는다. 장자는 단지 '명'(命)
에 대해 자주 언급할 뿐인데, 이때 말하는 '명'은 대개 '필연성'
이라는 의미가 강하다. 펑유란(馮友蘭)은 "장주가 말한 명(命)의
의미는… 사람의 힘으로 어찌할 수 없는 자연적·사회적인 힘을
가리킨다"[3]라고 말했고, 리우샤오간(劉笑敢)도 "장자의 명(命)은
단지 어찌할 수 없다는 의미로서, 인간의 힘이 미칠 수 없는 필
연을 뜻한다"[4]라고 말했다. 이 세상에는 인간의 힘으로는 어찌
할 수 없는 모종의 필연적인 힘이 존재하는데, 그것이 바로 명
(命)이라는 것이다. 장자는 명의 존재를 인정하고 그것을 따라야
한다고 역설했다. 그러므로 그는 말한다. "그 어찌할 수 없음을
알아 편안히 명으로 받아들이는 것이 지극한 덕이다."(知其不可
奈何, 而安之若命, 德之至也. 『장자』 「인간세」.)

　장자의 이런 태도는 얼핏 운명론자처럼 보이게 한다. 그래서
장자는 종종 주체적이고 능동적인 삶을 포기하고 주어진 명에
순응하는 지극히 소극적인 삶을 옹호한 사상가로 오해되기도
한다.

---

3) 풍우란, 『중국철학사신편』(2책), 1983, 131 - 134쪽.
4) 리우샤오간 지음, 최진석 옮김, 『장자 철학』, 118쪽.

그러나 장자에게 '명'(命)이란 우리의 인생 또는 세상의 사건들이 미리 이렇게 저렇게 내정되어 있다는 의미가 아니다. 또한 세상만사는 모두 정해진 틀이 있어 우리는 단지 그 틀에 따라 흘러가게 돼 있다는 숙명론적 의미를 담고 있지도 않다.[5]

그가 파악한 '명'의 본질은 자연(自然)이다. 장자는 자연계의 일은 물론이고 인간사의 모든 일들은 자연적인 흐름에 따라 진행된다고 본다. 세계의 모든 사태는 자연(自然)이라는 각각의 고유한 운동방식에 의해 전개되며, 우리 인간이 할 일은 '자연'을 파악해 자연의 운동방식에 나의 존재방식을 합일시키는 것이다. 자연의 운동방식 중에는 인간의 의지와 능력으로는 어찌해 볼 수 없는 것들이 종종 나타나는데, 그때 우리가 할 수 있는 일이란 단지 사태의 진행에 자신을 내맡기는 것뿐이라는 말이다. 우리가 알 수 없는 것, 우리의 힘으로 어쩔 수 없는 것, 우리의 능력과 한계를 넘어서는 것에 대해서는 자신을 내맡기고 거기에 편안히 머물라. 이것이 바로 장자의 안명론(安命論)이다.

5) 박원재, 〈도가의 이상적 인간상에 대한 연구〉, 162쪽.

나를 스치는 것들에 걸려 넘어지지 말라

자여(子輿)와 자상(子桑)은 친구였다. 장맛비가 열흘 이상 내리던 어느 날 문득 자여가 생각했다. '아마 자상은 굶주려 병들어 있을 것이다!'

그래서 자여는 밥을 싸들고 자상을 찾아갔다. 자상의 집에 이르자 노래 같기도 하고 울음 같기도 한 소리가 가야금 소리와 함께 흘러나왔다. "아버지인가, 어머니인가! 하늘인가, 사람인가!" 소리 내기도 힘겨운 듯 빠르게 노래를 이어갔다.

자여가 들어가 물었다.

"그대의 노랫말이 어찌 그런가?"

命

자상이 대답했다.

"나는 나를 이 지경까지 이르게 한 존재를 곰곰이 생각해보았지만 찾아낼 수 없었네. 부모가 어찌 내가 가난하기를 바랐겠는가? 또 하늘은 무심히 덮어주고 땅은 무심히 실어주니, 천지가 어찌 나를 가난하게 만들었겠는가? 나를 이렇게 만든 존재를 아무리 생각해봐도 알 수가 없었네. 그런데도 내가 이런 곤궁에 처하게 된 것은 아마도 운명 때문이겠지!"(대종사)

子輿與子桑友, 而霖雨十日. 子輿曰: '子桑殆病矣!'
裹飯而往食之. 至子桑之門, 則若歌若哭, 鼓琴曰: "父邪! 母邪! 天乎! 人乎!"
有不任其聲而趨擧其詩焉.
子輿入曰: "子之歌詩, 何故若是?"
曰: "吾思夫使我至此極者而不得也. 父母豈欲吾貧哉? 天無私覆, 地無私載, 天地豈私貧我哉? 求其爲之者而不得也. 然而至此極者, 命也夫!"

장자는 평생 불우한 삶을 살았다. 세상으로부터 쓰임을 받아 높은 관직을 지낸 적도 없고 부모로부터 물려받은 재산도 없었으며 돈벌이에 능하지도 않았다. 그러니 장자의 삶은 늘 가난하고 궁핍할 수밖에 없었다. 겨우 옻나무 밭 관리인으로 일한 적이 있었지만 그조차 오래 못 가 그만두었으므로 늘 끼니를 걱정해야 했다. 그러나 정신만은 더없이 자유로웠다. 높은 권세로 거들먹거리는 왕후장상(王侯將相)들을 조롱하고, 세 치 혀로 잘난 척하는 당대의 지식인들을 내려다보면서 거침없는 행보와 파격적인 삶을 누렸다. 장자가 그렇게 자유로운 영혼으로 살 수 있었던 이유는 무엇이었을까?

자신에게 주어진 삶의 조건을 있는 그대로 받아들이고, 시시각각 부딪치는 고단한 삶에도 자족하며 순응하는 안명(安命)의 삶을 살았기 때문이다. 앞의 우화는 바로 그러한 장자의 정신세계를 반영하고 있다.

자여(子輿)와 자상(子桑)은 친구 사이다. 아마도 자여(子輿)는 수레를 끄는 집의 자식이었을 것이고, 자상(子桑)은 뽕 치는 집의 자식이었을 것이다. 모두 그날 벌어 그날 먹고사는 가난한 계층의 인물들이다. 어느 비 오는 날 자여가 밥을 싸들고 자상을 찾아갔다. 비 오는 날에는 돈벌이를 하지 못하는 자상이 굶고 있을 거라고 생각했기 때문이다. 그런데 자여의 집에 이르자 기묘한 노랫소리가 들렸다. 가만히 그 내용을 들어보니 누군가를 원망하는 것 같기도 했다. "아버지인가, 어머니인가! 하늘인가, 사람인가!"

깜짝 놀란 자여가 나무라는 투로 물었다, 어째서 남을 원망하는 노래를 부르고 있느냐고. 평소 자여가 알던 자상과는 사뭇 다른 모습이었기 때문이다. 이에 자상은 자신의 심정을 솔직하게

命

토로한다. 자신의 처지가 이처럼 곤궁해진 원인을 곰곰이 따져 보았노라고. 부모가 원한 것일까? 세상에서 자식을 가장 아끼고 사랑하는 부모가 원했을 리 없다. 그렇다면 천지인가? 하늘은 무심히 덮어주고 땅은 무심히 실어주는 존재이니 천지가 특정 개인의 가난을 의도했을 리 없다. 결국 자상은 자신을 그렇게 만든 원인을 찾아내지 못하고, 이 모두가 운명 때문이라는 결론에 도달했다는 것이다.

　그러나 이는 섣불리 운명에 삶의 무게를 떠넘겨버리는 체념론이 아니다. 불행과 곤궁함은 자신의 힘으로는 어찌할 수 없는 무형의 힘에 의한 것이므로 담담히 받아들이겠다는 것이다. 체념이 아니라, 초월적 순응이다. 이 세상에는 인간의 능력으로 파악할 수 없고 인간의 노력만으로는 변화시킬 수 없는 무형의 힘 또는 흐름이 존재한다. 이 힘을 인정하고 기꺼이 수용하겠다는 것이다. 그러니까 자상은 누구를 원망하고 있었던 게 아니라, 자신에게 부여된 운명을 인식하고 그것에 순응할 수밖에 없는 현실을 받아들이고 있었던 것이다.

　세상을 살다 보면 종종 견디기 힘겨운 상황을 만나게 된다. 특히 자기 나름대로 최선을 다하며 살았는데, 그 결과가 나의 기대에 전혀 미치지 못할 때 더욱 그렇다. 입시나 취직 시험을 볼 때마다 이런저런 이유로 낙방하기도 하고, 건강을 해치면서까지 직장에 자신의 청춘과 열정을 다 바쳤는데도 승진심사에서 번

번이 밀리기도 하며, 진자리 마른자리 가려가며 애지중지 키운 자식이 부모의 기대를 저버리기도 하고, 평생 부지런히 일하고 열심히 돈을 벌어도 끝내 가난을 면치 못한 채 일생을 마치기도 한다. 때로는 어느 날 갑자기 불행이 엄습하기도 한다. 잘나가던 사업이 예상치 못한 암초에 부딪혀 하루아침에 고꾸라지기도 하고, 건강검진에서 느닷없이 시한부 선고를 받기도 하며, 뜻밖의 교통사고를 당하기도 한다. 누구라도 피하고 싶지만, 누군가에게는 지금도 일어나는 일이다.

이런 일들이 현실로 나타나면 어떻게 반응하는가? 대개는 일단 원망할 대상부터 찾는다. 나를 그렇게 만든 원흉이 어디에 있는지 머리를 굴린다. 누구 때문에, 혹은 무엇 때문에 내가 이렇게 되었다고 생각하고 또 그렇게 믿는다. 상사에게 아부하는 동료 때문에 승진에서 미끄러졌다고 생각하고, 이 사회구조가 근본적으로 불평등하기 때문에 개인이 아무리 노력해도 가난을 벗어날 수 없다고 원망한다. 불치병과 같은 뜻밖의 불행이 닥쳤을 때는 '왜 하필이면 나에게 이런 일이 벌어졌는가!'라고 울부짖으며 신을 원망하거나 운명을 탓한다. 자신의 억울함을 이 사람 저 사람에게 하소연하거나, 매일 술을 퍼마시거나, 비탄에 빠져 스스로를 망가뜨리기도 한다.

그러나 이런 원망과 절망과 비탄이 나에게 무슨 도움이 될 수 있을까? 누군가를 원망하고 탓하면 나의 억울함이 줄어드는가? 술에 취하면 나의 아픈 마음이 치유되는가? 목숨을 버리면 나의

命

모든 불행이 사라지는가?

장자는 우리에게 간곡히 권유한다. 나의 힘과 능력으로 어찌해볼 수 없는 일이 벌어지면 그것을 담담히 운명으로 받아들이라고. 그런 사태와 상황에 저항하지 말고 편안히 순응하라고. 그러므로 「인간세」편에서 말한다. "그 어찌할 수 없음[1]을 알고 편안히 명으로 받아들이는 것, 이것이 덕의 지극함이다."(知其不可奈何而安之若命, 德之至也.)

장자의 이러한 안명론은 신(神)에 대한 존경이나 하늘(天)에 대한 두려움에서 비롯된 것이 아니다. 그것은 인간의 힘으로 어찌할 수 없는 현실의 필연성을 깊이 관찰하고 철저하게 체험한 데서 나온 것이다.[2]

장자의 안명론은 도가의 근본정신인 '법자연'(法自然) 또는 '순자연'(順自然)의 또 다른 표현으로 볼 수 있다. 자연의 이치는 객관적인 필연성이 작용하기에 인간의 힘으로 어찌할 수 없다. 개조나 변화도 불가능하다. 그러므로 자연의 힘에 거역하기보다는 순순히 따르는 것이 진인(眞人)의 현명한 선택이다. 인간사회 또한 마찬가지다. 개인의 삶이나 사회에는 일정한 흐름이 있다. 그 흐름은 굽이쳐 흐르는 급류와 같아서 개인의 노력으로 바꿀 수 없다. 그러므로 저항하기보다는 순순히 따라야 한다고 본

---

1) '그 어찌할 수 없음'은 이미 지나간 일(과거사), 또는 개인의 노력이나 힘으로는 결코 변경될 수 없는 자연적·사회적 조건과 상황들을 말한다.
2) 리우샤오간 지음, 최진석 옮김, 『장자 철학』, 116쪽.

것이다. 도도한 흐름에 저항하거나 맞서다 보면 우리의 몸은 깨지고 무너지고, 우리의 정신은 어지러워지고 피곤해질 뿐이다. 그러므로 장자는 「덕충부」편에서 말한다. "삶과 죽음, 생존과 멸망, 성공과 실패, 가난함과 부유함, 잘남과 못남, 비방과 칭찬, 주림과 목마름, 추위와 더위… 모두 사물의 변화와 운명의 움직임에 의해 나타나는 것들이다. 그들은 밤낮으로 번갈아 우리의 눈앞에 나타나지만 근원을 찾아내기 어렵다. 그러니 이런 것들로 마음의 평화나 정신을 어지럽힐 필요가 없다."(死生存亡, 窮達貧富, 賢與不肖毀譽, 飢渴寒暑, 是事之變, 命之行也. 日夜相代乎前, 而知不能規乎其始者也. 故不足以滑和, 不可入於靈府.)

개인의 힘으로 현실을 어찌할 수 없다는 깨달음에는 어딘지 장자의 깊은 슬픔이 느껴지는 듯하다. 평생 계속되었던 가난, 사람들의 조롱과 멸시, 처자식들의 불평과 원망 등을 감내하며 느낀 처연한 슬픔을 이런 식으로 표현했을 수도 있다.

그러나 장자의 안명론은 개인적 슬픔의 결과물이 아니라, 그가 지향하는 소요유의 절대자유에 이르는 첫걸음으로 봐야 할 것이다. 정신이 자유롭기 위해서는 무엇에도 집착하는 마음이 없어야 하고, 집착이 없기 위해서는 '어찌할 수 없는 것'에 대해 초월적 순응이 따라야 한다. 포기할 것은 포기하고 비워야 할 것은 비워야 한다. 그렇게 포기하고 비우고 나면 무언가에 의해 힘들어하고 괴로워하는 마음이 어느 순간 사라지게 된다.

命

내게 주어지는 모든 상황들에 만족하고, 내가 가야 하는 모든 길을 담담히 걸어가고, 나를 스치고 지나가는 모든 것들에 걸려 넘어지지 않아야 한다. 그때 우리의 마음은 지극히 편안해질 것이고, 마침내 그 무엇에도 걸리지 않는 무한히 자유로운 정신세계로 진입하게 될 것이다.

命

거꾸로 매달려 고통 받지 말라

　자사(子祀), 자여(子輿), 자려(子犁), 자래(子來) 네 사람이 함께 모여 말했다.

　"누가 무(無)로 머리를 삼고 삶으로 척추를 삼으며 죽음으로 엉덩이를 삼을 수 있는가? 누가 삶과 죽음, 존재함과 사라짐이 모두 한 가지임을 알 수 있는가? 나는 그런 사람과 더불어 벗이 되려네."

　네 사람이 서로 마주보며 미소를 지었다. 서로 마음에 걸림이 없었으니 마침내 친구가 되었다.

　얼마 후 자여가 병이 났다. 자사가 병문안을 갔더니 자여가 말했다.

"위대하구나, 조물주여. 나를 이처럼 오그라들게 만들다니!"

자여의 굽은 등은 불쑥 튀어 나오고, 오장은 머리 위로 올라가 있고, 턱은 배꼽에 묻혀 있고, 어깨는 정수리보다 높게 솟았고, 목의 혹은 하늘을 향해 있었다. 그러나 음양의 기운이 이처럼 흐트러져 있어도 그의 마음은 한가롭고 평온했다. 그는 비틀거리며 우물가로 걸어가 자기 모습을 비춰보며 말했다.

"아! 조물주는 앞으로 나를 얼마나 더 오그라들게 할 것인가!"

자사가 물었다.

"자네는 싫어서 그러는가?"

자여가 말했다.

"아닐세, 내가 어찌 싫어한단 말인가? 내 몸이 점점 더 변해서 왼팔이 닭이 된다면 나는 그것으로 때를 알릴 것이고, 점점 더 변해서 오른팔이 탄환이 된다면 나는 그것으로 올빼미를 잡아 구워 먹을 것이네. 그리고 점점 더 변해서 엉덩이가 수레바퀴가 되고 정신이 말이 된다면, 나는 그것을 타고 다닐 것이니 어찌 별도의 탈것이 필요하겠는가! 무릇 삶을 얻은 것은 때를 만났기 때문이요, 삶을 잃는 것도 순리에 따르는 것이네. 편안히 때를 받아들이고 순리에 따른다면 슬픔과 즐거움이 끼어들 여지가 없네. 이런 것을 옛사람들은 '현해'(縣解)라 했네. 그런데도 사람들이 스스로 풀려나지 못하는 것은 물(物)에 얽매여 있기 때문이지. 그러나 사물도 결국에는 자연의 이치를 이기지 못하게 마련

命

이네. 그러니 내가 어찌 싫어하겠는가!"

얼마 후 자래(子來)가 병이 나 숨을 헐떡이며 죽어가고 있었다. 그의 처자식이 그를 둘러싸고 울었다. 이때 자려(子犁)가 병문안을 가서 말했다.

"쉿! 저리들 가시오. 자래의 변화를 슬퍼하지 마시오."

자려는 문에 기대어 자래와 대화했다.

"위대하구나, 조물주여! 자네를 무엇으로 만들려고 하는 것일까? 자네를 어디로 데려가려 하는 것일까? 자네를 쥐의 간으로 만들려나, 아니면 곤충의 팔로 만들려나?"

자래(子來)가 말했다.

"부모가 자식에게 동서남북 어느 쪽으로 가라고 하든, 자식은 오직 부모의 명을 따를 뿐이네. 사람에 대해 음양의 변화는 부모 이상이지. 음양의 변화로 죽게 되었는데 내가 따르지 않는다면, 나의 불순종을 나무라야지 어찌 음양의 변화를 탓할 수 있겠나! 무릇 자연은 형체를 줌으로써 나를 존재케 했고, 생명을 줌으로써 나를 수고롭게 했으며, 늙게 함으로써 나를 편하게 했고, 죽게 함으로써 나를 쉬게 했네. 그러니 나의 삶이 좋은 것이라면 나의 죽음 또한 좋은 것이 되네. 지금 대장장이가 쇠를 주물(鑄物)하는데, 쇳물이 튀어 오르면서 '나는 반드시 막야(鏌鎁)가 될 거야!'라고 외친다면, 대장장이는 그것을 반드시 주제넘은 쇳물로 여길 것이네. 지금 내가 어쩌다 사람으로 태어났다가 죽어가면서 '사람이 될 거야! 사람이 될 거야!'라고 고집한다면, 조물주는 반드시 나를 주제넘은 이로 여길 것이네. 지금 자연을 거대한 용광로로 삼고 조물주를 대장장이로 삼고 있는데, 무엇이 된들 상관이 있겠는가! 조용히 잠들었다가 홀연히 깨어나는 것일 뿐."(대종사)

　　子祀, 子輿, 子犁, 子來 四人相與語曰:"孰能以無爲首, 以生爲脊, 以死爲尻? 孰知死生存亡之一體者? 吾與之友矣."

　　四人相視而笑. 莫逆於心, 遂相與爲友.

　　俄而子輿有病, 子祀往問之. 曰:"偉哉, 夫造物者, 將以予爲此拘拘也!"

　　曲僂發背, 上有五管, 頤隱於齊, 肩高於頂, 句贅指天. 陰陽之氣有沴, 其心閒而無事, 跰𨇠而鑑於井, 曰:"嗟乎! 夫造物者又將以予爲此拘拘也!"

　　子祀曰:"女惡之乎?"

　　曰:"亡, 予何惡? 浸假而化予之左臂而爲鷄, 予因以求時夜; 浸假而化予之右臂以爲彈, 予因以求鴞炙; 浸假而化予之尻以爲輪, 以神爲馬, 予因以乘之, 豈更駕哉! 且夫得者, 時也; 失者, 順也. 安時而處順, 哀樂不能入也. 此古之所謂縣解也. 而不能自解者, 物有結之. 且夫物不勝天久矣, 吾又何惡焉!"

　　俄而子來有病, 喘喘然將死, 其妻子環而泣之.

　　子犁往問之, 曰:"叱! 避! 無怛化."

　　倚其戶與之語曰:"偉哉造化! 又將奚以汝爲, 將奚以汝適? 以汝爲鼠肝乎? 以汝爲蟲臂乎?"

子來曰："父母於子, 東西南北, 唯命之從. 陰陽於人, 不翅於父母. 彼近吾死而我不聽, 我則悍矣, 彼何罪焉! 夫大塊載我以形, 勞我以生, 佚我以老, 息我以死. 故善吾生者, 乃所以善吾死也. 今之大冶鑄金, 金踊躍曰 '我且必爲鏌鋣', 大冶必以爲不祥之金. 今一犯人之形, 而曰 '人耳人耳', 夫造化者必以爲不祥之人. 今一以天地爲大鑪, 以造化爲大冶, 惡乎往而不可哉! 成然寐, 蘧然覺."

이 우화를 읽고 나면 왠지 처연한 느낌이 든다. 인생을 달관한 자들의 슬픔이랄까? '우리의 삶은 어디서 왔다가 어디로 흘러가는가'라는 원초적 의문이 새삼스럽게 피어오르는 순간이다. 죽음을 눈앞에 두고도 농담 같은 현담(玄談)을 나누며 생사에 초연할 수 있는 네 명의 친구들, 이들은 진정 '깨달은 자들' 혹은 '위대한 스승들'이 아닐까? 이 우화는 불치의 중병 또는 죽음을 맞고 있는 두 사람의 이야기로 구성되어 있다.

자사(子祀), 자여(子輿), 자려(子犁), 자래(子來)가 한자리에 모였다. 그리고 눈빛으로 전해지고 마음으로 통하는 바가 있어 서로 막역지우(莫逆之友), 즉 서로의 마음에 아무런 거스름이 없는 친구가 되었다. 그들은 "무(無)로 머리를 삼고 삶으로 척추를 삼으며 죽음으로 엉덩이를 삼을 수 있는" 자연인들이었고, "삶과 죽음, 존재함과 사라짐이 모두 한 가지임을 알 수 있는" 통달한 사람들이었기 때문이다.

머리, 척추, 엉덩이는 모두 한 몸 안에 속한다. 서로 분리해 생각할 수 없는 이른바 일체적 관계다. 그러므로 '무'로 머리를 삼고 '삶'으로 척추를 삼으며 '죽음'으로 엉덩이를 삼는다는 것은, '무'와 '삶' 그리고 '죽음'이 한 몸처럼 서로 연결되어 있다는 인식을 가리킨다. '무'는 우리가 태어나기 이전의 상태 혹은 삶과 죽음이 생겨났다 돌아가는 궁극의 자리이니, 결국 장자의 관점에서 삶과 죽음은 서로 구분되지 않는 '하나'인 셈이다. 때문에 이 일체적 진리를 깨달은 사람은 삶이든 죽음이든 자신에게 주어지는 모든 상황을 편안히 받아들일 수 있다. '어떤 것은 좋고 어떤 것은 나쁘다'라는 차별적 판단을 버리고 내게 주어지는 모든 것들을 기꺼이 따를 수 있다. 이런 생각은 어디로부터 비롯되었는가? 자신에게 주어진 운명을 순순히 받아들이고 거기에 편안히 머물러야 한다는 생각, 장자의 안명론(安命論)이 그 발원지다.

어느 날 자여에게 병이 났다. 온몸이 오그라드는 병이었다. 묘사로 보건대 아마 현대의학에서 말하는 루게릭병의 일종인 듯하다. 그런데 그 정도가 너무 심하다. 자여의 모습은 '노트르담의 꼽추' 이상으로 뒤틀려 있다. 만약 내가 그런 병에 걸린다면 어떻게 할까? 아마 대부분은 극심한 절망에 빠져 처지를 비관하면서 신에 대한 원망이나 늘어놓을 것이다. 그러나 자여는 농담

命

하듯이 태연히 말한다. "내 몸이 점점 더 변해서 왼팔이 닭이 된다면 나는 그것으로 때를 알릴 것이고, 점점 더 변해서 오른팔이 탄환이 된다면 나는 그것으로 올빼미를 잡아 구워 먹을 것이며…."

병이 악화되어 자기 몸이 더 뒤틀리더라도 그런 상황을 기꺼이 받아들이겠다는 초연한 의지의 표현이다. 이는 불운을 마지못해 받아들이는 체념적 수용이 아니다. 그 상태를 적극적으로 받아들일 뿐 아니라 그것을 여유로운 마음으로 초월하고 있다. 그러기에 자여는 자신의 비참한 모습을 원망하거나 한탄하지 않는다. 오히려 "그의 마음은 한가롭고 평온했다." 그러니 닭이 되느니 탄환이 되느니 하는 농담도 하는 것이다.

그의 평온함은 어디에서 나온 것일까? 그가 자신의 힘으로 어쩔 수 없는 상황을 명(命)으로 받아들였기 때문이다.

우리에게는 인간의 힘으로 어찌할 수 없는 뜻밖의 불행이 닥치곤 한다. 하늘이나 신을 원망하고 한탄한다고 그 고통이 사라지거나 덜어지지 않는다. 인간의 힘으로는 자연을 변화시키지 못하고, 인간의 의지로는 운명을 바꾸지 못한다. 따라서 주어진 환경과 조건 중 개인의 힘으로 어찌할 수 없는 것에 대해서는 욕심을 부릴 필요가 없다. 「달생」편에서도 말한다. "삶의 이치에 통달한 사람은 삶에서 어찌해볼 도리가 없는 것에는 신경 쓰지 않고, 운명에 통달한 사람은 운명상 어찌할 바가 없는 것에 대해서는 애써 힘쓰지 않는다."(達生之情者, 不務生之所无以爲; 達命之情者,

不務命之所无奈何.) 이러한 태도는 분명 절망에 의한 자포자기적 체념과는 다르다. 인생의 흐름을 관조하면서 그 물결을 파악하고 그것을 편안히 따르는 지극히 높은 수준의 정신 경지다.

그러므로 자여는 말한다. "무릇 삶을 얻은 것은 때를 만났기 때문이요, 삶을 잃는 것도 순리에 따르는 것이네. 편안히 때를 받아들이고 순리에 따른다면 슬픔과 즐거움이 끼어들 여지가 없네." 요컨대 '안시처순'(安時處順)하라는 것이다. 주어지는 시간적 상황을 편안히 받아들이고 눈앞에 진행되는 자연적 혹은 사회적 조건을 있는 그대로 따르는 태도, 이런 것이 바로 옛사람들이 말하는 '현해'다.

'현해'(懸解)는 말 그대로 거꾸로 매달려 있는 상태에서 풀려난다는 의미다. 거꾸로 매달려 있으면 고통스럽다. 매 순간이 고통이다. 한시라도 빨리 벗어나는 게 상책이다. 그런데 사람들은 쉽게 그 상태에서 벗어나지 못한다. 왜 그런가? 장자는 그것을 물(物)에 얽매여 있기 때문이라고 본다. 대개 사람들은 삶을 얻으면 기뻐하고 죽음을 만나면 슬퍼한다. 삶과 죽음을 차별하는 편견에 사로잡혀 있기 때문이다. 또한 우리는 무언가를 반드시 얻어야 한다는 집착, 무언가를 잃어서는 안 된다는 강박관념에 사로잡혀 있다. 이런 고정관념과 집착 그리고 강박관념이 바로 '물'(物)의 실체. 고정관념과 집착에서 벗어나, 주어지는 상황과 조건을 편안히 받아들이면 우리의 마음에 슬픔이나 즐거움이 끼어들 여지가 없다. 이 상태가 바로 '현해'인 것이다.

命

이처럼 주어진 운명에 기꺼이 순응해야 한다는 생각은 자래의 죽음 이야기에서 보다 선명하게 드러난다.

이번에는 자래가 병이 나 숨을 헐떡이며 죽어가고 있었다. 자려가 병문안을 갔는데, 그는 죽어가는 자래와 가족들을 위로하기는커녕 오히려 친구를 죽음으로 데려가는 조물주를 찬양한다. 그러고는 한술 더 떠서 자래가 죽으면 무엇이 될지 궁금해한다. "위대하구나, 조물주여! 자네를 무엇으로 만들려고 하는 것일까? 자네를 어디로 데려가려 하는 것일까? 자네를 쥐의 간으로 만들려나, 아니면 곤충의 팔로 만들려나?"

여기서 우리는 일차적으로 장자 철학의 중요 요소인 물화(物化) 사상을 다시 만나게 된다. 인간을 포함한 모든 존재는 끊임없는 변화의 과정에 놓여 있다는 것이다. 물이 수증기가 되기도 하고 구름이 되기도 하고 비가 되기도 하면서 서로 다른 형태와 모습으로 부단히 변화하듯이, 모든 사물은 한 개체로서 수명이 다하면 또 다른 개체로 변화한다는 생각이다. 인간도 예외가 아니다. 사람이 죽으면 일단 형체가 분해되고 흩어져 기로 변화될 것이다. 그리고 기는 또 다른 형태의 형체들을 구성하게 된다. 쥐의 간이 될 수도 있고 곤충의 팔이 될 수도 있다.

그래도 기왕이면 사람으로 다시 태어나는 게 좋지 않을까? 쥐의 간이나 곤충의 팔보다는 사람으로 변화되는 게 존재가치가 훨씬 우월해 보이니 말이다. 그러나 장자는 그런 발상 자체가 집착이고 망상이라고 본다. 우주의 모든 존재는 끊임없는 변화의 과정에 있기 때문에, 사람으로 존재한다고 해서 더 귀한 것도 아니고 쥐의 간으로 산다고 해서 덜 귀한 게 아니다. 무엇이 고귀하고 천하다는 생각 자체가 편견이고 고정된 관념에 불과하다고 보는 것이다.

그리고 무엇보다도 중요한 사실이 있다. 나의 존재 형태는 내가 결정할 수 없다는 인식이다. 내가 무엇이 되고 안 되고는 오로지 조물주의 의사에 달려 있다. 우리는 조물주에 의해 다시 사람으로 태어날 수도 있고, 쥐의 간으로 태어날 수도 있으며 바위가 될 수도 있고 바람이 될 수도 있다.

물론 장자가 말하는 '조물주'는 어떤 의지를 지닌 인격신을 가리키지 않는다. '조물주'는 자연 자체의 조화력을 의미하며, 보다 구체적으로는 음양의 변화를 가리킨다. 음양의 기운은 잠시도 멈추지 않고 끊임없이 변화하며, 그 변화에 따라 우주만물이 다양한 형태로 존재하게 된다고 본다.

장자는 이런 과정을 다시 대장장이의 주물 작업에 비유해 설명하고 있다. 대장장이가 쇠를 녹여 어떤 물건을 만들려고 하는데, 용광로에서 끓고 있던 쇳물이 튀어 오르면서 '나는 전설의 명검 막야¹가 될 거야!'라고 외친다면 대장장이의 눈에 한낱 주제넘은 쇳물로 여겨질 뿐이다. 녹인 쇠로 무엇을 만들지는 전적

---

1) 전설에 의하면 오나라 왕 합려(闔閭)가 뛰어난 대장장이였던 간장(干將)에게 검을 주조하게 했으나, 용광로의 철에 거품이 일지 않았다. 이에 간장의 아내 막야(莫邪)가 스스로 용광로에 뛰어들어 자기 몸을 희생하자 마침내 철에서 거품이 일었다. 이렇게 하여 두 개의 검이 주조되었는데, 수검을 '간장' 암검을 '막야'라 이름 지었다고 한다.

命

으로 대장장이의 선택에 달려 있기 때문이다. 마찬가지로 우연히 인간으로 태어났다가 죽어가는 사람이 '나는 반드시 다시 사람으로 태어날 거야!'라고 고집한다면 이 또한 아집이며 주제넘은 생각이다.

장자의 관점에서 천지는 거대한 용광로이고, 자연의 조화력은 대장장이에 비유된다. 나의 죽음은 용광로 속의 쇳물로 돌아가는 현상이고, 이후 그 쇳물이 무엇으로 바뀔지는 오직 대장장이의 선택에 달려 있을 뿐이다. 그리고 죽음 이후 무엇이 된들 아무 상관이 없다고 본다. 돌고 도는 대자연의 변화 과정에서 바라보면 무엇이 되든 그것은 또 다른 존재로 변화해가는 수많은 여정 중 하나일 뿐이기 때문이다. 그러니 삶이 좋은 것이었다면 죽음 또한 좋은 것일 수밖에 없을 터. 삶과 죽음이란 그저 "조용히 잠들었다가 홀연히 깨어나는 것"과 같은 자연스러운 현상들로 여겨질 뿐이다.

명(命)을 알면 자유로워진다

　공자가 광(匡) 지역을 여행하던 중 위(衛)나라 사람들이 몇 겹으로 포위했는데, 공자는 태연히 거문고를 타면서 노래를 불렀다. 이에 자로(子路)가 들어가 공자를 뵙고 말했다.

　"선생님께서는 이 상황에서 노래가 나옵니까?"

　공자가 말했다.

　"가까이 오너라! 내 너에게 말해주겠다. 내가 곤궁함에서 벗어나고자 한 지 오래되었으나 아직 벗어나지 못했으니 이는 명(命)이다. 세상에 통하기를 구한 지 오래되었으나 아직 얻지 못했으니 이는 시(時)다. 요순(堯舜)시대에는 세상에 곤궁한 사람들이 없었는데 이는 그들이 지(知)를 얻었기 때문이 아니다. 걸주(桀紂)시대에는 세상에 통한 사람들이 없었는데 이는 그들이 지(知)를 잃었기 때문이 아니다. 모두 시대적 상황이 마침 그러했을 뿐이다.

무릇 물 위를 지나면서 악어를 두려워하지 않는 것은 어부의 용기이고, 육지를 다니면서 코뿔소와 호랑이를 피하지 않는 것은 사냥꾼의 용기이며, 시퍼런 칼날이 눈앞에 어른거려도 죽음 보기를 삶처럼 여기는 것은 열사(烈士)의 용기다. 곤궁함은 명(命)에 달려 있음을 알고 통함은 시(時)에 달려 있음을 아는 것은 성인의 용기다. 자로야, 마음 편히 있거라. 나의 명은 하늘에 달려 있다."

얼마 지나지 않아 포위군의 우두머리가 들어와 사죄하며 말했다.

"양호(陽虎)인 줄 알았습니다. 그래서 포위했는데 지금 보니 아니군요. 죄송하게 되었습니다. 저희는 물러가겠습니다."(추수)

孔子遊於匡, 衛人圍之數帀, 而絃歌不惙.

子路入見, 曰 : "何夫子之娛也?"

孔子曰 : "來! 吾語女. 我諱窮久矣, 而不免, 命也; 求通久矣, 而不得, 時也. 當堯舜之時而天下无窮人, 非知得也; 當桀紂之時而天下无通人, 非知失也, 時勢適然. 夫水行不避蛟龍者, 漁父之勇也; 陸行不避兕虎者, 獵夫之勇也; 白刃交於前, 視死若生者, 烈士之勇也; 知窮之有命, 知通之有時, 臨大難而不懼者, 聖人之勇也.
由處矣, 吾命有所制矣."

无幾何, 將甲者進, 辭曰 : "以爲陽虎也, 故圍之. 今非也, 請辭而
退."

⌒⌒

이 이야기는 공자의 실제 행적에 근거해 만들어낸 것으로 보
인다. 공자가 천하를 주유할 때 위나라를 떠나 진(陳)나라로 가
던 중 광(匡) 땅을 지나간 적이 있었다. 그때 그 지역 사람들이 공
자의 무리를 포위했다. 예전에 노(魯)나라 사람 양호(陽虎)가 그
들을 노략질한 적이 있는데, 공자를 양호로 오인한 것이다. 이때
공자는 지극히 초연한 태도로 다음과 같이 말했다고 한다. "문
왕이 이미 돌아가셨으니 그의 문화 전통이 나에게 있지 않겠는
가? 하늘이 이 문화를 없애려 했다면 내가 이 문화를 얻지 못했
을 것이다. 하늘이 아직 이 문화를 없애려 하지 않는다면 광(匡)
지역의 사람들이 나를 어찌하겠는가?"(文王旣沒, 文不在茲乎? 天之
將喪斯文也, 後死者不得與於斯文也; 天之未喪斯文也, 匡人其如予何?)

양호는 노나라 대부 계손씨(季孫氏)의 가신이었던 양화(陽貨)
를 말한다. 그는 계평자(季平子)를 섬기다가 계평자가 죽자 노나
라의 정권을 잡고, 당시 족벌 가문들이었던 삼환(三桓)을 제거하
고자 했다. 이에 노나라 군주였던 정공(定公)을 비롯해 숙손(叔
孫), 주구(州仇) 등을 위협하여 맹손씨(孟孫氏)를 공격했으나 도리

命

어 패해 쫓기는 몸이 되었다.[1] 바야흐로 세상 사람들의 표적이 된 양호가 공교롭게도 공자와 생김새가 비슷했다. 이 때문에 공자가 곤경에 처하게 되었던 것이다.

여차하면 낯선 땅에서 낯선 무리들에게 죽임을 당할 수도 있는 위태로운 상황이었다. 그런데도 공자는 태연히 거문고를 타면서 노래만 불렀다. 어쩌면 감당할 수 없는 두려움과 공포를 애써 감추려는 처절한 노력이었는지도 모른다. 사정이 어떻든 그런 상황에서 태연함을 잃지 않는 것은 보통 사람의 능력을 넘어서는 일이다. 보통 사람이라면 그런 상황에서 어떻게 처신했을까? 소심한 사람이라면 두려움에 휩싸여 안절부절못한 채 극심한 혼란에 빠졌을 것이고, 용기 있는 사람이라면 어떻게든 상황을 모면하고자 이리저리 방도를 모색했을 것이다.

공자의 제자 자로는 성질이 급하고 무인의 기질이 있는 인물이었다. 자로는 평소 그의 성격대로 스승에게 직설을 날렸다. "선생님께서는 이 상황에서 노래가 나옵니까?" 이 위태로운 상황에서 한가로이 거문고를 타고 노래를 부른다는 게 도대체 말이 되느냐는 항의다. 위기를 타개할 방법을 생각해내고 용기 있는 행동을 도모해야 하지 않느냐는 현실적인 촉구다.

그러나 공자는 지극히 달관한 태도로 반응할 뿐이다. 인생사에서 궁함이나 통함은 명(命)과 시(時)에 달린 문제이지 개인의

---

1) 이석명 옮김, 『회남자2』, 429쪽.

노력으로는 어찌해볼 수 없다는 것이다.

우화에서 언급되는 '지'(知)는 바로 개인적인 노력을 가리키는 말이다. 머리를 써서 상황을 자발적으로 해결해나가는 과정을 '지'로 표현했는데, 이러한 '지'는 인간의 삶에 능동적인 역할을 할 수 없다고 본다. 그러므로 「추수」편의 저자는 공자의 입을 빌려 말한다. "요순시대에는 세상에 곤궁한 사람들이 없었는데 이는 그들이 지(知)를 얻었기 때문이 아니다. 걸주시대에는 세상에 통한 사람들이 없었는데 이는 그들이 지(知)를 잃었기 때문이 아니다." 요순시대에는 모두 행복했는데 이는 당시 사람들이 각자의 주체적 역량을 잘 발휘해서가 아니며, 또 걸주시대 사람들은 모두 불행했는데 이는 그들이 각자의 역량을 발휘하지 못해서가 아니라는 것이다. 단지 그 시대의 '명'과 '시'가 그러했기 때문이다. 마찬가지로 공자의 위기는 공자의 노력으로 해결될 수 있는 문제가 아니니 가만히 앉아 명과 시를 기다릴 수밖에 없다는 것이다. 이것이 바로 성인의 길이며, 저자는 성인의 진정한 용기는 "곤궁함은 명(命)에 달려 있음을 알고, 통함은 시(時)에 달려 있음을 아는 것"이라고 주장한다.[2]

---

2) 이 부분에 대해 성현영은 다음과 같이 설명하고 있다. "공자가 자로를 불러 그 지극한 이치에 대해 말하셨다. '나는 곤궁함을 피하고자 했으나 피할 수 없었으니 이는 하늘의 명(命)이 그러한 것이다. 또 나는 오랫동안 통함을 구하고자 했으나 구하지 못했으니 이는 바른 시(時)를 만나지 못했기 때문이다. 무릇 명(命)과 시(時)라는 것은 오면 막을 수 없고 가면 붙잡을 수 없다. 그러므로 명(命)과 시(時)의 오고 감에 자신을 맡길 수 있다면 어떤 상황에도 마음 편할 수 있을 것이다.'"(夫子命仲由來, 語其至理云: 我忌於窮困, 而不獲免者, 豈非天命也! 求通亦久, 而不能得者, 不遇明時也, 夫時命者, 其來不可拒, 其去不可留, 故安而任之, 無往不適也.)

命

이러한 사고는 '명'에 대한 장자의 생각을 계승하면서 후학이 일부 발전시킨 형태로 볼 수 있다. 즉 주어진 '명'에 순응해야 한다는 장자의 안명론을 계승하면서, 나아가 '명'과 '시'를 동시에 거론하는 한층 발전된 모습을 보이고 있다. 앞서 소개한 자여(子輿)의 이야기에서 '안시처순'(安時處順)을 언급한 적이 있다. 몸이 오그라드는 병에 걸린 자여가 말했다. "무릇 삶을 얻은 것은 때를 만났기 때문이요, 삶을 잃는 것도 순리에 따르는 것이네. 편안히 때를 받아들이고 순리에 따른다면 슬픔과 즐거움이 끼어들 여지가 없네."

'편안히 때를 받아들이고 순리에 따른다'는 태도가 바로 안시처순(安時處順)이다. 이는 장자가 제기한 안명(安命)의 또 다른 표현으로 볼 수 있다. 그런데 「추수」편의 저자는 '시'를 아예 '명'에 상응하는 개념으로 독립시키고 있다. 그럼으로써 장자의 안명론을 보다 구체화하고 풍부하게 만들었다. 이는 곧 안명론에서 '시'의 지위가 보다 공고화됨을 의미한다. 그 결과 이후 전개되는 명리학에서는 '시'를 '명'의 실질적 내용으로 삼게 된다.[3]

---

3) 인간의 운명을 다루는 명리학의 주요 내용은 '사주'(四柱)에 대한 분석인데, '사주' 즉 년(年).월(月) 일(日) 시(時)는 바로 네 종류의 '時'를 말한다.

【7장】

生死

죽음을 받아들여 죽음을 극복하다

삶을 좋아하는 것은 미혹된 일이 아님을 내 어찌 알겠는가!
죽음을 싫어하는 것은 어릴 때 고향을 떠나
돌아갈 줄 모르는 것과 다르지 않음을 내 어찌 알겠는가!
(予惡乎知, 說生之非惑邪! 予惡乎知, 惡死之非弱喪而不知歸者邪!)

죽음! 이것은 달구어진 쇠처럼 아주 단단한 단어다. 거기에는
삶에 대한 강한 의지와 삶의 힘겨움이 함께 담겨 있다. 우리 삶
은 매 순간 무수한 불확실성의 터널을 통과한다. 미래에 어떤 삶
이 펼쳐질지 아무도 알 수 없다. 확실한 것은 하나뿐. 그것은 우
리 모두 결국 터널의 '끝', 즉 죽음을 향해 달려가고 있다는 사
실이다. 지금은 '살아 있는 사람'이지만 언젠가는 '죽은 사람'
이 된다. 그러니까 삶이란 매일 조금씩 죽음을 향해 가는 과정인
셈이다.

그러므로 살아 있는 사람이라면 누구나 죽음이 무엇인지 '거
의' 알고 있다. 언젠가는 불가피하게 직면할 '현실'이라는 것도
모르지 않는다. 사실 죽음은 낯선 것이 아니기에 더 두렵고 불안
하다. 그래서 피하려 하고, 잊으려 하고, 애써 간과하려 한다.[1] 그

---

1) 요로 다케시 지음, 김난주 옮김, 『죽음의 벽』, 3쪽.

러나 그림자에서 벗어나고자 달릴수록 그림자도 더 빨리 쫓아 오듯이, 죽음의 문제는 피하고 외면할수록 더욱 우리 주변을 맴 돈다. 피할 수도 외면할 수도 없는 이 운명적 고민! 이 때문에 일 찍부터 수많은 사상가들이 죽음에 대해 성찰해왔다.

장자의 경우는 어떤가? 중국 철학사에서 장자는 죽음에 대해 본격적인 사유를 시작한 최초의 사상가라 할 수 있다. 물론 장자 이전에 죽음에 대해 언급한 사상가가 없었던 것은 아니다. 가령 노자는 "나오는 게 삶이고 들어가는 게 죽음이다"(出生入死), "견 고하고 딱딱한 것은 죽음의 무리이고, 부드럽고 약한 것은 삶의 무리다"(堅强者死之徒, 柔弱者生之徒), "계곡의 신은 죽지 않는다" (谷神不死) 등과 같은 발언을 했고, 공자도 "아직 삶도 제대로 알 지 못하는데 어찌 죽음에 대해 알겠는가?"(未知生, 焉知死)라고 말 했다. 그러나 죽음과 관련된 이들의 발언은 지극히 단편적이고 피상적일 뿐, 본격적인 성찰에는 이르지 못하고 있다. 이에 반해 장자는 죽음의 성격과 본질에 대해 깊이 사색했고, 나아가 죽음 의 문제를 극복할 방법에 대해서도 논하고 있다.

죽음의 본질 및 성격에 대해 장자는 크게 세 가지 관점에서 접 근한다. 하나는 운명이고, 둘은 변화이며, 셋은 제물(齊物)이다.

우선, 장자는 우리에게 죽음은 인간에게 주어진 운명이라는 사실을 받아들이라고 촉구한다. 그는 「대종사」편에서 말한다. "삶과 죽음은 운명이니, 마치 밤과 낮이 일정하게 번갈아 갈마드는 자연현상과 같다."(死生, 命也, 其有夜旦之常, 天也.) 밤과 낮이 번갈아 나타나는 것은 자연계의 일상적 법칙이며, 이는 인간의 힘으로 어찌할 수 없다. 삶과 죽음도 그러하니, 우리 인간에게 주어진 운명으로 받아들여야 한다는 것이다.

다음으로, 장자는 변화의 관점에서 죽음 문제에 접근한다. 앞서 '나비 꿈' 이야기에서 물화(物化)라는 말이 나왔다. '물화'의 구체적 의미에 대해서는 여러 가지 해석이 가능하지만 일차적 의미는 변화에 있다. 장자가 나비가 되고 또 나비가 장자가 되듯이, 모든 사물은 끊임없는 변화의 과정에 놓여 있다는 것이다. 이런 관점에서 바라보면 삶과 죽음은 단지 자연에서 일어나는 여러 변화 과정 중 하나에 지나지 않는다. 그러니 삶을 얻었다 해서 크게 기뻐할 것도 없고, 죽음에 이르렀다 해서 크게 슬퍼할 일도 아닌 것이다. "옛날의 진인은 삶을 기뻐할 줄 모르고 죽음을 슬퍼할 줄 몰랐다. 그러므로 태어나도 좋아하지 않았고 죽게 되어도 거부하지 않았다. 그저 무심히 오고 무심히 갈 뿐이었다."(古之眞人, 不知說生, 不知惡死. 其出不訴, 其入不距. 翛然而往, 翛然而來而已矣.)

마지막으로, 제물론의 관점에서 보면 삶과 죽음은 별개의 것이 아니다. 사람들은 대개 분별적 사고에 갇혀 있어, 이것과 저것을 구분하고 옳고 그름을 따지며 아름다움과 추함을 나눈다. 그리고 이러한 사고의 연장선상에서 삶은 좋은 것이요, 죽음은 싫은 것으로 차별한다. 장자는 이런 사고가 잘못되었음을 지적한다. '이것'이라는 관념은 '저것'이라는 관념에서 생겨나고, '옳음'이라는 관념은 '그름'이라는 관념에서 생겨난다.

이를 장자는 '방생설'(方生說)이라 말한다. 방생설에서 보면 가(可)는 곧 불가(不可)이고 불가(不可)는 곧 가(可)이듯이, 삶은 곧 죽음의 또 다른 모습이고 죽음은 곧 삶의 또 다른 모습이다.[2] 존재의 실상, 즉 근본자리에서 보면 삶과 죽음 사이의 구분은 아무런 의미가 없다.

---

2) 『장자』「제물론」, "物无非彼, 物无非是. 自彼則不見, 自是則知之. 故曰彼出於是, 是亦因彼. 彼是方生之說也. 雖然, 方生方死, 方死方生, 方可方不可."

나뭇잎이 진다고 통곡할 것인가?

노자가 죽었다. 진일(秦失)이 조문을 갔는데 단지 세 번 곡을 하고 나왔다.

노자의 제자가 물었다.

"저희 선생님의 친구가 아닙니까?"

진일이 대답했다.

"친구지."

"그런데 그렇게 대충 조문을 해도 됩니까?"

진일이 말했다.

"그렇다. 처음에 나는 여기 모인 사람들이 노자의 참된 제자들인 줄 알았다. 그런데 지금 보니 아니다. 아까 내가 조문을 하려고 들어가니, 노인네들은 마치 자식을 잃은 듯 슬피 울고, 젊은이들은 부모를 잃은 듯 슬피 울고 있더군. 그들이 이렇게 모여 울고 슬퍼하는 것은 노자가 슬퍼하길 원치 않는데도 슬퍼하는 것이고, 노자가 곡하길 바라지 않는데도 곡하는 것이다. 이는 자연의 이치에 어긋나는 행위이고 자연으로부터 받은 본성을 잃는 행위다. 옛사람들은 이런 것을 '자연을 배반하는 죄'(遁天之刑)라고 했다.

어쩌다 이 세상에 태어난 것은 선생이 올 때가 되었기 때문이고, 이 세상을 떠나간 것도 선생이 갈 때가 되었기 때문이다. 편안히 때를 받아들이고 순리를 따른다면 슬픔과 기쁨이 끼어들 수 없다. 옛사람들은 이것을 가리켜 현해(懸解)라 했다. (양생주)

老聃死, 秦失弔之, 三號而出.
弟子曰 : "非夫子之友邪?"
曰 : "然."
"然則弔焉若此, 可乎?"
曰 : "然. 始也, 吾以爲其人也, 而今非也. 向吾入而弔焉, 有老者哭之, 如哭其子; 少者哭之, 如哭其母. 彼其所以會之, 必有不蘄言而言, 不蘄哭而哭者. 是遁天倍情, 忘其所受. 古者, 謂之遁天之刑. 適來, 夫子時也; 適去, 夫子順也. 安時而處順, 哀樂不能入也, 古者謂是帝之懸解."

노자는 생몰연대가 불분명한 인물이다. 사마천의 『사기』에는 노자가 주나라가 망할 무렵 함곡관을 넘어 서쪽으로 사라졌다고 기록되어 있다. 또 어떤 전설에 의하면 신선이 되어 하늘로 올라갔다고들 한다. 현재 노자의 고향으로 알려진 중국의 허난성(河南省) 루이(鹿邑)에는 노자가 신선이 되어 날아갔다고 하는 '노군대'(老君臺)가 남아 있다. 이처럼 노자의 자취에 대해 여러 이야기가 전해지는 것은 애초에 노자라는 인물이 생몰 자체가 불확실한 신비의 인물이기 때문이다. 장자는 이런 인물의 죽음에 대해 말하고 있다. 물론 장자의 순수 창작이다. 자신의 생사관을 밝히기 위해 노자의 죽음이라는 상황을 가정하고 있는 것이다.

노자가 죽자 그의 친구 진일이라는 이가 문상을 왔다. 그러고는 가볍게 세 번 곡을 하고 문상을 마쳤다. 우리 식으로 하자면 '아이고, 아이고, 아이고' 세 번 짧게 곡만 했다는 것이다. 이를 지켜보던 노자의 제자는 진일의 행위를 이해할 수 없었다. 그가 보기에 진일의 문상 태도는 너무 형식적이고 진정성이 없었다. 그래서 진일을 향해 '절친한 친구의 죽음에 대해 그렇게 대충 문상해도 되느냐'고 비난했다. 그의 비난은 다른 문상객들과 비교해 당연한지도 모른다. 노자의 죽음을 맞닥뜨려 "노인네들은 마치 자식을 잃은 듯 슬피 울고, 젊은이들은 마치 부모를 잃은 듯 슬피 울고" 있었기 때문이다. 이에 반해 진일의 행동은 고

生死

인에 대한 친구의 도리를 다하지 못한 몰상식하고 무례한 모습으로 보일 수밖에 없었다.

이러한 비난에 대해 진일은 오히려 실망한다. 노자는 세상이 다 아는 진인(眞人)이다. 천지자연의 이치와 생사의 도리를 온전히 깨닫고 세상 사람들에게 가르침을 남기고 떠난 이다. 그러한 가르침을 배우고 그 정신을 따르는 무리들이 마치 자식을 잃은 듯 부모를 잃은 듯 슬피 울고 있으니, 노자의 가르침을 제대로 이해하고 실천하지 못하는 것 아니냐는 질책이다.

죽음은 대개 필연적으로 다가오는 인생 최대의 사건으로 여겨진다. 그것은 익숙한 것들과의 완전한 단절, 그리고 남은 자들에게 엄청난 슬픔과 상실감을 남기는 것으로 인식된다. 그래서 우리는 죽음에 특별한 의미를 부여하고, 주변의 죽음에 특별하게 반응한다. 가까운 친지가 죽으면 애도하면서 엄숙한 절차를 밟아 장례를 치른다.[1] 그러나 장자는 죽음에 특별한 의미를 부여하고 특별하게 반응하는 것 자체에 반대한다. 그 이유는 무엇인가?

첫째, 생사는 인간의 힘으로 어쩔 수 없는 것, 그러므로 운명으로 받아들여야 한다고 보기 때문이다. 장자는 「대종사」편에서 말한다. "삶과 죽음은 운명이니, 마치 밤과 낮이 일정하게 번

---

[1] 유교의 예법에서는 부모님이 돌아가시면 3년 동안 일체의 생업을 접고 부모를 잃은 슬픔에 잠겨 있어야 한다. 이러한 예법은 자식이 태어나면 최소한 3년 동안 부모의 헌신적인 보살핌을 받고 나서야 어느 정도 생존이 가능하다는 생물학적 사실에 근거를 둔다.

갈아 갈마드는 자연현상과 같다. 사람의 힘으로는 어찌할 수 없는 것들이 있으니, 이런 게 모두 사물의 참모습이다."(死生, 命也, 其有夜旦之常, 天也. 人之有所不得與, 皆物之情也.) 밤과 아침이 무한히 반복되는 것처럼 자연에는 일정한 도리가 존재한다. 이는 인간의 힘으로 어쩔 수 없는 운명적인 것이므로 그것을 거부하거나 외면하지 말고 편안히 받아들여야 한다. 삶과 죽음이 바로 그러한 범주에 속한다고 본 것이다.[2]

둘째, 삶과 죽음은 지극히 자연스러운 현상에 불과하다고 보기 때문이다. 이야기 속 노자의 가르침(즉 장자 본인의 관점)에서 보면 삶과 죽음은 별다른 게 아니다. "이 세상에 태어난 것은 올 때가 되었기 때문이고, 이 세상을 떠나간 것은 갈 때가 되었기 때문이다." 즉 태어남과 죽음은 인생의 특별한 사건이 아니라 단지 시간의 흐름에 따르는 자연스러운 현상에 지나지 않는다는 것이다. 이 점에 대해서는 『노자』에도 이미 언급된 바 있다. "세상 밖으로 나오는 게 삶이고, 온 곳으로 돌아가는 게 죽음이다."(出生入死) 삶과 죽음의 문제에 대한 이런 태도는 장자의 안시처순(安時處順) 사상과 맞물려 있다. 앞서 6장에서도 언급했듯이, 장자는 시(時) 즉 때에 맞게 살아가는 것을 안명(安命)의 또 다른 형태로 보았다.

---

2) 장자가 생각하는 운명적인 것은 단지 삶과 죽음에 그치지 않는다. 「덕충부」편에서는 또 다음과 같이 말한다. "죽음과 삶, 존재함과 사라짐, 곤궁과 영달, 현명함과 어리석음, 비방과 칭찬, 굶주림과 목마름, 추위와 더위, 이런 것들은 모두 사물의 변화이자 천명의 운행이다."(死生存亡, 窮達貧富, 賢與不肖毁譽, 飢渴寒暑, 是事之變, 命之行也.)

장자 철학에서 만물은 끊임없는 변화의 과정에 놓여 있다. 봄이 오면 꽃이 피고 가을이 되면 낙엽이 떨어지듯이, 인간의 태어남과 죽어감도 그저 우주에 나타나는 여러 변화 현상들 중 하나에 지나지 않는다. 봄이 되어 새싹이 돋고 꽃이 핀다고 해서 요란하게 잔치를 벌이거나, 가을이 되어 나뭇잎이 떨어진다고 해서 목 놓아 통곡할 이는 없다. 혹 있다 해도 감수성이 예민한 사춘기 시절 한두 번이면 족하다.

그런데 노자의 가르침을 받고 노자를 따르는 무리들이 노자의 죽음에 대해 사랑하는 자식이나 부모가 죽은 것처럼 슬피 울고 통곡하고 있으니, 이는 노자가 진심으로 바라는 바가 아니라는 지적이다. 노자와 같은 길을 가고 있는 진일의 관점에서 보면, 이런 행위는 "자연의 이치에 어긋나는 행위이고 자연으로부터 받은 본성을 잃는 행위"이며, "자연을 배반하는 죄"에 해당한다. "편안히 때를 받아들이고 순리를 따른다면 슬픔과 기쁨이 끼어들 수 없다"고 보기 때문이다. 우리 인생에 나타나는 자연적인 흐름을 있는 그대로 받아들이고 인정한다면, 삶과 죽음에 대해 특별하게 반응할 일이 없다는 말이다.

이처럼 삶과 죽음에 초연할 수 있는 경지에 이른 상태를 장자는 '현해'라 표현했다. 삶에 집착하고 죽음을 두려워하는 태도에서 벗어났을 때, 비로소 우리는 거꾸로 매달리는 고통에서 풀려난 듯한 해방감을 느끼게 될 것이다.

삶을 미루어 죽음을 짐작하지 말라

삶을 좋아하는 것은 미혹된 일이 아님을 내 어찌 알겠는가! 죽음을 싫어하는 것은 어릴 때 고향을 떠나 돌아갈 줄 모르는 것과 다르지 않음을 내 어찌 알겠는가!

여희는 애(艾)라는 곳 국경지기의 딸이었다. 처음 진(晉)나라에 잡혀갈 때는 울며불며 눈물로 옷깃을 흠뻑 적시었다. 그러나 왕의 처소에 이르러 왕과 함께 좋은 침상에서 자고 맛있는 음식을 먹은 후에는 지난날 울고불고 했던 일을 후회했다. 이와 마찬가지로 죽은 사람들도 전에 삶에 집착했던 일을 후회하지 않을 줄 내 어찌 알겠는가?

生死

꿈에 즐겁게 술을 마시던 자가 아침에 깨어나 슬피 울기도 하고, 꿈에 슬피 울던 자가 아침에 일어나 즐겁게 사냥을 가기도 한다. 꿈을 꿀 때는 그것이 꿈인 줄 모른다. 심지어 꿈속에서 또 꿈을 꾸며 그 꿈을 해몽하기도 한다. 그러다 잠에서 깨어난 후에야 그것이 꿈인 줄 알게 된다. 크게 깨어난 이후에야 비로소 그것이 커다란 꿈이었다는 사실을 알게 될 것이다. 그러나 어리석은 자는 스스로 깨어 있는 것처럼 여기고 우쭐거리며 아는 체를 한다. 임금이라 하여 우러러 받들기도 하고, 목동이라 하여 천시하기도 한다. 그러나 참으로 고루한 짓들이다. (제물론)

予惡乎知說生之非惑邪! 予惡乎知惡死之非弱喪而不知歸者邪!

麗之姬, 艾封人之子也. 晉國之始得之也, 涕泣沾襟. 及其至於王所, 與王同筐牀, 食芻豢, 而後悔其泣也. 予惡乎知夫死者不悔其始之蘄生乎!

夢飲酒者, 旦而哭泣; 夢哭泣者, 旦而田獵. 方其夢也, 不知其夢也. 夢之中又占其夢焉, 覺而後知其夢也. 且有大覺而後知此其大夢也. 而愚者自以爲覺, 竊竊然知之. 君乎, 牧乎, 固哉!

이 이야기는 구작자(瞿鵲子)와 장오자(長梧子)의 대화 중 일부다. 구작자가 공자로부터 들은 성인의 경지를 말하고 그것에 대한 장오자의 평가를 부탁한다. 이에 대해 장오자는 물아일체의 도를 이루어 분별의식에서 벗어난 성인의 높은 경지를 언급하면서 삶과 죽음의 문제를 예시로 들어 설명하고 있다.

이야기에 등장하는 여희는 고대 중국의 3대 미인[1] 중 한 사람으로 춘추시대 진(晉) 헌공(獻公)과 관련이 있는 여인이다. 진 헌공은 우리에게 잘 알려져 있는 순망치한(脣亡齒寒) 고사의 주인공이기도 한데,[2] 주변의 크고 작은 국가들을 하나씩 점령해가던 중에 그는 서쪽 오랑캐 국가였던 여(驪)를 침략했다. 이 전쟁에서 승리한 헌공은 돌아오는 길에 여융의 딸들인 여희(驪姬)와 그 여동생을 얻어 궁궐로 데려갔던 것이다.[3]

장자는 이 이야기를 통해 죽음에 대한 우리의 일반적 태도(두려움, 공포, 기피)가 과연 타당한지 묻는다. 대개 사람들은 죽음을 싫어하고 기피하는데 그렇게 하는 근본적 이유는 무엇인가? 생명에 대한 집착? 사랑하는 사람들을 볼 수 없는 아쉬움? 가진 것

---

1) 모장(毛嬙), 서시(西施), 여희(驪姬)를 말한다.

2) 진(晉)나라 헌공(獻公)은 순식(荀息)을 시켜 우(虞)나라 군주에게 길을 빌려 괵(虢)나라를 치게 했다. 이에 순식은 진 헌공이 아끼던 수극(垂棘)의 옥과 굴산(屈産)에서 나는 좋은 말을 우나라 군주에게 뇌물로 주면서 길을 빌려줄 것을 요청했다. 이때 우(虞)의 신하 궁지기(宮之奇)가 순망치한(脣亡齒寒)의 논리를 들어 결코 길을 빌려주어서는 안 된다고 간언했다. 그러나 진나라의 보물이 탐났던 우나라 군주는 마침내 길을 빌려주었으며, 길을 빌린 진나라 군대는 괵을 멸망시키고 돌아오는 길에 우(虞)도 함께 멸망시켰다. 이 이야기는 『좌전』 「희공오년」(僖公五年), 『한비자』 「십과」(十過), 그리고 『여씨춘추』 「권동」(權動) 등에 실려 있다.

3) 헌공은 그녀들을 지극히 사랑해 각각으로부터 해제(奚齊)와 탁자(卓子)를 얻게 된다. 얼마 후 여희를 총애한 헌공은 기존의 태자 신생(申生)을 죽이고 여희의 아들 해제를 새로운 태자로 삼기에 이른다. 훗날 헌공이 죽고 해제가 군주가 되었으나 해제는 신하 이극(里克)에 의해 피살되었고, 해제의 뒤를 이어 탁자가 군위(君位)에 올랐으나 그 역시 이극에 의해 살해되고 여희도 죽임을 당했다. 이후 진나라는 군위(君位)의 계승을 둘러싸고 지속적인 혼란을 겪게 된다.

　　　　　　　　　　　　　　　　　　　　生死

에 대한 욕심? 이런 것들도 중요하겠지만, 더 깊이 들어가보면 죽음에 대한 막연한 두려움 때문일 것이다.

그 두려움은 어디서 오는가? 그것은 아마 우리가 죽음에 대해 잘 알지 못한다는 사실, 즉 죽음에 대한 무지에 기인할 것이다. 우리는 죽음을 직접 경험해본 적이 없다. 죽은 사람이 다시 돌아와 사후 세계에 대해 알려준 적도 없다. 죽음에 대해 우리가 알고 있는 지식과 정보는 대부분 간접적인 것들이다. 타인의 죽음이 우리에게 주는 이미지는 대개 싸늘함, 침묵, 이별, 상실 등이다. 또한 각종 종교적 교리에서 얻게 되는 사후 세계의 정보들은 저마다 제각각이고 서로 모순되기도 한다. 우리는 죽음에 대해 제대로 알고 있는 것이 없다. 이런 현실이 바로 죽음에 대한 막연한 두려움의 원천이다.

여희는 진나라 군사들에게 잡혀갈 때 울며불며 몸부림쳤다. 정든 고향, 사랑하는 가족, 친구들을 떠나 낯선 곳으로 떠나야 한다는 게 너무 두려웠기 때문이다. 그러나 막상 웅장한 궁궐에 도착해 왕의 여인이 되어 편안한 잠자리, 맛있는 음식, 화려한 의복 등을 누리게 되었을 때 그녀의 생각은 어땠는가? 끌려올 때 울고불고 했던 자신의 행동을 오히려 부끄럽게 여겼다. 그만큼 궁궐에서의 삶이 즐겁고 행복했던 것이다. 궁궐에서의 화려하고 안락한 삶에서 되돌아본 과거, 즉 궁벽한 고향에서 헐벗고 굶주리며 살았던 지난날의 기억은 차라리 끔찍한 악몽으로 여겨졌을 것이다.

우리가 두려워하는 죽음도 어쩌면 이런 것일 수도 있지 않을까? 그토록 가기 싫어했던 죽음의 세계가, 그토록 피하고자 했던 죽음의 문턱이, 막상 들어서면 전혀 새롭게 펼쳐지는 아름답고 행복한 곳이 아니라고 누가 장담할 수 있겠느냐는 것이다.[4] 울며불며 억지로 끌려가던 여희가 나중에 느꼈듯이 말이다.

　물론 장자가 죽음 자체를 미화하기 위해 이런 이야기를 들려준 것은 아니다. 죽음을 찬양하고 삶을 거부하라고 충동질하는 것은 더더욱 아니다. 다만 삶만 알고 죽음을 모르는 상태에서 죽음을 나쁜 것으로 판단하는 일방적인 태도를 버리라는 것이다. 부분을 통해 전체를 판단하려는 오류를 경계하라는 것이다. 현재 자신이 알고 있는 생각을 절대 기준으로 삼지 말라는 것이다.
　장자의 이런 생각은 일반 사람들에게 쉽게 와 닿지 않을 수 있다. 그래서 장자는 다시 꿈과 현실의 비유를 들어 설명한다. "꿈에 즐겁게 술을 마시던 자가 아침에 깨어나 슬피 울기도 하고, 꿈에 슬피 울던 자가 아침에 일어나 즐겁게 사냥을 가기도 한다." 꿈을 꾸는 동안은 꿈이 꿈인 줄 알지 못한다. 꿈의 상태는 모든 게 혼돈스럽고 분명하지 않다. 자신이 잠자고 있다는 사실도 인식하지 못하고, 꿈꾸고 있다는 사실도 알지 못한다. 그 상태로 우리는 실재하지 않는 고통에 괴로워하고, 실재하지 않는

---

4) 간혹 임사체험을 했던 사람들로부터 사후 세계에 대한 아름답고 환상적인 목격담(?)을 듣기도 한다. 밝은 빛이 인도하는 길을 따라갔더니 온갖 꽃들이 만발한 아름다운 세상이 나타났다는 식이다.

쾌락에 즐거워한다. 심지어 꿈속에서 또 꿈을 꾸고 그것을 해몽해보는 미혹된 행위를 하기도 한다. 이는 모두 미몽 속에 갇혀 있기 때문이다. 그러다 깨어나면 모든 게 분명해진다. 꿈속에서 울고 웃던 일들이 모두 허상에 불과하다는 사실이.

꿈에 갇힌 사람이 꿈을 현실로 착각하듯이, 아집에 갇힌 사람은 현재 자신이 알고 있는 것을 전부라 여긴다. 죽음에 대한 통념도 어쩌면 꿈속에 갇힌 사람의 판단은 아닐지. 죽음을 경험해보지 못했으면서 삶은 좋고 죽음은 나쁘다고 단정할 수 있을까. 이는 어리석은 사람이 스스로 깨어 있는 것처럼 우쭐거리며 모든 것을 아는 체하는 것과 같다. 꿈에서 깨어난 제물(齊物)의 세계에서는 삶이 곧 죽음이고 죽음이 곧 삶인데 말이다.[5]

---

5) "物无非彼, 物无非是. 自彼則不見, 自是則知之. 故曰彼出於是, 是亦因彼. 彼是方生之說也. 雖然, 方生方死, 方死方生."

본래의 고향으로 돌아가는 길

　장자의 아내가 죽었다. 혜자(惠子)가 문상을 갔더니 장자가 다리를 쩍 벌리고 앉아 술항아리를 두드리며 노래를 부르고 있었다.

　혜자가 말했다.

　"자네의 아내는 자네와 함께 살며 자식을 키우다 이제 늙어 죽었네. 곡을 하지 않는 정도야 그런대로 봐줄 수 있지만, 술항아리를 두드리며 노래를 부르는 것은 너무 심하지 않은가!"

　장자가 말했다.

　"그렇지 않다네. 아내가 처음 죽었을 때 나 또한 어찌 슬프지

　　　　　　　　　　　　　　　　　　　　生死

않았겠는가? 그런데 가만히 아내의 근본을 따져보니 본래 삶이
란 게 존재하지 않았네. 삶이 존재하지 않았을 뿐 아니라 애초에
형체조차 없었네. 형체가 없었을 뿐 아니라 근본적으로 기(氣)조
차 없었네.

　그저 흐릿하고 가물한 가운데 뒤섞여 있다가 우연히 변해서
기가 되었고, 기가 변해서 어떤 형체가 나타나게 되었으며, 형체
가 변해서 하나의 생명이 있게 되었네. 내 아내는 지금 다시 변
해서 죽음으로 돌아갔으니, 이는 춘하추동 사계절과 함께 운행
하는 것과 같네.

　또한 지금 아내는 천지라고 하는 거대한 방에 편안히 누워 있
네. 그런데 꺼이꺼이 울며 통곡한다면 이는 하늘의 명(命)을 알
지 못한 행위라는 생각이 들었네. 그래서 곡을 그쳤다네." (지략)

　莊子妻死, 惠子弔之, 莊子則方箕踞鼓盆而歌.

　惠子曰 : "與人居, 長子老身死, 不哭, 亦足矣, 又鼓盆而歌, 不亦
甚乎!"

　莊子曰 : "不然. 是其始死也, 我獨何能无槪然! 察其始而本无
生, 非徒无生也而本无形, 非徒无形也而本无氣. 雜乎芒芴之間,
變而有氣, 氣變而有形, 形變而有生, 今又變而之死, 是相與爲春
秋冬夏四時行也. 人且偃然寢於巨室, 而我噭噭然隨而哭之, 自以
爲不通乎命, 故止也."

앞서 장자의 글들에서 우리는 생사에 대한 장자의 생각을 보았다. 첫째, 생사는 인간의 힘으로 어쩔 수 없는 사건이므로 죽음을 편안히 운명으로 받아들여야 한다. 둘째, 삶과 죽음은 시간 흐름에 따른 자연스러운 현상일 뿐이므로 일일이 특별하게 반응할 필요가 없다. 셋째, 삶만 알고 죽음을 모르는 상태에서 죽음을 나쁜 것으로 판단하는 일방적인 태도를 버려라. 장자 후학의 작품인 「지락」(至樂)편에서는 생사의 문제에 대한 장자의 생각에 한 가지를 더 추가하고 있다. 삶과 죽음은 결국 기(氣)의 변화 현상에 불과하다는 생각이다.

중국 사상사에서 '기' 개념은 『시경』에서부터 찾아볼 수 있지만[1] 그것이 널리 쓰이고 보편화된 것은 전국시대 중엽 이후부터다.[2] 전국 말기에 이르러 '기'와 '음양' 개념이 결합하면서, 사람들은 만물의 생성과 변화 과정 전체를 기와 음양에 의해 설명하고 이해하게 되었다. 이윽고 '기'는 사물의 생성과 변화를 설명하는 가장 기본적인 요소가 되었다. 이런 경향은 장자 후학의 저술인 『장자』「지북유」(知北遊)편에 다음과 같이 나타난다. "삶은 죽음의 동료이고 죽음은 삶의 시작이다. 누가 그 이치를 알겠는가! 사람이 태어나는 것은 기의 모임이다. 기가 모이면 태어나

---

1) 춘추시대나 전국 초기만 하더라도 '기'(氣) 자는 드물게 나타난다. 『상서』(尚書) 『역경』(易經) 『춘추』(春秋)의 본문에는 '氣' 자가 나오지 않는다. 단지 『시경』(詩經)에서 '氣'와 유사한 '희'(饎) 자가 나올 뿐이다. 춘추 말기에 이르러 『노자』에 3회, 『논어』에 4회 정도 나온다.
2) 『맹자』에 19회, 『장자』에 39회, 『순자』에 22회 정도 나온다.

고 기가 흩어지면 죽게 된다. … 그러므로 '세상을 두루 관통하는 것은 하나의 기운일 뿐이다'라고 말하는 것이다."(生也死之徒, 死也生之始, 孰知其紀! 人之生, 氣之聚也; 聚則爲生, 散則爲死… 故曰; 通天下一氣耳.)

이런 관점에서 바라보면 인간이 태어나고 죽는 것은 천지에 가득 널려 있는 기가 모이거나 흩어진 결과로, 자연의 끊임없는 변화 현상들 중 하나일 뿐이다. 이처럼 삶과 죽음을 기의 취산(聚散) 현상으로 바라보게 되면, 삶과 죽음에 대해 그리 심각하게 생각할 필요가 없게 된다. 앞의 이야기는 이런 기론적 사유를 반영하고 있다.

함께 살던 가족 중 누군가 먼저 죽게 되면 대개 우리는 깊은 슬픔에 잠긴다. 부모가 돌아가시면 하늘이 무너지고 땅이 꺼지는 듯한 슬픔이 찾아오고, 형제가 죽으면 한쪽 팔이 떨어져 나간 허전함을 느끼며, 배우자가 죽으면 자기 몸의 절반을 상실한 듯한 고독감을 느끼게 되고, 자식이 죽으면 영원히 가슴에 묻는 아픔을 겪는다. 이런 것이 인지상정(人之常情), 즉 사람들의 보편적 감정이다. 그런데 장자는 아내의 죽음 앞에서 항아리를 두드리며 노래를 부르고 있었다. 목 놓아 통곡해도 시원치 않을 판에…. 우리의 이성적이고 상식적인 관점에서 장자의 행위는 도저히 이해되지 않고 용납도 되지 않는다.

만약 친구가 이러고 있다면 어떻게 하겠는가? 아마 대부분 혜자처럼 호통을 치지 않을까? 그러나 장자의 생각은 우리와 달랐다. 그는 죽음이라는 사건이 주는 현상적 감정에 매몰되지 않고 죽음 너머의 존재 본질에 대해 생각했다. '삶과 죽음의 본질은 무엇인가?' '내 아내는 어디서 왔다가 어디로 갔을까?'

처음, 아내가 죽었을 때 장자 역시 깊은 슬픔에 잠겼노라고 고백한다. 그러다가 장자는 가만히 아내라는 존재의 근본에 대해 생각해보게 되었다. 근본을 따지고, 그 근본의 근본을 헤아려보고, 또 그 근본의 근본의 근본을… 계속 추적해보았다. 결국 장자의 사념은 아무런 사물도 존재하지 않았던 '태초'에까지 이르게 되었다.

하늘도 땅도 존재하지 않고 시간조차 흐르지 않던 태초가 있었다. 모든 게 흐릿하고 가물하기만 한 혼돈이었다. 그러다 우연히 그 가운데서 기가 형성되기 시작했고, 이윽고 시간이 흐르면서 기가 뭉치고 흩어지기를 반복했으며, 그 과정에서 점차 어떤 형체들이 만들어지기 시작했다. 이런저런 형체들이 만들어지고, 거기에 우연과 우연이 겹치면서 일부 형체들에서 생명 현상이 나타나게 되었고, 그것이 변하고 변하고 또 변하여 결국 인간이 만들어졌으며, 그중 한 존재가 장자의 '아내'로 오게 되었다는 것이다. 지금 그 '아내'가 죽음이라는 변화 과정을 통해 왔던 곳으로 다시 돌아가고 있다. 고향으로 돌아간 것은 축하할 일이지 결코 슬퍼할 일이 아니다. 생각이 여기까지 이르자 장자는 곡을 하는 대신 노래를 부르게 되었다는 것이다.

生死

삶과 죽음에 대한 기론적인 이해가 장자 본인의 사유라고 볼
수는 없다. 이러한 사유가 가능하려면 우주생성론에 대한 관심
과 의식이 있어야 하는데 장자가 살던 당시에는 아직 우주생성
론이 구체적으로 드러나지 않았기 때문이다. 장자 본인의 글로
알려진 내편에 '기'(氣) 자가 10여 회 등장하고 있기는 하지만
대부분 우주생성론과 관련 없는 글이다.

그렇다면 앞의 이야기는 장자의 생사관에서 어떤 의미를 지
니게 되는가?

앞서 장자는 삶과 죽음을 자연계에서 진행되는 자연스러운
변화의 한 과정으로 바라보았다고 했다. '노자의 죽음' 이야기
에서 보았듯이 "이 세상에 태어난 것은 올 때가 되었기 때문이
고, 이 세상을 떠나간 것은 갈 때가 되었기 때문이다." 태어남과
죽음은 인생의 특별한 사건이 아니라 단지 시간의 흐름에 따른
자연스러운 현상일 뿐이다.

「지락」편은 이러한 장자의 사유를 기론의 관점에서 해석한 것
이라 할 수 있다. 자연의 변화 현상을 구체적으로 기의 변화 현
상으로 재해석한 것이다. 전국 말기에 이르면 우주만물의 본질
은 '기'로 파악되었고, 이러한 기론은 다시 음양오행론과 결합
돼 사계절의 변화를 비롯한 일체의 자연현상을 음양 오기(五氣)
의 상호작용과 성쇠(盛衰) 과정으로 이해하기에 이르렀다. 이러
한 기화우주론(氣化宇宙論)을 만나, 인간의 삶과 죽음도 단지 기
의 취산(聚散) 현상으로 이해하게 된 것이다.

죽음을 찬양하는 무리들

장자가 초(楚)나라로 가던 길에 앙상하게 형체만 남은 빈 해골을 보았다. 장자가 말채찍으로 해골을 툭툭 치면서 말했다.

"그대는 인간의 도리를 잃을 정도로 목숨에 연연하다가 이 꼴이 되었는가? 나라를 망치는 죄를 지어 형벌을 받아 이 꼴이 되었는가? 못된 짓을 하다가 부모와 처자에게 부끄러움을 남기기 싫어 이 꼴이 되었는가? 추위와 배고픔에 시달리다 이 꼴이 되었는가? 수명이 다해 늙어 죽어 이 꼴이 되었는가?"

말을 마치고 장자는 해골을 끌어당겨 베고 누워 잠들었다.

한밤중에 해골이 꿈에 나타나 말했다.

"그대의 말은 마치 변사처럼 유려하더군. 그러나 그대의 말은 모두 살아 있는 사람들이 겪는 괴로움에 관한 것이네. 죽으면 그런 게 모두 사라지지. 죽음의 즐거움에 대해 한번 들어볼 텐가?"

장자가 말했다.

"좋네, 한번 들어보세."

해골이 말했다.

"죽으면 윗사람과 아랫사람을 구분하면서 임금이니 신하니 하는 게 없다네. 또한 사계절의 변화도 없고, 편안히 천지와 더불어 영원한 수명을 누리네. 그러니 임금이 누리는 즐거움이라 해도 여기에 미치지 못할 걸세."

장자가 말했다.

"내가 죽음을 관장하는 신에게 부탁하여 그대의 몸을 다시 살리고 뼈와 피부를 만들어 그대의 부모와 처자와 고향의 지인들에게 돌아가게 해준다면 어떻겠는가?"

해골이 인상을 찡그리며 대답했다.

"내 어찌 임금의 즐거움을 버리고 다시 고달픈 인간 세상으로 돌아가고 싶겠나?" (지략)

莊子之楚, 見空髑髏, 髐然有形, 撤以馬捶因而問之, 曰 : "夫子貪生失理, 而爲此乎? 將子有亡國之事, 斧鉞之誅, 而爲此乎! 將子有不善之行, 愧遺父母妻子之醜, 而爲此乎? 將子有凍餒之患, 而爲此乎? 將子之春秋故及此乎?"

於是語卒, 援髑髏, 枕而臥.

夜半, 髑髏見夢曰: "子之談者似辯士. 視子所言, 皆生人之累也, 死則无此矣. 子欲聞死之說乎?"

莊子曰: "然."

髑髏曰: "死, 无君於上, 无臣於下; 亦无四時之事, 從然以天地爲春秋, 雖南面王樂, 不能過也."

莊子不信, 曰: "吾使司命復生子形, 爲子骨肉肌膚, 反子父母妻子閭里知識, 子欲之乎?"

髑髏深矉蹙頞曰: "吾安能棄南面王樂而復爲人間之勞乎!"

〰️

이 또한 장자 후학의 글이다. 장자의 생사관을 나름대로 재해석하여 또 하나의 이야기를 꾸민 것이다.

우선 이 이야기의 구성 형식을 보면 「인간세」편에 나오는 '사당나무' 이야기와 매우 유사하다. '사당나무' 이야기에서 장석이 제(齊)나라를 가던 길에 길가에 서 있는 거대한 사당나무를 보고 '쓸모없는 나무'라고 폄하한다. 그러자 억울함을 느낀 사당나무가 그날 밤 장석의 꿈에 나타나 장석의 평가가 옳지 않음을 논박한다. 여기서도 장자가 초나라로 가던 길에 해골을 보게 되고, 장자가 해골의 가련함을 동정하자 해골이 꿈에 나타나 장자의 생각이 잘못되었음을 논증하고 있다. 그러니까 이 글을 쓴 장자의 후학은 '사당나무 이야기'의 문체를 일부 모방하여 죽음의 문제에 대해 논하고 있는 것이다. 『장자』에는 이처럼 장자의 문체를 모방한 후학의 글을 종종 찾아볼 수 있다.

그러면 이 이야기를 통해 무엇을 말하고자 했을까? 일단 장자의 후학답게 저자는 죽음에 대한 장자의 생각을 계승하고자 했던 것으로 보인다. 장자가 그랬듯이 삶을 좋아하고 죽음을 싫어하는 사람들의 생각이 잘못되었음을 지적하고자 했을 것이다. 장자는 세상 사람들이 실제로 죽음을 겪어본 적도 없고 또 죽음에 대해 제대로 알아볼 생각도 하지 않은 채, 단지 죽음에 대한 막연한 두려움과 공포에 사로잡혀 삶에 집착한다는 점을 비판했다. 이 글의 저자도 해골의 입을 빌려 이 점을 역설한다.

그런데 너무 나갔다. 이 이야기에서는 아예 죽음을 긍정하고 적극적으로 찬양하고 있다. 이야기 속의 해골은 주장한다. '살아 있는 인간은 온갖 괴로움에 시달리지만 죽은 자는 그런 괴로움에서 벗어나게 된다. 부리는 자와 부림을 당하는 자의 구분도 없고, 자연의 변화로 겪게 되는 재해도 없으며, 더 이상 죽을 일이 없으니 천지자연과 더불어 영생을 누릴 수 있다.'

인간 세상의 임금이 누리는 즐거움이 아무리 크다 해도 자기네 죽은 자의 즐거움에는 미칠 수 없다는 것이다. 심지어 이야기 속의 장자가 해골을 되살려 인간 세상으로 돌아가게 해주겠다고 하자 펄쩍 뛰면서 "내 어찌 임금의 즐거움을 버리고 다시 고달픈 인간 세상으로 돌아가고 싶겠나?"라고 단호히 거절한다. 결국 해골의 주장을 단순화하면, '삶은 고통이고 죽음은 축복이다'라는 것이다.

삶을 부정하고 죽음을 긍정하는 사고는 『장자』 전체로 볼 때 상당히 특이한 태도다. 장자 본인의 글은 물론 『장자』의 외편이나 잡편에서도 찾아보기 힘든 독특한 사고다. 다만 이런 사고의 단초를 「지북유」편의 다음과 같은 글에서 찾아볼 수 있다.

사람이 천지 사이에 살고 있는 시간은 백마가 벽의 틈새를 지나가듯 순식간이다. 사물은 모두 자연의 변화에 따라 홀연히 나왔다가 홀연히 들어갈 뿐이다. 변화하여 생겨나는가 하면 변화하여 죽는 것이다. 이를 생물이나 인간은 애달파하고 슬퍼한다. 그러나 죽음이란 활집이나 옷고름을 끄르듯이 형체가 산산이 흩어지는 것이니, 혼백이 사라지면 몸도 사라진다. 이는 곧 위대한 복귀라 할 것이다!(人生天地之間, 若白駒之過郤, 忽然而已. 注然勃然, 莫不出焉; 油然漻然, 莫不入焉. 已化而生, 又化而死, 生物哀之, 人類悲之. 解其天弢, 墮其天袠, 紛乎宛乎, 魂魄將往, 乃身從之, 乃大歸乎!)

죽음이란 마치 활집이나 옷고름을 끄르듯이 몸과 영혼이 모두 흩어지고 사라지는 현상인데, 이는 본래 나온 곳 즉 대자연으로 돌아가는 '위대한 복귀'라는 것이다. 이런 관점에서 보면 우리 존재의 본질은 삶의 상태보다는 죽음의 상태라는 결론에 이를 수 있다. 다시 말해 우리의 삶이란 잠시 나타났다 사라지는 포말에 불과하고, 삶의 본질은 포말이 흩어져 돌아가는 바닷물처럼 우리의 육신이 죽어 돌아가는 대자연이라는 생각이 도출될 수 있다.

이러한 사고는 어쩌면 장자 본인의 철학에 이미 잉태되어 있었는지도 모른다. 앞서 '여희의 눈물' 이야기에서도 말하고 있다. "삶을 좋아하는 것은 미혹된 일이 아님을 내 어찌 알겠는가! 죽음을 싫어하는 것은 어릴 때 고향을 떠나 돌아갈 줄 모르는 것과 다르지 않음을 내 어찌 알겠는가!" 또 「대종사」편에서도 자상호가 죽었을 때 그의 친구인 맹자반과 자금장은 이렇게 노래했다. "아, 상호여. 아, 상호여. 그대는 이미 참된 곳으로 돌아갔는데 우리는 아직 사람이구나!"(嗟來桑戶乎! 嗟來桑戶乎! 而已反其眞, 而我猶爲人猗!) 이처럼 죽음을 '인간의 본래 고향', '참된 곳으로 돌아감' 등으로 표현함으로써 장자 자신도 죽음을 존재의 본질로 이해하는 듯한 여운을 남겼다.

그러나 그뿐이다. 장자의 글에 나타나는 이런 표현들은, 삶을 좋아하고 죽음을 싫어하는 일방적인 생각을 타파하기 위한 일종의 '극약처방'으로 보아야 할 것이다. 즉 죽음에 대한 공포와 두려움을 깨뜨리기 위해, 죽음이 그렇게 나쁜 것은 아닐 수 있다는 암시를 주기 위한 반어적 표현인 셈이다. 그런데 이러한 장자의 표현 방식이 하나의 빌미가 되어, 훗날 장자의 후학들 중 죽음을 긍정하고 심지어 찬양하는 무리까지 나타난 것이다.

8장

修養

마음을 비워 마음을 닦는다

"도는 오직 텅 빈 곳에 모이니,
마음을 텅 비우면 심재(心齋)에 이르게 될 것이다."
(唯道集虛. 虛者, 心齋也.)

전통적으로 동양의 학문은 지식의 축적보다는 마음공부를 더 중요시했다. 수양의 문제는 유불도 삼가(三家) 모두 지향하는 공통의 관심사였다. '수양'(修養)의 문자적 의미는 '닦고 기르다' 인데, 이때 '닦고 기름'의 대상은 마음이 된다. 마음을 대상으로 그것을 부지런히 닦고 올바르게 기르는 행위, 이것이 바로 일반적 의미의 수양이다. 이런 관점에서 보면 우리의 '마음'은 적극적으로 잘 보살피고 키워야 할 대상이 된다. 특히 유가의 수양론에서 마음은 도덕적 선(善)의 맹아를 지니고 있으며, 따라서 적극적으로 잘 보살피고 길러내야 하는 긍정적 대상이 된다.

그러나 장자는 다르다. 그는 기본적으로 인간의 마음에 대해 부정적이었다. 인간의 마음은 성심(成心)으로 흐르기 쉽다고 보기 때문이다. 그러므로 장자의 수양론은 '마음 기름'이 아니라 '마음 비움'에서 시작된다. 마음에 덮이고 쌓여 있던 비본래적인 것들을 제거함으로써 순수 자연의 상태를 회복하고자 한다. 그럼으로써 편견 없는 시야를 확보해 사물의 진상(眞相)을 온전히 파악하고, 있는 그대로 받아들이는 경지에 이르고자 한다. 마치 거울이 맑으면 오가는 사물들이 그대로 비치듯이 말이다.[1]

그러므로 장자 철학에서 마음 닦음은 마음에 쌓인 관념의 다발들을 해체하는 형태로 나타난다.[2] 우리 마음속에 뙈리 틀고 있던 성심(成心), 편견, 아집, 집착, 왜곡 등과 같은 관념의 다발들을 하나씩 덜어내고 해체한다. 이 과정에서 '심재'(心齋)가 언급되고, 해체가 완성된 상태를 '좌망'(坐忘)이라 부른다.

그러므로 심재와 좌망의 수양론에서는 필연적으로 '허'(虛) 즉 비움의 실천이 요청된다. 비우고 또 비워서 더 이상 비울 것이 없는 상태가 '심재'이고, 그 비움마저 잊어버린 상태가 바로 '좌망'이다. 그리고 좌망에 이르면 지혜의 빛이 아침 햇살처럼 쏟아지는데, 이를 '조철'(朝徹)이라 한다. 조철의 맑고 투명한 지혜의 빛을 쪼이면 사물에 들러붙어 있던 껍데기들이 하나씩 녹아내리고 사물의 본래 모습을 보게 된다. 이를 '견독'(見獨)이라 한다. 조철과 견독의 경지를 얻은 진인은 그 무엇에도 걸림이 없는, 심지어 삶과 죽음도 초월한 절대자유를 누리게 된다.

---

1) 장자는 「응제왕」(應帝王)편에서 말한다. "지인의 마음은 마치 거울과 같다. 사물을 보내지도 맞아들이지도 않으며, 사물에 반응할 뿐 잡아두려 하지 않는다. 그러므로 온갖 사물들이 오가도 상처받지 않는다."(至人之用心若鏡, 不將不迎, 應而不藏, 故能勝物而不傷.)
2) 이종성, 〈장자 철학에 있어서 마음 닦음의 해체적 성격〉, 27쪽.

마음을 굶겨라

안회가 공자를 만나 뵙고 작별 인사를 했다.

공자가 말했다. "어디로 가려고 하느냐?"

안회가 대답했다. "위(衛)나라로 가려고 합니다."

…

안회가 말했다. "저는 더 이상 모르겠습니다. 부디 그 방법을 알려주십시오."

공자가 말했다. "내가 너에게 말하노니, 재계(齋戒)하라! 의도적인 마음을 품고 일을 행하면 쉽게 이루어지겠느냐? 쉽다고 생각하는 자는 하늘도 마땅하게 여기지 않을 것이다."

修養

안회가 말했다. "저는 집이 가난하여 술이나 자극성 있는 채소를 먹지 못한 지 수개월 되었습니다. 이러면 재계했다고 할 수 있지 않겠습니까?"

공자가 말했다. "그것은 제사의 재계이지 심재(心齋), 즉 마음의 재계는 아니다."

안회가 말했다. "그러면 심재는 어떻게 하는 것입니까?"

공자가 말했다. "너의 뜻을 하나로 모아라. (그러려면) 귀로 듣지 말고 마음으로 들어야 할 것이며, 나아가 마음으로도 듣지 말고 기(氣)로 들어야 할 것이다. 귀는 듣는 것에만 그치고, 마음은 자기 마음에 부합하는 것에만 그친다. 그러나 기로 듣는다는 것은 마음을 텅 비운 채 사물을 대한다는 의미다. 도는 오직 텅 빈 곳에 모이게 되는 것이니, 마음을 텅 비우면 심재에 이르게 될 것이다." (인간세)

顔回見仲尼, 請行.

曰 : "奚之?"

曰 : "將之衛."

…

顔回曰 : "吾无以進矣, 敢問其方."

仲尼曰 : "齋, 吾將語若! 有心而爲之, 其易邪? 易之者, 皞天不宜."

顔回曰 : "回之家貧, 唯不飮酒不茹葷者數月矣. 如此, 則可以爲齋乎?"

　曰：“是祭祀之齋, 非心齋也.”

　回曰：“敢問心齋.”

　仲尼曰：“若一志, 无聽之以耳而聽之以心, 无聽之以心而聽之
以氣! 耳止於聽[1], 心止於符. 氣也者, 虛而待物者也. 唯道集虛. 虛
者, 心齋也.”

― ～＞＜～ ―

　이 이야기는 안회가 위(衛)나라로 들어가 포악한 군주를 계도
하여 고통에 시달리는 백성들을 구제하겠다는 포부를 밝히면서
시작된다. 이에 대해 공자는 안회의 공부가 아직 부족하므로 위
나라 군주에게 유세해봐야 백성에게 도움도 되지 못하고 오히
려 안회가 해를 당할 수 있다고 말린다. 그러자 안회는 위나라
군주를 설득할 여러 가지 방안을 제시해 보이는데, 그때마다 공
자는 이러저러한 이유들을 들어 불가하다고 말한다. 그러면서
공자는 안회에게 심재의 방법을 제시한다.

　처음에 안회는 심재를 단순히 몸과 마음을 청결히 하는 목욕
재계 정도로 이해했다. 그래서 자신은 여러 달 동안 술을 마시
지 않고 자극적인 채소도 먹지 않았으니 괜찮지 않느냐고 반문
한다. 그러나 공자는 그런 것은 제사를 지내기에 앞서 행하는

---

[1] 원문에는 "聽止於耳"(청지어이)로 되어 있다. 유월(兪樾)의 견해에 근거해 수정했다.

재계[2]에 지나지 않는다고 말한다. 공자가 제시하는 심재는 그런 것과는 차원이 다르다. 공자는 다음과 같이 말한다. "너의 뜻을 하나로 모아라. 귀로 듣지 말고 마음으로 들어야 할 것이며, 나아가 마음으로도 듣지 말고 기(氣)로 들어야 할 것이다."

여기서 장자는 공자의 입을 통해 심재의 핵심이 '뜻을 하나로 모음'에 있음을 밝히고 있다. 뜻을 하나로 모은다는 것은 분주하게 요동치는 마음을 안정시켜 고요한 상태에 머물게 하는 것이다. 그러한 상태에 이르는 과정으로 장자는 세 단계를 언급하고 있으며, 각각 '귀' '마음' '기'로 표현되고 있다.

첫 단계, 귀로 듣지 말라. 여기서 '귀'는 눈, 코, 귀, 입 등의 감각기관을 대표한다. 따라서 '귀로 듣지 말라'는 것은 온갖 자극을 인지함으로써 촉발돼 외물로 향하는 욕구 작용을 멈추라는 뜻이다. 한마디로 감각적 욕망에 휩쓸리지 말라는 말이다. 감각기관의 욕구에 휘둘리면 감각적 쾌락에 빠져들어 사태를 정확히 인식하지 못하게 된다. 가령 귀는 듣기 좋은 말이나 소리에 쉽게 미혹된다. 그래서 우리는 듣기 좋은 소리, 듣기 좋은 말에 이끌리기 쉽다. 그러나 장자는 "귀는 듣는 것에만 그친다"고 말한다. 장자 이전에 노자 또한 "색기태, 폐기문"(塞其兌, 閉其門) 즉 (감각적) '구멍'을 틀어막고 '문'을 닫으면 평생 수고롭지 않을 것이라 말함으로써 감각적 욕망에 빠져드는 위험을 경계했다.

---

2) 옛 사람들은 제사를 앞두고 있으면 일주일 전 또는 한 달 전부터 술과 여자를 멀리하고 마늘과 생강 등 자극적인 음식을 먹지 않으며 심신을 깨끗하게 했다.

두 번째 단계, 마음으로 듣지 말라. 여기서 '마음'은 이리저리 사려하는 분별 작용을 상징한다. 장자가 파악한 인간의 마음은 끊임없이 이것과 저것을 가르고 옳고 그름을 구분하려 든다. 일종의 분별지다. 감각적 욕망에 휩쓸리는 것보다는 분별지에 의한 판단이 낫지만, 여전히 많은 문제를 내포하고 있다. 분별지가 지닌 문제의 본질은 주체와 대상을 분리시키려 한다는 것이다. 본래 세계는 이것과 저것이 구분되지 않고 안과 밖이 다르지 않다. 그런데 우리는 자꾸만 이것과 저것을 구분하려 하고 안과 밖을 나누려 한다. 왜 그런가? '나'를 의식하기 때문이다. '나'를 의식하고 '나'를 강조하다 보니, '나'를 중심으로 '나'와 '나 아닌 것'의 경계를 나누고 구분하게 되는 것이다.

세 번째 단계, 기(氣)로 들어라. 감각적 욕망에서 벗어나고 분별지의 미혹을 해체하여 최종적으로 심재의 상태에 이르게 되는 단계다. 장자 당시 우주만물의 본질은 '기'로 이해되었으므로, 여기서 '기'는 자연의 상태를 상징하는 것으로 볼 수 있다. 그러므로 '기로 들으라'는 말은 나에 대한 의식과 집착에서 벗어나 자연과 하나가 되는 상태에 이르라는 의미가 된다.

자연의 상태와 하나가 된다는 것은 무엇을 말하는가? 그것은 호접몽에서 장자가 나비가 되고 나비가 장자가 되는 물화(物化) 체험을 했듯이, '나'에 대한 의식이 사라지고 대상과 하나가 되는 상태를 의미한다. 이른바 물아일체의 경지다. 그러므로 이야기 속의 공자(즉 장자)는 말한다. "기로 듣는다는 것은 마음을 텅 비운 채 사물을 대한다는 의미다.”

　‘심재’라는 용어는 장자의 창의적인 개념이기는 하지만 심재론 자체가 장자의 독창적 사고라 하기는 어렵다. 그 연원은 노자의 허정론(虛靜論)에서 찾아볼 수 있다. 『노자』 16장에서 말한다. “마음 비우기를 지극히 하고, 고요함 지키기를 돈독히 하라.”(致虛極, 守靜篤.) “그 근본으로 돌아간 것을 고요함이라 한다.”(歸根曰靜.) 또 『노자』 10장에서 말한다. “마음의 거울을 닦고 닦아 흠 한 점 없게 할 수 있는가?”(滌除玄覽, 能無疵乎?)

　노자의 허정론은 마음 비움을 강조하고, 비움을 통해 마음을 고요하게 유지할 것을 권한다. 이는 무위정치를 실현하기 위한 통치자의 마음가짐을 역설한 것으로서 일종의 정치철학이지만, 궁극적으로 노자의 수양론을 형성하기도 했다. 장자의 심재론 또한 노자의 허정론으로부터 적잖은 영향을 받았을 것이다.

　앞서 공자의 입을 통해 설파했듯이, 장자가 말하는 심재의 요체는 ‘허’(虛), 즉 ‘비움’에 있다. 감각적 욕망을 비우고 분별적 지식을 비우고, 나의 모든 성심(成心)을 비워 마음이 지극히 고요한 상태에 이르게 하는 수양의 실천, 이것이 바로 심재다. 결국 심재란 외부로 치달리는 심지(心志) 작용을 안으로 되돌려 내면의 고요함을 완성하는 실천적 수양 행위를 가리키는 말이다. ‘외물’을 향해 분주하게 내달리며 야기되는 정신적 어지러움을 잠재우고 일체의 욕망이나 분별지마저 해체함으로써 마음을 지극히 맑고 고요한 거울의 상태에 머물게 하는 것이다.

육신의 욕망을 무너뜨리고,
눈과 귀의 인식을 물리쳐라

안회가 말했다. "저는 나아졌습니다."

공자가 말했다. "어떻게 나아졌느냐?"

"저는 예악(禮樂)을 잊었습니다."

"좋다. 그러나 아직 부족하다."

얼마 후 안회가 다시 공자를 뵙고 말했다. "저는 나아졌습니다."

공자가 물었다. "어떻게 나아졌느냐?"

"저는 인의(仁義)를 잊었습니다."

"좋다. 그러나 아직 부족하다."

修養

얼마 후 안회가 다시 공자를 뵙고 말했다. "저는 나아졌습니다."

"어떻게 나아졌느냐?"

"저는 좌망(坐忘)했습니다."

공자가 깜짝 놀라 물었다. "좌망이 무엇이냐?"

안회가 대답했다. "육신의 욕망을 무너뜨리고 눈과 귀의 인식 작용을 물리쳐, (그 결과) 형체와 지식의 구속에서 벗어나 자연과 크게 하나가 되는 것, 이를 좌망이라 합니다."

공자가 말했다. "자연과 하나가 되면 좋아하고 싫어함의 구별이 없어지고, (자연과 하나가 되어) 변화하면 집착함이 사라지지. 정말로 훌륭하구나! 나도 너의 뒤를 따라야겠다." (대종사)

顔回曰 : "回益矣."

仲尼曰 : "何謂也?"

曰 : "回忘禮樂矣."

曰 : "可矣, 猶未也."

他日, 復見, 曰 : "回益矣."

曰 : "何謂也?"

曰 : "回忘仁義矣."

曰 : "可矣, 猶未也."

他日, 復見, 曰 : "回益矣."

曰 : "何謂也?"

曰 : "回坐忘矣."

仲尼蹴然曰 : "何謂坐忘?"

顔回曰 : "墮肢體, 黜聰明, 離形去知, 同於大通, 此謂坐忘."

仲尼曰 : "同則無好也, 化則無常也. 而果其賢乎! 丘也請從而
後也."

이 이야기도 공자와 그의 제자 안회의 대화 형식으로 구성되
어 있다. 앞서 '심재'의 담론에서는 공자가 안회를 이끌어 깨우
쳐주는 역할을 했는데, 여기서는 반대다. 즉 스승인 공자가 오히
려 제자인 안회로부터 가르침을 받고 있다. 앞에서도 언급했듯
이, 이처럼 스승과 제자의 역할이 뒤바뀌는 설정은 제물(齊物)의
세계에서는 특이한 일이 아니다. 이들 사이에 진행되는 토론과
가르침의 핵심은 '좌망'이다.

좌망! 무슨 말인가? 좌망(坐忘)의 문자적 의미는 '앉아서 잊
음' 혹은 '앉은 채 잊음'이다. 그러나 그 구체적 의미에 대해서
는 학자들마다 제각각이다. 레게(James Legge)는 '앉아서 모든
것을 잊는 것'이라 했고, 자일즈(Lionel Giles)와 임어당(林語堂)은
'앉아서 자기 자신을 잊는 것'이라 했으며, 스즈키 다이세쓰(鈴
木大拙)는 '마음을 잊는 것'이라 했다.[1] '좌망'의 핵심이 '잊음'

---

1) 吳經熊·靑永蘇 지음, 정인재 옮김, 『禪의 饗宴』(上), 15-16쪽 참조.

修養

이라는 점에는 모두 동의하고 있는데, 잊음의 대상이 제각각인 셈이다. '잊음'의 핵심을 어디에 두느냐는 각자의 관점에 따라 다를 수 있지만, 궁극적 목적은 주객 이분화된 세계로부터 벗어나 주객 합일된 세계로 복귀하는 데 있다고 하겠다.

그러면 좌망에 이르기 위해서는 어떤 과정이 필요한가? 장자는 우선 인의와 예악을 잊으라고 요구한다. 앞의 대화에서 안회는 좌망에 이르기 이전에 예악을 잊고 또 인의를 잊는 단계를 거쳤다. 인의와 예악은 유가 철학의 중심 덕목이다.

어떤 이는 이 구절을 근거로 장자를 반유가적 철학자로 규정하기도 한다. 그러나 장자 철학 전체로 볼 때 그가 유가에 대해 비판적 태도를 취했다고 보기는 어렵다. 장자 본인의 글로 알려진 『장자』 내편에서는 명백히 반유가적이라 규정될 만한 내용이 크게 드러나지 않기 때문이다. 따라서 문제의 장면에서 거론된 것은 유가의 인의와 예악이라기보다는 형식화되고 규범화된 인의와 예악이라 보는 것이 타당하다. 당시의 지식인 사회에서 인의예악이라는 도덕규범이 대상화되고 외물화되면서 본래의 가치와 생명력이 사라졌고, 그 결과 장자의 수양론에서는 이런 규범화된 도덕 가치들이 극복되어야 할 대상으로 인식되고 있는 것이다.

대상화된 인의예악을 잊고 극복하는 단계를 거쳐 안회는 마침내 좌망에 이르게 된다. "저는 좌망했습니다"라고 안회가 선언하자, 공자가 깜짝 놀라 가르침을 청한다. 안회가 대답한다.

"육신의 욕망을 무너뜨리고 눈과 귀의 인식 작용을 물리쳐, 형체와 지식의 구속에서 벗어나 자연과 크게 하나가 되는 것, 이를 좌망이라 합니다."

"육신의 욕망을 무너뜨린다"는 것은 몸이 있는 한 필연적으로 겪게 되는 생리적·물질적 욕구를 극복한다는 말이며, "눈과 귀의 작용을 물리친다"는 것은 인식 작용에 의해 형성되는 대상지와 분별지에서 벗어난다는 말이다. 이렇듯 '형체'와 '지식' 때문에 발생하는 온갖 구속에서 벗어나게 되면 "자연과 크게 하나가 되는" 경지, 즉 도를 얻게 된다.

안회의 말을 통해 장자가 생각하는 좌망의 의미를 여러 가지로 가늠해볼 수 있지만, 결국 그 근본정신은 '잊음'에 있음을 짐작할 수 있다. 예악을 잊고 인의를 잊을 뿐 아니라, 육신에 의해 발생하는 욕망도 잊고, 눈과 귀의 인식 작용에 의해 촉발되는 분별지도 잊어버린다. 그리고 궁극적으로는 잊어버린다는 것조차 잊어 모든 분별이 사라진 대자연의 도와 하나가 된다.

요컨대 장자는 우리에게 좌망을 실천함으로써 주체와 객체가 분리된 대상세계로부터 벗어나 주체와 객체가 하나 된 자연세계로 복귀하라고 촉구하고 있는 것이다. 이러한 '忘'(망)의 공부는 사실상 노자의 '損'(손)의 공부를 계승 발전시킨 것으로도 볼 수 있다.[2]

---

2) 『노자』 48장에서 말한다. "為學日益, 爲道日損. 損之又損, 以至於無爲, 無爲而無不爲."

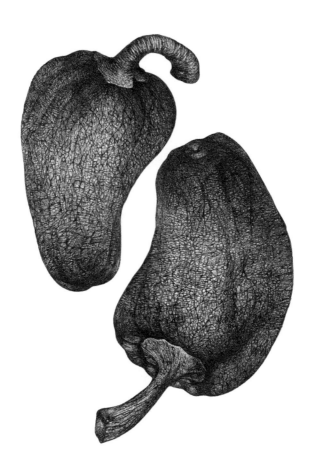

이처럼 '忘'(망)을 강조하는 장자의 좌망론은 자칫 현실부정의 철학으로 오해될 여지가 있다. 좌망론의 바닥에 깔려 있는 부정 정신에서뿐 아니라, '좌망'이라는 말 자체에서 느껴지는 어감 즉 일체의 현실 문제를 잊은 채 깊은 사념에 빠져드는 듯한 명상적인 분위기 때문이다. 그러나 장자는 현실을 부정하고 자기 내면으로만 침잠하라고 권유하는 게 아니다. 물론 좌망론에는 현실과 일정한 거리 두기 같은 탈세속의 태도가 내포되어 있다. 그러나 장자는 이러한 거리 두기를 통해 현실을 보다 자유롭고 지혜롭게 살아갈 방법을 찾고자 한다. 즉 장자는 '좌망'을 통해 우리 삶의 토대라 할 수 있는 생활과의 적당한 거리 두기를 이루어냄으로써, 일상을 살되 일상성에 매몰되지 않는 삶의 양태를 제시하고자 한 것이다.[3] 숲속에 들어가면 숲 전체를 볼 수 없듯이, 세상을 온전히 파악하기 위해서는 어느 정도 세상과의 거리 두기가 필요한 법이다.[4]

여기서 문득 떠오르는 작은 의문 하나, 좌망론은 앞서의 심재론과 어떤 차이가 있을까? 수양 방법론으로 보면 양자가 비슷한 것 같다. 심재에서는 '虛'(허)를 강조했고 좌망에서는 '忘'(망)을

---

3) 이종성, 〈장자의 좌망론〉, 596쪽.
4) 이 점에 대해서는 곽상도 다음과 같이 언급하고 있다. "무릇 밖으로 노니는 자는 안으로 들어오게 되고, 인간을 떠난 자는 세속에 합치하게 된다.… 이런 까닭에 사물을 떠난 이후에 무리 속으로 들어갈 수 있고, 좌망한 이후에 세상사에 응할 수 있다. 버리면 버릴수록 더욱더 얻게 되는 법이다."(夫遊外者依內, 離人者合俗.… 是以遺物而後能入羣, 坐忘而後能應務, 愈遺之, 愈得之.)(郭慶藩, 〈莊子集釋1〉, 271쪽.)

修養

강조하고 있는데, 내용상 '虛'와 '忘'의 의미가 서로 겹치기 때문이다. 이에 대해 장자 연구자들은 심재와 좌망을 과정과 결과의 관계로 접근하고 있다. 즉 심재는 좌망의 경지에 이르기 전에 거치는 수양의 과정으로 볼 수 있다는 것이다. 심재의 단계에서는 감각적 욕망과 분별지를 비우는 주체가 남아 있지만, 좌망의 경지에서는 주체를 포함한 모든 것이 사라진다. 잊는다고 하는 의식조차 사라진 절대 부정의 경지다. 이런 점에서 '좌망'은 하나의 수양 방법론이자 수양을 통해 도달하는 경지가 된다.[5]

훗날 장자의 좌망론은 중국 선종에서 적극적으로 받아들여 철학적 기반을 형성하는 데 기여하게 된다.[6] 그뿐 아니라 이후 도교의 수련법에도 지대한 영향을 미쳐, 당대(唐代)의 저명한 도교 학자인 사마승정(司馬承禎)은 장자의 좌망론을 발전시켜 도교의 구체적 수행 방법론으로 완성했다.[7]

---

5) 참고로 장자는 이러한 심재 혹은 좌망과 상반되는 상태를 좌치(坐馳)로 규정한다. 좌치에 대해 임희일(林希逸)은 이렇게 말한다. "만약 내가 잠시라도 어떤 생각을 마음속에 받아들여 스스로 욕망을 멈출 수 없다면, 몸은 비록 이곳에 있더라도 마음은 밖으로 치달려 나갈 것이니 또 어찌 좌망(坐忘)이라 하겠는가?" 또 감산(憨山)도 이와 관련된 발언을 하고 있다. "사람의 마음은 모두가 본래 허망하지만, 사람이 한결같이 여기에 머물러 있지 못하여 마음이 편안하지 못한 것이다. 그래서 사욕이 싹트면 몸은 여기에 앉아 있으나 마음은 저쪽으로 달아나는데, 이것을 좌치라 한다."
6) 渡邊卓,『古代中國思想の研究』, 792쪽 참조.
7) 사마승정은 그의 저술『좌망론』(坐忘論)에서 수행의 구체적 과정으로 신경(信敬), 단연(斷緣), 수심(收心), 간사(簡事), 진관(眞觀), 태정(泰定), 득도(得道)의 7단계를 제시한다.

생사를 잊고 '밝음'을 얻다

남백자규(南伯子葵)가 여우(女偊)에게 물었다. "당신은 나이가 들었는데도 얼굴빛이 마치 어린아이와 같은데 그 까닭이 무엇입니까?"

여우가 대답했다. "나는 도를 들었소."

남백자규가 물었다. "도는 배워 얻을 수 있는 것입니까?"

"아, 그게 어찌 가능하겠소! (그런 말을 하는) 그대는 도를 배울 수 있는 사람이 아니오. 저 복량의(卜梁倚)는 성인의 바탕을 지니고 있지만 성인의 도가 없었고, 나는 성인의 도를 지니고 있지만 성인의 바탕은 없소. 내가 그에게 도를 가르치고자 한다면 과연 그는 성인이 될 수 있을까! (그런 의심이 들지만) 어쨌든 성인의 바탕을 지닌 사람에게 성인의 도를 가르쳐주는 일은 쉬울 것이오. 그래서 나는 그에게 성인의 도를 일러주고 지켜보았소. 그러자 그는 3일 만에 외천하(外天下)할 수 있게 되었소. 그가 이미 '외천하'했기에 나는 또 그를 가만히 지켜보았소. 그러자 그는 7일 만에 외물(外物)할 수 있게 되었소. 그가 이미 '외물'했기에 다시 가만히 그를 지켜보았소. 그러자 그는 9일 만에 외생(外生)할 수 있게 되었소.

이미 '외생'하게 되면 조철(朝徹)할 수 있고, 조철의 경지에 이르면 견독(見獨)할 수 있으며, 견독에 이르면 무고금(無古今)의 경지에 이를 수 있고, 무고금의 경지에 이르면 불사불생(不死不生)의 경지에 들어갈 수 있소."(대종사)

南伯子葵問乎女偊曰 : "子之年長矣, 而色若孺子, 何也?"

曰 : "吾聞道矣."

南伯子葵曰 : "道可得學邪?"

曰 : "惡! 惡可! 子非其人也. 夫卜梁倚有聖人之才而无聖人之道, 我有聖人之道而无聖人之才, 吾欲以敎之, 庶幾其果爲聖人乎! 不然, 以聖人之道告聖人之才, 亦易矣. 吾猶告而守之[1], 三日而後能外天下; 已外天下矣, 吾又守之, 七日而後能外物; 已外物

---

1) "告而守之"(고이수지)는 원문에 "守而告之"(수이고지)로 되어 있다. 문일다(聞一多) 및 진고응(陳鼓應)의 견해에 따라 수정했다.

矣, 吾又守之, 九日而後能外生; 已外生矣, 而後能朝徹; 朝徹, 而
後能見獨; 見獨, 而後能无古今; 无古今, 而後能入於不死不生.”

앞에서 장자는 수양 방법론으로 '심재'와 '좌망'을 제시했다.
그러나 심재와 좌망은 방법론이라 말하기에는 너무 간결하다.
'심재'는 이러이러한 것이고 '좌망'은 저러저러한 것이라고 말
하고 있지만 그뿐이다. 좌망에 이르는 과정은 그나마 몇 단계로
설명하고 있지만, 심재에 이르는 과정에 대해서는 거의 언급이
없다.

수양의 목적은 결국 도의 깨달음이다. 그렇다면 도를 깨달을
수 있는 방법이 과연 있기는 한가? 있다면 그 구체적 과정은 무
엇인가? 이 이야기는 이 문제에 대한 장자 나름의 답이라 할 수
있다.

이 이야기에서 우선 눈에 띄는 점은 등장인물들의 이름과 성
격이다. 먼저 '남백자규'(南伯子葵)를 보자. 그는 「제물론」 첫머
리에 등장하는 남곽자기(南郭子綦)와 이름이 상당히 유사하다.
남곽자기는 상아(喪我)의 경지에 든 인물이다. 이는 곧 남백자
규도 남곽자기와 비슷한 경지에 이르렀거나 적어도 수양과 득
도에 관심이 깊은 사람임을 암시한다. 한편 또 다른 등장인물인
'여우'(女偊)를 보자. 이름에서 보듯이 성별은 여성이다. 여기에
더해 도를 터득한 인물로 묘사되고 있으니, 말하자면 득도의 경

修養

지에 이른 노파가 되는 셈이다. 장자 당시의 사회 분위기에서 여성은 남성에 비해 열등한 존재로 폄하되었을 것이다. 그런데 장자는 여우를 내세워 여성이 남성에게 득도의 방법을 가르치는 상황을 설정하고 있다. 당연히 당시 사람들에게 낯설고 괴이하게 여겨졌을 터. 그러나 제물(齊物)을 강조하는 장자 철학에서는 낯설 것도 이상할 것도 없는 지극히 자연스러운 일이다.[2] 오히려 장자는 당시 사람들이 지니고 있는 남녀차별의 성심(成心)을 타파하기 위해 의도적으로 이런 상황을 설정했는지도 모른다.

장자는 여우의 입을 통해 득도에 이르는 과정을 설명한다. 여우는 과거 자신이 지도해 득도에 이르게 했던 사례를 들려주는데, 그 핵심은 "성인의 도를 일러주고 지켜보았다"에 있다. 여우는 성인의 바탕을 지니고 있는 복량의(卜梁倚)에게 성인의 도에 대해 개략적으로 알려주고 복량의가 그것을 수행하고 발전해 나가는 과정을 가만히 지켜보기만 했다는 것이다. 왜 지켜만 보았을까? 「천도」편의 '환공과 윤편의 이야기'[3]에 언급되듯이, 도는 스스로 깨닫고 체험할 수 있을 뿐 누가 누구에게 일일이 전해

---

2) 노자 철학에서도 여성의 원리는 높이 평가되고 있다.『노자』6장의 "계곡의 신은 죽지 않으니, 이를 현묘한 암컷이라 한다"(谷神不死, 是謂玄牝)라든가, 36장의 "부드러움이 강함을 이긴다"(柔弱勝剛强) 등과 같은 말이 이 점을 입증한다. 남성의 원리인 양(陽)보다 여성의 원리 음(陰)을 높이는 것이 도가의 사상적 전통이라 할 수 있다.

3) "桓公讀書於堂上, 輪扁斲輪於堂下, 釋椎鑿而上, 問桓公曰: '敢問, 公之所讀者何言邪?' 公曰: '聖人之言也.' 曰: '聖人在乎?' 公曰: '已死矣.' 曰: 然則君之所讀者, 故人之糟魄已夫!' 桓公曰: '寡人讀書, 輪人安得議乎! 有說則可, 无說則死.' 輪扁曰: '臣也以臣之事觀之. 斲輪, 徐則苦而不入, 不徐不疾, 得之於手而應於心, 口不能言, 有數存焉於其間, 臣不能以喩臣之子, 臣之子亦不能受之於臣, 是以行年七十而老斲輪. 古之人與其不可傳也死矣. 然則君之所讀者, 故人之糟魄已夫!'"

마음을 비워 마음을 닦는다   253

줄 수 있는 게 아니기 때문이다.

여우의 가르침을 토대로 복량의가 도를 깨우친 과정은 7단계로 나뉜다.

첫째, 외천하(外天下)다. '외'(外)는 '망'(忘)의 의미다. 그러니까 외천하했다는 것은 천하를 잊었다는 의미가 된다. 천하를 잊다! 무슨 뜻인가? 여기서 '천하'는 세상에서 확보한 자신의 존재 위치를 상징하는 말이다. 사회적 출세나 명예 그리고 정치적 야망 등이 포함된다. 이는 곧 세상에서 자신의 존재를 드러내고 자신의 가치를 확인하고자 하는 욕망이기도 하다. 인간이면 누구나 이런 욕망을 품게 마련이다. 호랑이가 죽어 가죽을 남기듯 인간은 죽기 전에 자신의 이름과 흔적을 남기고 싶어 한다. 그러나 도를 얻고자 한다면 세상의 욕망에서 벗어나야 한다. 세상에 대한 욕심이 우리의 자연적 본성을 가리기 때문이다.

둘째, 외물(外物)이다. 물질적 욕망에서 벗어나는 것을 말한다. 출세나 명예에 대한 욕망을 잊는 것도 어렵지만 물질적 욕망을 잊는 것은 더 어렵다. 삶을 이어가려면 물질적 조건이 절대적으로 필요하기 때문이다. 물질적 조건이 갖추어지지 못하면 생명도 존재할 수 없다. 따라서 인간이 생명 활동을 유지하는 한 물질에 대한 욕망에서 완전히 벗어난다는 것은 가능하지 않은데, 이것을 잊으라니? 그러나 여기서 물질에 대한 욕망 자체를 문제 삼는 것은 아니다. 문제는 필요 이상의 물질을 욕심내는 것이다.

修養

대개 사람들은 현재의 필요가 어느 정도 충족되었음에도 미래를 위한 준비라는 명목으로 더 많은 물질과 재화를 쌓아두려 한다. 그 결과 인간은 점차 물질의 노예로 전락하고 있다. 노자 또한 이 점을 경계하여, 실용적인 욕구는 채우되 필요 이상의 욕심은 버리라고 충고했다.[4]

셋째, 외생(外生)이다. 생을 잊는다니? '생'(生)은 단순히 생명만을 의미하지 않는다. 자신의 생명을 포함하여 나와 관련된 모든 것을 말한다. 그러니까 외생했다는 것은 나의 몸과 마음에 대한 모든 집착에서 벗어났다는 의미가 된다. 성현영 또한 다음과 같이 말한다. "형체를 잊은 채 좌망(坐忘)하여 '나'에 대한 의식조차 놓아버린다."(墮體離形, 坐忘喪我.) 세상에 대한 욕심, 물질에 대한 욕심은 우리의 마음먹기에 따라 그런대로 벗어날 수 있다. 그러나 나에 대한 관심과 집착은 포기하기 쉽지 않다. 나의 존재는 '나'에 대한 의식에서 비롯되는 것이기 때문이다.

더욱이 세상의 교육은 자의식을 함양하는 데 초점이 맞춰져 있다. 우리는 자의식이 발달하여 자아관념이 뚜렷하게 형성된 사람이라야 주체적인 삶을 살 수 있다고 배워왔다. 그러나 장자의 생각은 다르다. '나'에 대한 의식과 집착이 도를 깨닫는 데 커다란 장애가 된다고 본다. '나'에 대한 의식과 집착은 나와 나밖의 것을 구분하는 분별심을 조장하기 때문이다.

---

4) 『노자』 3장, "虛其心, 實其腹: 弱其志, 强其骨. 常使民無知無欲."

넷째, 조철(朝徹)이다. '조철'은 아침에 여명이 터지는 광경을 시각적으로 비유한 표현이다. 어둠의 장막이 걷히고 아침 해가 떠오르면 눈부신 햇살이 쏟아지면서 한순간 온 세상이 환해진다. 그와 같은 밝음이 수행자의 정신을 비추는 순간이 바로 조철이다. 첫 깨달음의 순간인 것이다. 이 순간 삶과 죽음은 하나로 인식되고 사물과 나 사이의 경계 또한 홀연히 사라진다. 주관과 객관의 이원적 대립 대신 밝은 의식만이 활동하는 각성의 상태다.[5] 앞서의 세 단계에는 대상이 있었다. 즉 '천하', '물', '생'에 대한 망상과 집착에서 벗어나는 수행 과정이었다. 그러나 네 번째 단계인 '조철'부터는 그러한 대상이 존재하지 않는다. 오직 수행을 통해 내적 깨달음의 깊이를 더해갈 뿐이다.

다섯째, 견독(見獨)이다. 절대의 경지 또는 사물 자체를 관조하는 단계다. 조철의 경지에 이르면 일단 도를 깨달았다 할 수 있다. 그러나 아직 미약하다. 물고기 곤에서 새로 변한 대붕이 또 다른 변화를 위해 거대한 비상을 준비하듯이, 조철의 경지에 든 수행자도 깨달음의 상태를 한층 심화시켜야 한다. 그래서 조철 이후에도 수행을 멈추지 않고 정진하는데, 그 결과가 견독인 것이다.

견독의 경지에 이르면 모든 부수적 조건들을 제거한 채 사물 자체의 모습을 보게 된다. 이에 대해 곽상은 말한다. "만나는 대

---

5) 이효걸, 『이효걸의 장자강의』, 623쪽.

상마다 편안히 바라보게 되는 것이니, 이는 앞뒤로 연결된 관계들을 제거했기 때문이다. 이를 견독이라 한다."(當所遇而安之, 忘先後之所接, 斯見獨者也.) 현상의 사물들은 수많은 관계와 관계로 얽혀 있다. 따라서 보통의 사람들은 사물 자체를 통찰하지 못하고 관계의 고리들로 덮여 있는 사물의 외형과 껍데기만 바라보게 된다. 이러한 껍데기들을 걷어내고 사물 자체의 본 모습을 응시하는 것이 바로 견독의 경지다.

여섯째, 무고금(無古今)이다. 옛날과 지금이 없다! 언뜻 보면 과거와 현재 즉 시간을 초월하는 초자연적 능력을 가리키는 것으로 이해될 수도 있다. 현재에서 과거로 돌아가거나, 과거에서 미래로 건너가는 그런 능력? 그러나 도를 깨달았다고 해서 시간의 물리적 법칙을 벗어날 수는 없는 법. 여기서 말하는 무고금(無古今)은 소극적으로 해석하면 시간의 변화에 마음 쓰지 않는 태도이고, 적극적으로 해석하면 시간의 변화에 자신을 맡기고 함께하는 것이다. 성현영은 후자의 입장을 취해 다음과 같이 해석한다. "날로 새로워지는 자연의 흐름에 맡긴 채 사물의 변화에 따라 함께 움직인다."(任造物之日新, 隨變化而俱往.)

일곱째, 불사불생(不死不生)이다. 깨달은 사람은 죽지도 않고 살지도 않는다는 말인가? 아니면 불교에서 말하듯이 열반에 들어감으로써 태어나고 죽는 고통에서 완전히 벗어난다는 의미인가? 장자는 죽지도 살지도 않는 이상한 경지를 말한 적도 없고, 또 불교식의 해탈을 말하고자 하는 것도 아니다. 도를 깨달은 사람도 태어나고 죽는 자연법칙을 벗어날 수는 없다. 다만 삶과 죽음을 달리 구별하지 않음으로써 삶을 기뻐하지 않고 죽음을 두려워하지 않는 달관의 경지에 들어갈 뿐이다. 자연의 이치를 온전히 체득했기 때문에 가능한 경지이리라.

장자의 관점에서 자연 자체에는 본래 오는 것도 없고 가는 것도 없으며, 생겨난다는 것도 없고 죽는다는 것도 없다. 단지 끊임없는 변화의 과정과 그 흐름만 있을 뿐이다. 조철을 통해 도의 빛을 보고 견독을 통해 사물의 본래 모습을 통찰한 사람은 시간에 얽매이지 않을 뿐 아니라 생사마저 초월하는 절대자유를 얻게 된다.

修養

9장

眞人

변화하되 변화하지 않는다

"진인은 삶을 기뻐하지 않고 죽음을 싫어하지 않는다.
세상에 나오게 되어도 좋아하지 않고
저세상으로 돌아가게 되어도 거부하지 않는다.
홀연히 오고 홀연히 갈 뿐이다."

(眞人不知說生, 不知惡死. 其出不訢,
其入不距. 儵然而往, 儵然而來而已矣.)

수양의 실천이 지향하는 바는 결국 이상적 인격에 도달하는
것이다. 『장자』 전편에서 나타나는 이상적 인격에 대한 명칭은
다양하다. 진인(眞人), 지인(至人), 신인(神人), 성인(聖人), 덕인(德
人), 대인(大人), 천인(天人) 등이다. 이러한 명칭들은 모두 이상적
인 인간상을 가리키는 말이지만, 때로는 조금씩 의미가 다르고,
때로는 이 사이에도 일정한 등급이 있는 것으로 묘사된다.[1] 이들
중 장자 본인이 즐겨 쓰는 이상적 인격의 명칭은 진인(眞人) 또
는 지인(至人)인데, 이들을 하나로 뭉뚱그려 현대의 언어로 표현
하면 '참된 사람' 정도가 될 것이다.
어떤 사람이 참된 사람인가? 참된 사람의 모습은 앞서 살펴본

---

1) 박원재, 〈도가의 이상적 인간상에 대한 연구〉, 135쪽.

이야기들에서 언뜻언뜻 드러났다. 예컨대 외발이 왕태와 추남 애태타가 그렇다. 왕태는 "죽고 사는 일이 크기는 하지만 그에게는 아무런 변화를 미칠 수 없었고, 하늘이 무너지고 땅이 꺼지는 일이 있더라도 그는 눈도 꿈쩍하지 않았다." 애태타는 세상의 남녀들이 모두 그를 사모하고 따랐지만 전혀 흔들리지 않았고, 노나라 임금이 나라 전체를 넘겨준다 해도 거들떠보지 않고 홀연히 사라졌다. 또한 우리는 '나비 꿈' 이야기에서 언급된 물화(物化) 개념에서도 참된 사람의 모습을 찾아볼 수 있다. 장자가 나비가 되고 나비가 장자가 되는 꿈 이야기를 통해 장자는 물아일체의 경지에 든 참된 사람의 모습을 그려냈다.

그러면 참된 사람은 어떻게 탄생하는가? 선천적으로 타고나는가, 아니면 후천적인 노력에 의해 이루어지는가?

장자는 후천적인 노력 즉 수양을 강조한다. 대붕이 각고의 노력 끝에 9만 리 상공으로 올라가고 다시 6개월 동안의 기나긴 여정 끝에 남명에 도착하듯이, 참된 사람이 되기 위해서는 부단한 마음 비우기의 공부를 통해 심재(心齋)나 좌망(坐忘) 또는 상아(喪我)나 견독(見獨)의 경지에 도달해야 한다. 이러한 정신 경지에 이르기 위해서는 변화해야 한다. 상아는 '나'에게 집착하는 나를 버리는 변화를 이루어냈다는 의미이고, 견독은 '나'를 버린 그 자리에서 절대 경지를 보는 변화를 완성했다는 의미다.

심재나 좌망 또한 철저한 마음 비우기의 수행을 통해 절대 고요의 경지에 들어가는 모종의 변화를 의미할 수 있다.

그러면 이러한 참된 사람은 세상 사람들과 어떻게 다른가? 무엇이 참된 사람과 보통 사람을 구분하는가?

참된 사람은 세상 사람들과 다르면서 다르지 않다. 장자는 참된 사람은 외화(外化)하되 내불화(內不化)한다고 했다.

참된 사람은 일단 세상 사람들과 함께 어울리고 함께 움직인다. "그가 갓난아이가 되면 그와 함께 갓난아이가 되고, 그가 멋대로 굴면 그와 함께 멋대로 굴며, 그가 방자하게 행동하면 그와 함께 방자하게 행동한다."(彼且爲嬰兒, 亦與之爲嬰兒; 彼且爲無町畦, 亦與之爲無町畦; 彼且爲無崖, 亦與之爲無崖. 『장자』「인간세」.) 이는 참된 사람이 자신과 세속 사이의 차별을 두지 않기 때문이다. 이런 면면은 곧 '외화'(外化)의 측면이 된다. 그러나 참된 사람은 그와 동시에 항상 내면에 빛나는 '옥'을 품고 있다. 비록 겉은 초라해 보일지라도 가슴속에는 찬란한 옥이 빛나고 있다.[2] 내면에 찬란한 옥을 품고 있는 사람은 분명 세상 사람들과는 다르다. 즉 '내불화'(內不化)다.

---

2) 『노자』 70장, "聖人, 被褐懷玉."

'외화'와 '내불화'는 외견상 모순되는 듯하지만 결국 서로 합일하게 된다. '외화'는 외부 환경을 순순히 따르는 것이고, 환경을 순순히 따르면 외물(外物)과의 마찰이 줄어들 것이며, 외물과의 마찰이 줄어들면 내면의 평정심이 유지된다. 내면의 평정심은 곧 '내불화'로 향하는 첫걸음이다. 반대로 '내불화' 즉 부동의 평정심을 유지하는 사람은 외물의 영향을 받지 않게 되고, 외물의 영향에서 자유로우면 외물과의 마찰이 생겨나지 않게 된다. 이는 곧 자유자재로 외화(外化)를 실천할 수 있는 경지에 이르렀음을 의미한다.

　참된 사람은 이처럼 외화와 내불화를 원만하게 운용할 줄 알며 경계를 넘나든다. 이런 관점에 서면 '물화'(物化)도 다음과 같이 새롭게 해석할 수 있다. '세계의 변화와 함께 변화하되 자기 동일성은 유지한 채 변화하는 것.' 이러한 물화는 부정적인 자아에서 긍정적인 자아로 자아 상승이 이루어진 '진인'의 경지에 와야만 비로소 가능한 삶의 형식이다.[3]

---

3) 박원재, 〈도가의 이상적 인간상에 대한 연구〉, 140쪽.

나를 잊음으로써 '나'를 찾다

　남곽자기(南郭子綦)가 책상에 기대어 앉아 하늘을 향해 "휴~" 하고 길게 숨을 내쉬고 있는데, 멍하게 앉아 있는 그 모습이 마치 형체를 잊은 듯했다.

　안성자유(顔成子游)가 그 앞에 모시고 있다가 물었다.

　"어찌 된 일입니까? 어떻게 형체를 마치 마른 나무처럼 만들고 마음을 마치 식은 재와 같이 할 수 있습니까? 지금 책상에 기대어 있는 분은 예전에 책상에 기대어 있던 분이 아닌 것 같습니다."

　남곽자기가 대답했다.

　　　　　　　　　　　　　　　　眞人

"자유야, 참으로 훌륭한 질문이구나! 지금 나는 나를 잊었다. 너는 알겠느냐? 너는 '인간의 음악'(人籟)은 들어보았겠지만 '땅의 음악'(地籟)은 들어보지 못했을 것이다. 설사 땅의 음악을 들어본 적이 있다 한들 아직 '하늘의 음악'(天籟)은 들어보지 못했을 것이다."(제물론)

南郭子綦隱机而坐, 仰天而噓, 荅焉似喪其耦.
顏成子游立侍乎前, 曰:"何居乎? 形固可使如槁木, 而心固可使如死灰乎? 今之隱机者, 非昔之隱机者也."
子綦曰:"偃, 不亦善乎? 而問之也! 今者吾喪我, 汝知之乎? 汝聞人籟而未聞地籟; 汝聞地籟而未聞天籟夫!"

「제물론」첫머리에 나오는 이야기다.

참된 사람은 수양이라는 기나긴 연단 과정을 통해 새롭게 태어나는 사람이다. 그리고 그 와중에 필연적으로 거치는 과정이 바로 '나를 잊음'(喪我)이다. 심재(心齋) 혹은 좌망(坐忘)의 수행을 거치는 동안 기존의 '나'는 차츰 사라지고, 더 이상 사라질 것이 없는 순수의 극치에 이르렀을 때 수행자는 마침내 찬란히 빛나는 조철(朝徹)의 햇살을 경험하게 된다. 이 우화는 이런 상아(喪我)의 경지에 든 수행자 남곽자기의 이야기를 담고 있다.

'남곽자기'는 성곽 남쪽에 사는 '자기'라는 사람으로, 장자가 만들어낸 또 하나의 가공인물이다. 남곽자기는 이제 막 깊은 명상에서 깨어나고 있는, 또는 오랜 수행을 마무리하고 있다. 하늘을 향해 크게 숨을 내쉬는 이유가 이것이다. 명상이나 수련은 대개 호흡법과 관련이 있다. 숨을 가능한 천천히 들이마시고 천천히 내쉬면서 호흡 자체에 의식을 집중한다. 그러다 보면 정신이 한곳에 모여 아무런 잡념이 없는 무념무상의 상태로 빠져들게 된다. 그리고 이 호흡의 전 과정을 마칠 때 길게 숨을 내쉬게 된다. "휴~" 하고 말이다.

깊은 명상에 빠져 있는 사람은 일체의 의식이 사라진 것처럼 보인다. 그 형체가 마치 '마른 나무'나 '식은 재'와 비슷하다. 아무런 의식 작용이나 생명 활동이 없는 것 같기 때문이다. 남곽자기의 이런 모습을 제자 안성자유가 보았다. 그래서 묻는다. 어떻게 하면 그처럼 깊은 명상에 빠져들어 전혀 다른 사람처럼 보일 수 있느냐고. 이에 대해 남곽자기는 "나는 나를 잊었다"라고 대답한다. 나를 잊음, 즉 '상아'(喪我)의 경지에 이르면 육신이 마른 나무나 식은 재처럼 된다는 것이다. 그런데 이 이치를 안성자유가 알 수 있을까?

이 대목에서 남곽자기는 느닷없이 '인간의 음악', '땅의 음악', '하늘의 음악' 이야기를 들고 나온다. 그가 말한다. "너는 '인간의 음악'은 들어보았겠지만 '땅의 음악'은 들어보지 못했을 것이다. 설사 땅의 음악을 들어보았다 한들 아직 '하늘의 음악'은 들어보지 못했을 것이다."

‘나를 잊음’과 음악 사이에 대체 어떤 관계가 있단 말인가? 얼핏 보면 뜬구름 잡는 소리처럼 들린다. 그리고 ‘인간의 음악’, ‘땅의 음악’, ‘하늘의 음악’ 사이에는 또 어떤 관계가 있는가? 남곽자기의 어투로 보아서는 ‘인간의 음악’에서 ‘땅의 음악’으로, ‘땅의 음악’에서 ‘하늘의 음악’으로 가면서 차원이 점점 높아지는 것 같지만 구체적인 관계는 여전히 오리무중이다.

우선 ‘인간의 음악’, ‘땅의 음악’, ‘하늘의 음악’이 각각 무엇을 의미하는지부터 알아보자. ‘인간의 음악’은 말 그대로 인간이 내는 소리다. 즉 인간이 성대를 통해 만들어내는 노랫소리를 포함해 피리나 퉁소 같은 악기들에 숨을 불어넣어 내는 여러 소리들을 가리킨다. 이것은 누구나 쉽게 생각해낼 수 있다. 그러면 ‘땅의 음악’은 무엇인가? 이에 대해 장자는 그의 아름답고 뛰어난 문장 실력을 유감없이 발휘한다.

“땅덩어리가 뿜어내는 숨결을 바람이라고 하지. 바람은 일어나지 않을 때는 고요하지만 한번 일어나면 온갖 구멍들이 소리를 질러대지. 너는 저 윙윙거리며 부는 바람소리를 들어보지 못했느냐? 바람이 불면 숲 전체가 휘청거리지. 이때 백 아름드리의 거대한 나무에 나 있는 구멍들, 즉 코 같기도 하고 입 같기도 하고 귀 같기도 하고 두공(枓栱) 같기도 하고 울타리 같기도 하고 절구 같기도 하고 깊은 웅덩이 같기도 하고 얕은 웅덩이 같기도 한 다양한 구멍들에서 온갖 소리가 나지. 거세게 흐르는 물소리, 부르짖는 소리, 꾸짖는 소리, 숨을 들이켜는 소리, 외치는 소리, 깊은 굴속에서 나는 듯한 소리, 재잘거리는 소리. 앞의 바람이 '우우~' 하면 뒤따르는 바람은 '오오~' 하고 화답하지. 산들바람이 불면 가볍게 화답하고, 거센 바람이 불면 크게 화답하지. 그러다 바람이 멈추면 뭇 구멍들이 모두 고요해지지. 너는 (바람이 불 때) 나무들이 크게 혹은 작게 흔들리는 모습들을 보지 못했느냐?"(夫大塊噫氣, 其名爲風. 是唯無作, 作則萬竅窺怒呺. 而獨不聞之翏翏乎? 山陵之畏佳, 大木百圍之竅穴, 似鼻, 似口, 似耳, 似枅, 似圈, 似臼, 似洼者, 似汚者, 激者, 謞者, 叱者, 吸者, 叫者, 譹者, 宎者, 咬者. 前者唱于而隨者唱喁. 冷風則小和, 飄風則大和, 厲風濟則衆竅爲虛. 而獨不見之調調之刁刁乎? 『장자』 「제물론」)

~⌣~

땅 혹은 자연으로부터 생겨나는 소리를 장자 특유의 아름답고 실감나는 문장으로 표현하고 있다. 장자가 묘사하는 바람소리가 귓가에 맴도는 듯하다. 청대(淸代)의 유명한 장자 연구가인 선영(宣穎)은 이 부분에 대해 다음과 같이 평가하고 있다. "처음 읽을 때 만물이 바람에 부딪쳐 공중에 흩날리는 모습을 느낄 수 있는데, 마치 백마가 질주하는 듯하고, 거센 파도가 밀려드는 것 같다. 읽고 나면 희미한 소리가 여운을 남기는데, 마치 인적이 드문 어느 가을날 밤의 풍경처럼 고요하다."

　　　　　　　　　　　　　　真人

눈을 감고 귀 기울여보자. 홀로 산속을 한가롭게 거닐고 있다고 상상해보자. 바람이 분다. 나무들이 휘청거린다. 숲 전체가 요란해진다. 이때 내 귀를 스치고 지나가는 다양한 소리들. 콸콸 흘러가는 물소리, 누군가를 애타게 부르는 듯한 소리, 낮게 한숨 쉬는 듯한 소리, 기분 좋게 흥얼거리는 듯한 소리, 참새 떼가 재잘거리는 듯한 소리, 복받치는 울음을 간신히 참는 듯한 소리… 이 모든 소리들은 어디서 오는가? 아마 나무들 사이로 스쳐가는 바람이 만들어내는 바람소리일 것이다.

바람소리? 바람소리는 어디에 있는가? 허공에 있는가? 구멍에 있는가? 아니면 바람 자체에 들어 있는가? 바람소리는 바람에서도 구멍에서도 허공에서도 찾아낼 수 없다. 허공에서 일어나는 바람과 구멍 사이의 우연한 마주침이 그 원천일 뿐이다. 바람은 구멍을 만남으로써 자신의 소리를 드러내고, 구멍은 바람을 만남으로써 자신의 존재를 확인한다. 허공 위로 지나가는 바람은 있는 듯 없는 듯 스쳐갈 뿐 소리도 존재도 없다. 대지 위로 굴러가면서 온갖 구멍들을 만날 때 비로소 바람은 자신의 존재를 확인하게 된다. 바람과 구멍의 만남, 사물과 사물의 마주침이라는 사건이 없다면, 세상은 온통 정적과 침묵으로 가득 차게 될 것이다.

그러면 '하늘의 음악'은 무엇을 말하는가? '인간의 음악'은 피리 소리 같은 것을 말하고, '땅의 음악'은 자연계의 여러 구멍들에서 나는 소리를 말한다는 것은 알겠다. 그런데 장자가 말하는 '하늘의 음악'은 도대체 무엇일까? 천상에서 울려 퍼지는 어떤 소리를 가리키는가? 불교에서는 부처가 6년 고행 끝에 깨달음을 얻었을 때 하늘에서 꽃비가 내리고 이루 형용할 수 없는 아름다운 천상의 음악이 울려 퍼졌다고 한다. 또 기독교에서는 예수가 재림할 때 하늘에서 나팔 소리가 들려올 것이라 말한다. 종교에서 말하는 천상의 소리가 바로 '하늘의 음악'인가? 아니면 하다못해 번개가 번쩍이며 울리는 천둥소리 같은 것인가?

'하늘의 음악'에 대해 장자는 남곽자기의 입을 빌려 단지 이렇게 말한다. "무릇 온갖 형태로 바람이 불어오지만 사물들은 각각 자기 형상대로 소리를 내게 되지. 결국 모두 각자의 형상대로 스스로 소리를 만들어내는 것인데, 소리를 내게 하는 것은 과연 무엇이겠는가?"(夫天籟者, 吹萬不同, 而使其自己也, 咸其自取, 怒者其誰邪?) 무슨 말인가? '하늘의 음악'은 도대체 무엇이란 말인가?

하늘의 음악! 우리는 뭔가 구체적인 '소리'를 기대한다. 그러나 장자의 관점에서 '하늘의 음악'이라는 것은 우리의 귀로 들을 수 있는 구체적인 소리가 아니다. '소리 없는 소리'라고나 할까? '인간의 음악'과 '땅의 음악'을 존재케 하는 배후의 그 무엇을 가리킨다. 다시 말해 현상 세계에 존재하는 다양한 소리들을 생겨나게 하고 존재하게 하는 궁극적인 본원을 말한다. 그 자체는 들리지 않지만 모든 소리의 근원이 되는 그 무엇이다. 마치 모든 실체에 형체를 부여하지만 그 자체는 '형체가 없는 형태',

眞人

모든 존재를 있게 하지만 그 자체는 '존재가 아닌 존재'와 같은 것이다.[1] 그러한 궁극적인 본원을 우리는 보통 '도'라 부른다. 결국 '하늘의 음악'은 도를 체득한 사람이라야 들을 수 있는 '소리 없는 소리'인 것이다.

처음으로 돌아가보자. 남곽자기가 말한 '나를 잊음'과 '하늘의 음악' 사이에는 어떤 관계가 있는가? 남곽자기가 '나를 잊음'의 상태에 이르렀다는 것은 도를 체득하는 경지에 이르렀음을 의미한다. 도를 체득한 남곽자기는 '나'를 잊을 수 있었고, 그 상태에서 '하늘의 음악'을 들을 수 있었다. 하늘의 음악은 육체의 귀로 들을 수 없다. 도를 체득하고 나를 잊은 '상아'의 상태에 이를 때 비로소 열리는 영적인 귀로써만 들을 수 있다.

장자가 「제물론」 첫머리에 '상아'와 '하늘의 음악' 이야기를 끄집어낸 이유는 무엇일까? '제물'이란 만물을 고르게 대한다는 의미, 구체적으로는 만물의 가치를 동등하게 바라본다는 뜻이다. 나와 너를 구분하거나 옳고 그름을 분별하는 일이 없는 무차별의 인식 세계를 말한다. 어떻게 해야 이 세계에 이를 수 있는가? 그것은 '나를 잊음' 즉 '상아'로부터 시작된다. '상아'는 공명심을 없앨 뿐 아니라 자기라는 의식조차 없앤다. 그렇게 함으로써 나와 나 아닌 것의 대립을 넘어서고, 나아가 나의 정신과

---

1) 오강남 옮김, 『장자』, 68쪽.

몸의 구별조차 넘어선 망아(忘我)의 경지에 들어설 수 있다.[2]

이렇게 하여 '나'에 대한 집착과 의식을 없앨 때 나와 너의 구분, 옳음과 그름의 시비분별이 모두 사라진다. 그때 비로소 '하늘의 음악'을 들을 수 있는 영적인 귀가 열린다. 이는 곧 자기 변화(self-transformation) 또는 영혼의 변화를 의미한다. 대붕이 물고기 곤으로부터 환골탈태하는 질적인 변화를 이루었듯이 말이다.

남곽자기는 도를 깨달음으로써 '나'를 잊는 영혼의 변화를 이루었고, '나'를 잊음으로서 만물을 하나로 바라볼 수 있었다. 이렇게 나를 잊고 만물을 하나로 볼 수 있을 때 비로소 참된 사람의 경지로 진입하게 된다.

---

2) 이강수·이권 옮김, 『장자 I』, 87쪽.

眞人

눈먼 사람에게는
화려한 무늬를 보여줄 수 없다

견오(肩吾)가 연숙(連叔)에게 말했다.

"내가 접여(接輿)에게 어떤 말을 들었는데, 그 말이 하도 터무니없어 허황된 곳으로 나아가기만 할 뿐 현실로 돌아올 줄 모르더군. 나는 그 말이 너무도 놀랍고 두려웠다네. 마치 은하수가 끝없이 펼쳐지는 것처럼 말이야. 현실과는 거리가 멀어 전혀 상식에 맞지 않더군."

연숙이 물었다. "어떤 내용이었나?"

견오가 대답했다.

"아득히 먼 고야산(姑射山)에 어떤 신인(神人)이 있는데, 피부

眞人

는 얼음이나 눈처럼 투명하고 처녀처럼 부드러우며, 곡식을 먹지 않고 바람과 이슬을 마시며, 구름을 타고 용을 몰아 천지 밖에서 노닌다고 하더군. 그는 단지 정신을 집중함으로써 사물을 병들지 않게 하고 풍년이 들게 할 수도 있다고 했네. 나는 그의 말이 모두 미친 소리로 들려 도무지 믿지 못하겠네."

연숙이 말했다.

"그렇지. 눈먼 사람에게는 화려한 무늬를 보여줄 수 없고 귀먹은 자에게는 아름다운 음악소리를 들려줄 수 없지. 어찌 육신만 눈멀고 귀먹겠는가? 인식도 눈멀고 귀먹을 수 있지. 바로 자네를 두고 하는 말이네. 신인의 덕은 만물을 두루뭉술 하나로 여기는 경지에 있네. 사람들은 그가 세상을 편안히 다스려주기 바라지만 그가 어찌 세상사로 노심초사하고 싶겠는가! 신인은 세상의 어떤 것으로도 해칠 수 없지. 큰 홍수가 나 하늘까지 물이 차오른다 해도 그를 익사시킬 수 없고, 엄청난 가뭄이 들어 쇠와 돌이 녹고 흙과 산이 탈 정도로 뜨겁다 해도 그를 태워죽일 수 없네. 신인은 먼지나 때 혹은 쭉정이나 겨같이 하찮은 것으로도 요순과 같은 위대한 성인을 만들 수 있는데, 무엇 때문에 굳이 세상사로 분주하길 바라겠는가!"(소요유)

肩吾問於連叔曰 : "吾聞言於接輿, 大而無當, 往而不返. 吾驚怖其言, 猶河漢而無極也; 大有逕庭, 不近人情焉."

連叔曰 : "其言謂何哉?"

曰 : "'邈姑射之山, 有神人居焉. 肌膚若冰雪, 綽約若處子; 不食五穀, 吸風飲露; 乘雲氣, 御飛龍, 而遊乎四海之外. 其神凝, 使物不疵癘而年穀熟.' 吾以是狂而不信也."

連叔曰 : "然! 瞽者无以與乎文章之觀, 聾者无以與乎鐘鼓之聲. 豈唯形骸有聾盲哉? 夫知亦有之. 是其言也, 猶時女也. 之人也, 之德也, 將旁礴萬物以爲一, 世蘄乎亂, 孰弊弊焉以天下爲事! 之人也, 物莫之傷. 大浸稽天而不溺, 大旱金石流土山焦而不熱. 是其塵垢粃糠, 將猶陶鑄堯舜者也, 孰肯分分然以物爲事!"

━━━━

참된 사람은 비상식적으로 보인다. 일상의 삶에 깊이 물들어 있는 보통 사람의 눈으로는 쉽사리 이해되지 않을 수 있다. 그래서 참된 사람의 말은 현실에서 한참 동떨어진 것처럼 황당하고 허황되게 들려 세상의 웃음거리가 되기도 한다. 마치 장자가 세상 사람들로부터 비웃음과 조롱을 받았듯이 말이다. 장자는 이 우화를 통해 참된 사람을 대하는 일반인들의 얕은 인식과 경박한 반응에 대해 말하고 있으며, 동시에 참된 사람의 드높은 정신 경지에 대해 묘사하고 있다.

이 이야기의 중심 소재는 접여가 했다고 전해지는 말이다. 우화 속 접여는 실존인물로, 고대에 꽤 유명한 은사(隱士)였던 모양이다. 은사가 유명했다는 말이 모순되기는 하지만, 그는 『논어』에도 등장해 정치적 야망을 좇는 공자의 위험성을 경고하

眞人

고 있다.[1] 『장자』에서는 이 「소요유」편 외에도 「인간세」 및 「응제왕」편에 등장한다.

접여는 그 이름 앞에 대개 '초광'(楚狂), 즉 '초나라의 미치광이'라는 수식어가 붙어 다닌다. 초나라는 전통적으로 도가 사상이 유행하던 곳이었으므로 접여 또한 도가 계통의 은둔자였을 것이다. 그리고 그에게 '미치광이'라는 호칭이 따라다니는 것은 세상의 격식에서 벗어나 자유롭게 살며 괴팍한 언행을 일삼았기 때문일 것이다. 장자는 미치광이 접여의 입을 빌려 그의 생각을 전하고 있으니, 장자 또한 스스로 세상의 '미치광이'가 되고자 했던 모양이다.

접여가 전하는 고야산 신인의 모습은 기이하고 신비하다. "피부는 얼음이나 눈처럼 투명하고 처녀처럼 부드럽고" "곡식을 먹지 않고 바람과 이슬을 마시며 구름을 타고 용을 몰아 천지 밖에서 노닐며", 심지어 "단지 정신을 집중함으로써 사물을 병들지 않게 하고 풍년이 들게 할 수도 있다"고 한다.[2] 이러한 신인의 이야기에 대해 견오는 한마디로 황당하다는 반응이다. 그 말이 너무도 허황되고 터무니없어, 마치 끝 닿을 곳 없이 펼쳐지는 은

---

1) 『논어』 「미자」. "초나라 미치광이 접여가 공자의 수레 앞을 지나며 노래를 불렀다. '봉황새여, 봉황새여! 덕이 쇠퇴한 세상에서 무얼 어쩌려는가? 이미 지나간 일은 돌이킬 수 없지만 앞으로 다가올 일은 노력해볼 수 있다네. 그만 둘지어다, 그만 둘지어다! 지금 정치를 쫓는 자는 위태로울 뿐이네.' 공자가 수레에서 내려 그와 대화를 나누고자 했다. 그러나 접여는 빠르게 달아나 멀리 사라지고 말았다."(楚狂接輿歌而過孔子曰, "鳳兮鳳兮! 何德之衰? 往者不可諫, 來者猶可追. 已而已而! 今之從政者殆而!" 孔子下, 欲與之言, 趨而辟之, 不得與之言.)

2) 여기서 묘사되는 신인의 모습은 후대 도교에서 불로장생의 경지에 이른 신선의 모습과도 매우 유사하다. 이 때문에 도교에서 장자는 신선 사상의 원조로 받들어지기도 한다.

하수를 보는 것처럼 그저 놀랍고 두렵기만 했다고 불평한다.

그러나 연숙은 오히려 견오의 좁은 안목을 비판하고 나선다. "눈먼 사람에게는 화려한 무늬를 보여줄 수 없고 귀먹은 자에게는 아름다운 음악소리를 들려줄 수 없듯이" 인식의 눈이 멀고 귀먹은 사람은 신인의 경지를 제대로 이해할 수 없다는 지적이다. 그러면서 연숙은 한술 더 떠서 말한다. 신인은 "큰 홍수가 나 하늘까지 물이 차오른다 해도 그를 익사시킬 수 없고, 엄청난 가뭄이 들어 쇠와 돌이 녹고 흙과 산이 탈 정도로 뜨겁다 해도 그를 태워죽일 수 없다"고 말이다.

이야기를 지은 장자는 정말로 그런 신인의 경지가 가능하다고 믿었을까? 정신의 힘만으로 병을 고치고 곡식을 익게 하며, 구름을 타고 용을 몰아 천지 밖을 노닐며, 심지어 깊은 물에 빠지거나 불구덩이에 들어가도 결코 죽지 않는 일이 실제로 일어날 수 있다고 보았을까? 견오는 터무니없고 황당한 이야기라고 반발한다. 우리의 상식적인 관점에서 볼 때도 견오의 반응은 당연하다.

장자가 우리에게 던지는 이 황당함과 우리가 느끼는 당혹감은 어쩌면 장자가 노렸던 일차적 목적인지도 모른다. 마치 대붕의 비상에 대해 매미와 메추라기가 보였던 당황스러움처럼 말이다. 앞서 대붕의 이야기에서 보듯이 장자는 종종 우리에게 감당하기 힘든 '거대 담론'을 던지곤 한다. 일상적 삶을 뛰어넘고 상식을 파괴하는 화두를 던져놓고 그 앞에 당황하여 어쩔 줄 모

　　　　　　　　　　　　　　　眞人

르는 우리의 모습을 은근히 즐기는 듯하다. 그리하여 상식의 세계에 갇혀 있는 우리의 성심(成心)이 깨지길, 파편적이고 개별적인 인식에서 벗어나 전체를 바라볼 수 있는 눈이 뜨이길 바라고 있다. 그러니 눈 밝은 독자라면 이 우화의 수사법에서 몇 가지 상징적 의미를 찾아낼 수 있을 것이다.

첫째, "피부는 얼음이나 눈처럼 투명하고 처녀처럼 부드러우며, 곡식을 먹지 않고 바람과 이슬을 마신다"는 것은 절대적 순수를 상징한다. 장자가 그리는 이상적 인격, 즉 '신인'은 자연과 완전히 합일된 존재다. 욕망으로 가득하고 인위적 삶의 방식으로 점철된 세속에서 벗어나 한 점 오염도 허용 않는 순수의 세계에 도달한 존재다. 그런 순수함을 장자는 "얼음이나 눈처럼 투명하다", "바람과 이슬을 마신다" 등으로 표현하고 있다.

둘째, "구름을 타고 용을 몰아 천지 밖에서 노닌다"는 것은 자연과의 합일 상태를 상징한다. '구름'은 천지 사이를 왕래하는 기운이 모였다 흩어지기를 반복하면서 나타나는 자연현상이다. '용'은 전통적으로 변화를 가리킨다. 따라서 "구름을 타고 용을 몰아 천지 밖에서 노닌다"는 것은 자연과 그 변화의 흐름에 자신을 온전히 맡기고 유유자적하는 모습을 상징적으로 묘사한 것으로 볼 수 있다.

셋째, "정신을 집중함으로써 사물을 병들지 않게 하고 풍년이 들게 할 수도 있다"는 것은 진인의 정신이 천지자연과 직접 감응할 수 있다는 점을 가리킨다. 인간이 자연과 감응할 수 있다는 생각은 현대과학으로는 쉽게 이해할 수 없는 발상이지만 고대에는 널리 유행했던 보편적 사고다. 고대인들은 인간의 정신을 순수하게 하고 한곳에 집중하면 자연과 감응하여 일종의 공명(共鳴) 현상이 발생할 수 있다고 믿었다. 가령 『회남자』「남명」(覽冥)편에서는 제나라의 한 평민 여인이 하늘을 향해 자신의 억울함을 호소하자, 갑자기 천둥과 번개가 내리쳤고 경공(景公)이 누대에서 떨어져 크게 다쳤으며 바닷물이 넘쳤다는 고사[3]를 싣고 있다. 현대의 일부 종교에서 말하는 '기도에 대한 응답'도 이와 유사한 정신 현상으로 볼 수 있다.

넷째, "큰 홍수가 나 하늘까지 물이 차오른다 해도 그를 익사시킬 수 없고, 엄청난 가뭄이 들어 쇠와 돌이 녹고 흙과 산이 탈 정도로 뜨겁다 해도 그를 태워죽일 수 없다"는 것은 생사를 초월한 진인의 정신 경지를 상징한다. 자연과 합일에 이른 진인은 '나'에 대한 의식이 전혀 없다. 가령 물에 빠졌을 때 나는 곧 물이고 물은 곧 내가 된다. 물에 빠져 허우적대는 '나'라는 존재가 없으니 물에 빠져 죽은 '나'도 있을 수 없게 되는 것이다.

사물을 대상화하지 않으니 역설적으로 천지간에 '나' 아닌 것

---

3) 이 고사의 배경에는 다음과 같은 전설이 깔려 있다. 제나라에 한 과부가 살고 있었다. 그녀는 자식이 없는데도 개가하지 않은 채 홀시어머니를 정성껏 모셨다. 한편 시어머니에게는 욕심 많은 딸이 하나 있었는데, 그 딸은 자기 어머니의 재산을 가로챌 마음으로 어머니를 졸라 과부를 재혼하게끔 했다. 그러나 과부는 재혼하라는 말은 듣지 않고 시어머니 봉양에만 더욱 정성을 다했다. 그러자 딸은 급기야 어머니를 죽이고 그 죄를 며느리에게 덮어씌웠다. 과부는 자신의 결백을 주장했으나 아무도 믿으려 하지 않았다. 이에 과부는 하늘을 향해 큰소리로 자신의 억울함을 외쳤다. 이때 하늘에서 천둥이 치면서 경공이 머물던 누대에 벼락이 떨어졌다고 한다.

眞人

이 없다. 그러므로 "신인의 덕은 만물을 두루뭉술 하나로 여기는 경지에 있네"라고 말한다. 「제물론」편에서도 이와 유사한 언급을 찾아볼 수 있다. "지인(至人)은 신묘하다. 큰 연못이 타버릴 정도로 뜨거워도 그를 덥게 할 수 없고, 황하(黃河)와 한수(漢水)가 꽁꽁 얼 정도로 추워도 그를 추위에 떨게 할 수 없으며, 산을 깨뜨릴 정도로 사나운 벼락이 쳐도 그를 상하게 할 수 없고, 태풍이 휘몰아쳐 바다를 요동시켜도 그를 놀라게 할 수 없다.… 삶과 죽음에도 아무런 영향을 받지 않는데 하물며 이로움이니 해로움이니 하는 것에 좌우되겠는가!"(至人神矣. 大澤焚而不能熱, 河漢沍而不能寒, 疾雷破山而不能傷, 飄風振海而不能驚.… 死生無變於己, 而況利害之端乎!) '산다, 죽는다' '이익이다, 손해다' 하는 생각은 지인에게 아무런 감정상의 변화나 영향을 미칠 수 없다는 말이다.

결국 이 우화에서 장자가 그리는 이상적 인격인 '신인'은 자연과 하나가 된 높은 정신 경지의 소유자를 말한다. 우화에 등장하는 인물들의 이름에도 이미 그런 의미가 함축돼 있다. 접여(接輿)는 '함께 이어져 있다'는 뜻이고, 연숙(連叔) 또한 '이어져 있다'는 의미를 지니고 있다. 즉 접여와 연숙은 천지 만물은 모두 하나로 연결돼 있다는 진리를 체득한 인물들인 것이다. 반면 접여와 연숙의 말을 이해하지 못하는 견오(肩吾)는 그 이름에서 '나를 짊어지고 있는' 또는 '나를 의식하며 어깨에 힘을 주는' 인물을 유추할 수 있다. '나'를 짊어지고 있으니 '나'를 의식하고 주장하기에 바빠 자연과의 합일을 생각할 겨를이 없다. 나와 너를 구분하고 이것과 저것을 나누어보고 있으니, 견오로서는 만물과 하나로 연결되고 자연과 하나가 된 접여와 연숙의 말을 이해할 수 없는 것이다.

이 우화는 "신인은 먼지나 때 혹은 쭉정이나 겨같이 하찮은 것으로도 요순과 같은 위대한 성인을 만들 수 있는데, 무엇 때문에 군이 세상사로 분주하길 바라겠는가!"라는 말로 끝난다. 이는 곧 만물과 일체가 되고 생사를 초월한 신인에게는 세상을 다스리는 행위조차 큰 의미를 지니지 못한다는 뜻이다. 세상을 다스리려면 먼저 세상을 대상화해야 한다. 다시 말해 나를 의식하면서 세상을 나와 별도의 존재로 파악해야 한다. 그래야만 다스림이라는 행위가 가능하다. 그러나 이는 신인의 덕과 모순된다. 이미 만물과 하나가 되고 만물을 연속적으로 연결된 그물망으로 이해하고 있는데 어찌 나와 사물을 분리하여 볼 수 있겠는가?

더욱이 이러한 세계에서는 요순과 같은 '위대함'이나 쭉정이나 겨와 같은 '하찮음' 사이에도 아무런 구분이 없다. 피차가 서로 유기적으로 연결된 그물망의 세계에서 위대함이니 하찮음이니 하는 구분 자체가 의미를 갖지 못하기 때문이다. 그러므로 만물과 일체가 되고 생사를 초월한 신인에게 세상을 다스리는 것은 관심 밖의 일일 뿐이다.

　　　　　　　　　　　　　　　　眞人

홀연히 왔다가 홀연히 갈 뿐이다

    옛날의 진인은 사소한 것이라 하여 가볍게 여기지 않았고, 이룬 게 있어도 뽐내지 않았으며, 인위적으로 사람들을 끌어모으지 않았다. 이런 사람은 잘못된 일이 있어도 (지나간 것에 대해) 후회하지 않고, 일이 딱 들어맞게 되어도 스스로 이루어냈다고 생각하지 않는다. 이런 사람은 높은 곳에 올라도 무서워하지 않고, 물에 들어가도 젖지 않으며, 불에 들어가도 타지 않는다. 이는 그의 앎이 높은 도의 경지에 이르렀기 때문이다.

    옛날의 진인은 잠을 자도 꿈을 꾸지 않았고, 깨어 있어도 근심이 없었으며, 음식을 먹어도 맛있는 것을 구하지 않았다. 숨을 쉴 때는 호흡이 매우 깊었으니, 보통 사람들은 목구멍으로 숨을 쉬지만 진인은 발꿈치로 숨을 쉬었다. 외물(外物)에 굴복한 사람은 말하는 것이 마치 토하듯 하고, 욕망이 깊은 사람은 천기(天機)가 얕다.

옛날의 진인은 삶을 기뻐하지 않고 죽음을 싫어하지 않았다. 세상에 나오게 되어도 좋아하지 않았고 저세상으로 돌아가게 되어도 거부하지 않았다. 홀연히 오고 홀연히 갈 뿐이었다. 자신이 비롯된 시원을 잊지 않지만 그 끝을 알려 하지도 않았다. 삶을 받으면 기쁘게 받고 삶을 잃으면 무심히 되돌아갔다. 이런 태도를 가리켜 마음에 의해 도를 손상시키지 않고 인위에 의해 자연을 간섭하지 않는 모습이라고 말한다. 이런 사람이 진인이다.
(대종사)

古之眞人, 不逆寡, 不雄成, 不謨士. 若然者, 過而弗悔, 當而不自得也; 若然者, 登高不慄, 入水不濡, 入火不熱. 是知之能登假於道者也若此.

古之眞人, 其寢不夢, 其覺無憂, 其食不甘. 其息深深, 眞人之息以踵, 衆人之息以喉. 屈服者, 其嗌言若哇. 其耆欲深者, 其天機淺.

古之眞人, 不知說生, 不知惡死. 其出不訢, 其入不距. 翛然而往, 翛然而來而已矣. 不忘其所始, 不求其所終; 受而喜之, 忘而復之. 是之謂不以心捐道, 不以人助天. 是之謂眞人.

眞人

이 글에서는 지금까지 다룬 참된 사람에 대한 내용을 다시 체계적으로 정리하고 있다. 여기서 장자는 특별히 '진인'(眞人)의 의미와 성격 등에 관해 말하고 있는데, '진인'은 장자가 생각하는 참된 사람의 여러 명칭 중 가장 대표적인 이름이다. 우리는 이 문장을 통해 장자가 생각하는 진인의 의미와 성격 그리고 진인의 경지 등에 대해 살펴볼 수 있다.

첫 번째 단락은 진인에 대한 개략적인 설명을 담고 있다.

우선 낮춤의 태도에 대해 언급하고 있다. 진인은 "사소한 것이라 하여 가볍게 여기지 않는다." 장자의 제물론(齊物論)에서는 본래 '사소한 것'이란 존재할 수 없다. 사물들은 각자 나름의 존재 이유와 가치가 있다고 보기 때문이다. 이런 이치를 터득한 진인에게는 가볍게 여길 대상 자체가 없다. 또한 진인은 "이룬 게 있어도 뽐내지 않는다." 진인에게는 '나'에 대한 의식이 없으므로 어떤 일을 이룬다 하여도 그것을 의식하고 자랑할 주체가 존재하지 않는다. 이런 맥락에서 진인은 "일이 딱 들어맞게 되어도 스스로 이루어냈다고 생각하지 않는다."

다음으로 무위의 태도에 대해 언급하고 있다. "인위적으로 사람들을 끌어모으지 않았다"는 말은 진인의 행위 방식이 무위자연적이라는 점을 말한다. 앞서 4장의 '외발이 왕태' 이야기에서 왕태는 사람들 앞에 나서서 가르치지도 않고 사람들과 토론하지 않는데도 그를 따르는 무리가 공자와 맞먹을 정도였다고 했다. 만약 왕태에게 사람들을 끌어모으고자 하는 전략과 의도가 있었다면 어땠을까? 더 많은 사람들이 모였을까? 그렇지는 않았을 것 같다. 참된 사람 왕태는 단지 내면의 덕을 고요히 지켰을 뿐이고, 사람들은 그런 왕태에게서 '거울'을 발견하고 스스로 모여들었던 것이다. 이처럼 진인은 무위의 태도를 지니고 있기에 "잘못된 일이 있어도 (지나간 것에 대해) 후회하지 않는다." 새가 날아간 빈 하늘에 자취가 남지 않듯이 무위의 삶을 사는 사람에게는 후회가 남지 않는다. 설령 과거의 행위에 어떤 잘못이 있다 하여 계속 신경 쓰고 마음 쓴다면, 현재의 삶 나아가 미래의 삶까지 망칠 수도 있다.

마지막으로 외물에 영향 받지 않는 진인의 모습에 대해 말하고 있다. "높은 곳에 올라도 무서워하지 않고, 물에 들어가도 젖지 않으며, 불에 들어가도 타지 않는다"는 말은, 모종의 신통력을 발휘하여 재난에서 벗어난다는 뜻이 아니다. 진인은 정신 경지가 이미 생사의 문제를 초월해 있다. 따라서 자기 몸을 해치거나 상하게 할 일체의 외부 환경에도 영향 받지 않는다. '산다, 죽는다' '이익이다, 손해다' 하는 생각 자체가 진인에게 아무런 변화를 일으킬 수 없다는 말이다.

두 번째 단락에서는 진인의 일상적 모습을 언급하고 있다. 우선 진인의 의식 활동에 대해 "잠을 자도 꿈을 꾸지 않고, 깨어 있어도 근심이 없다"고 말한다. 꿈은 우리의 의식 심층에 자리 잡

眞人

고 있는 무의식에 연결된다. 분석심리학에 의하면 꿈이라는 현상은 무의식으로 통하는 길로서, 무의식이 자신을 드러내는 하나의 방식이다. 무의식이 꿈을 빌려 드러내고자 하는 것, 그것은 의식의 차원에서 이루어지지 못한 욕구다.[1] 따라서 잠잘 때 꿈을 꾸지 않는다는 것은 의식의 차원에서 이루지 못한 욕구가 남아 있지 않다는 말이 된다. 자동차를 운행할 때 매연이 많이 발생한다는 것은 연료가 불완전연소하고 있다는 의미다. 연료와 공기의 양이 적당하여 완전연소하면 연기가 거의 나오지 않는다. 꿈도 마찬가지다. 깨어 있는 동안 의식 활동이 '완전연소'하게 되면 꿈이라는 불완전연소 현상이 발생하지 않을 것이다. 진인은 깨어 있는 매 순간 충일하게 살아간다. 그러므로 충족시켜야 할 욕구도 없고, 꿈도 꾸지 않는다.

"깨어 있어도 근심이 없다"는 말도 같은 차원에서 생각해볼 수 있다. 근심하고 걱정한다는 것은 의식 활동을 현재에 집중하고 있지 않다는 의미다. 우리의 의식이 현재를 떠나 과거 혹은 미래에 머물러 있을 때 근심 걱정이 나타난다. 즉 의식상의 불완전연소가 생겨날 때 근심과 걱정이 나타나는 것이다. 현재의 삶에 온몸으로 몰입하며 살아가는 진인에게는 근심이라는 의식의 찌꺼기가 생겨나지 않는다.

다음으로 진인의 생명활동에 대해 말한다. "음식을 먹어도 맛

---

1) 박원재, 〈도가의 이상적 인간상에 대한 연구〉, 169쪽.

있는 것을 구하지 않고, 숨을 쉴 때는 호흡이 매우 깊다." 맛있는 것을 찾지 않는다는 것은 감각적 욕구를 따르지 않음을 말한다. 입, 귀, 코 등과 같은 오관에 의해 촉발되는 감각적 욕구는 끝이 없다. 노자가 "그 '구멍'을 틀어막고 그 '문'을 닫으면 평생수고롭지 않다"(塞其兌, 閉其門, 終身不勤)고 말했듯이, 장자의 진인 또한 무한한 욕망을 일으킬 수 있는 감각적 욕구를 철저히 경계한다.

또한 진인은 "숨을 쉴 때 호흡이 아주 깊다"고 했다. 오죽하면 '발꿈치로 숨을 쉰다'고 할 정도다. 진인은 심신이 안정되어 있으므로 숨이 깊고 느리다. 그러나 보통 사람들, 특히 현대인들은 그렇지 않다. 현대인들은 숨이 얕다. 늘 스트레스에 시달리고 끊임없는 긴장과 불안 상태에서 생활하다 보니 숨이 얕을 수밖에 없다. 이러한 현대인의 모습이 장자가 말하는 '외물에 굴복한 사람' 혹은 '욕망이 깊은 사람'의 모습에 투영돼 있다. 외물(外物)에 굴복해 감각적 욕구를 맹목적으로 따르는 사람은 마치 토하듯 급하게 말하고, 욕망이 깊은 사람은 선천적인 마음 바탕이 얕고 경박하다. 어떤가, 현대인의 흔한 모습 아닌가?

세 번째 단락에서는 생사 문제에 초연한 진인의 태도에 대해 기술하고 있다. "진인은 삶을 기뻐하지 않고 죽음을 싫어하지 않는다." 앞서 7장에서 언급했듯이 장자 철학에서 생사 문제는 세 가지 측면에서 접근된다. 하나는 운명이고, 둘은 변화이며,

眞人

셋은 제물(齊物)이다. 삶과 죽음은 밤과 낮이 번갈아 나타나듯이 인간이 어찌할 수 없는 것이니 운명으로 여겨야 하고, 자연의 여러 변화 과정 중 하나일 뿐이므로 자연스럽게 받아들여야 하며, 이것과 저것을 구분하는 분별심을 버린 제물(齊物)의 관점에서 보면 굳이 삶을 좋아하고 죽음을 미워할 이유도 없다. 그러니 진인은 "세상에 나오게 되어도 좋아하지 않고 저세상으로 돌아가게 되어도 거부하지 않는다." 그저 홀연히 오고 홀연히 갈 뿐이다.

이런 생사관을 갖게 되면 "자신이 비롯된 시원을 잊지 않지만 그 끝을 알려 하지도 않는다." 지금 이 순간 이 삶의 땅에 발을 딛고 있으니 그것의 시원에 대해서는 생각하지 않을 수 없지만, 죽음은 언제 찾아올지 알 수 없는 미래의 사건이므로 굳이 앞질러 알 필요가 없다는 것이다. 이런 사람은 "마음에 의해 도를 손상시키지 않고 인위에 의해 자연을 간섭하지 않는다."

장자가 그리는 진인의 경지는 우리에게는 아득하다. 오랜 세월 수양에 몰두하고 각고의 노력을 들인다면 혹시 그 근처의 근처라도 다가설 수 있을까? 어쩌면 그가 말하는 진인은 한낱 꿈에 불과할 수도 있고, 영원히 다가설 수 없는 환상에 지나지 않을 수도 있다. 그러나 중요한 것은 이런 진인의 경지가 존재할 수 있다는 우리의 소박한 믿음이다. 아울러 노력 여하에 따라 그런 경지에 한 발짝 가까워질 수도 있지 않을까 하는 작은 소망이다.

사소한 일상사에도 갈대처럼 흔들리는 가벼운 마음을 지닌 우리 범인(凡人)들로서는 그것을 꿈꾸는 것조차 쉽지 않을지 모른다. 그러나 그런 작은 믿음과 소망을 품고 살아갈 때 우리의 삶은 좀 더 의미 있고 발전적인 방향으로 변화하지 않을까? 인간의 실존적 위치가 신과 동물 사이라면, 기왕이면 동물보다는 신을 향해 좀 더 다가서길 바랄 터이니 말이다.

무엇에도 상처받지 않을 자유

현대인들은 모두 아프다고, 힘들다고 아우성이다.

젊은이들은 젊은이들대로 장년들은 장년들대로 그리고 노인들은 노인들대로, 다들 저마다의 고통과 상처를 토로한다. 누군가 자신의 아픔과 고통에 관심 가져주기를 호소하고, 상처를 보듬어주고 치유해주기를 은근히 기대한다. 그 기대가 좌절되면 절망과 비탄에 빠진 채 극단적 선택을 감행하기도 한다. OECD 국가 중 자살률 1위인 나라, 그래서 '자살공화국'이라는 오명까지 덮어쓴 나라의 모습이다.

그러나 생각해보라. 모두들 아프고 힘든 세상에서 누가 남의 고통에 귀 기울이고 남의 상처를 보듬을 여유가 있겠는가? 설령 남의 고통과 상처에 동정하고 도움을 주고자 하는 사람이 있다 할지라도, 그가 어찌 당사자의 고통과 상처를 온전히 이해하고 완벽하게 치유해줄 수 있겠는가?

결국 자신의 아픔과 상처는 스스로 해결할 수밖에 없다. 나 자신만이 나의 상처를 제대로 이해하고, 올바른 치유법도 찾아낼 수 있다. 어쩌면 나의 아픔과 상처는 내가 선택한 것일 수도 있다. 내가 살아온 삶의 방식과 습관 혹은 생각이 현재 내가 겪고 있는 아픔과 상처의 근본 원인일 수 있다. 이 점을 직시하고, 우리 모두 자기 상처의 뿌리를 잘 찾아볼 일이다.

이러한 아픔과 상처의 시대, 여기저기서 '치유'니 '힐링'이니 수많은 말들이 오간다. TV에서 라디오에서 책에서 다양한 해결책을 알려주기도 하고, 이제는 아예 힐링이 하나의 산업으로까지 발전하는 양상이다. 누군가는 마음의 상처로 고통 받고 괴로워하고 있다는데, 셈 빠른 사람은 어느새 그것을 이용해 돈벌이에 나서는 것이다.

마음의 상처와 아픔을 치유하는 방법은 여러 가지일 수 있다. 심리치료, 정신과치료, 명상치유, 여행치유, 음식치유 등등. 그러나 이들 모두 최상의 치유법이라 할 수는 없다. 잠시 상처가 아물고 아픔을 잊을 수 있을지는 모르나 얼마 후 또 다른 상처와 아픔이 돋아나기 쉬운 제한적 방법이다. 그러면 최상의 치유법은 무엇인가? 이 문제를 장자에게 물어보면 아마 장자는 이렇게 말할 것이다.

내물이 마르면 냇물 바닥에 드러난 물고기들이 거품을 뿜어 서로를 적셔준다. 그러나 이는 넓은 강과 호수에서 서로를 잊고 사는 것만 못하다.(泉涸, 魚相與處於陸, 相呴以濕. 相濡以沫. 不如相忘於江湖.)

어려운 처지에 놓인 사람들끼리 서로 돕고 위로하는 모습은 아름답다. 그러나 이는 미담의 소재는 될지언정 최상은 아니다. 마치 마른 강바닥에서 말라가는 물고기들이 거품을 뿜어 서로를 적셔주는 것처럼 말이다. 물고기들의 노력이 서로에게 일시적인 위안은 될 수 있겠지만 결국은 모두 말라죽고 말 것이다. 그러면 최상은 무엇인가? 그것은 서로를 잊고 살아갈 정도의 환경을 확보하는 것이다. 많은 비가 내려 냇물에 물이 가득 고이는 행운이 찾아오든, 혹은 냇물이 마르기 전에 넓은 강이나 호수를 찾아가든 말이다. 넓은 강이나 호수의 물고기들은 서로에 대한 배려와 관심을 잊은 채 각자 평화롭고 자유롭게 노닐 뿐이다.

이와 마찬가지로 최상의 치유 행위는 근본적으로 아예 상처받지 않고 살 수 있는 길을 알려주는 일이다. 상처받는 일이 없으면 치유할 일도 없게 될 것이다. 장자가 바로 그 길을 우리에게 알려주고 있다. 지금까지 장자는 우리에게 대붕의 비상에서 시작해 심재나 좌망 같은 수행법 그리고 진인의 모습까지, 세상을 자유롭게 살아갈 수 있는 방법에 대해 얘기해주었다. 그 방법들을 잘 실천한다면, 그리하여 그 무엇에도 걸림이 없는 자유로운 존재가 될 수 있다면 상처받는 일 따위는 생기지 않을 것이다. 상처받지 않을 수 있다면 치유나 힐링을 구할 일도 없을 것이다.

물론 장자의 사상을 온전히 이해하고 또 완벽하게 실천하기란 결코 쉽지 않다. 장자와 같은 자유인이 좀처럼 나타나지 않았다는 것만 봐도 알 수 있다. 그러나 실천이 어렵다고 해서 전혀 의미 없다고 할 수는 없다. 최소한 장자가 말한 자유인은 우리에게 등대 역할은 해줄 것이다. 깜깜한 밤바다에 희미한 등대가 길잡이가 되어주듯이, 이 혼란의 시대에 장자의 자유인은 우리에게 세상을 보다 지혜롭고 자유롭게 살아갈 수 있는 한 가닥 희망을 보여줄 것이다. 세상이 어두우면 어두울수록, 그 등대는 더욱더 빛날 것이다.

장자, 그리고『장자』

절대자유를 향해 나아간 철학자

장자가 어떻게 살았고 삶의 여정이 어떠했는지에 대해 구체적으로 알려진 바는 많지 않다. 다만 분명한 것은 그리 순탄한 삶은 아니었으리라는 점이다. 이는 그가 중국 전국시대의 한가운데에 살았던 가난한 지식인이었다는 사실에서 출발한다.

전국시대(戰國時代)는 말 그대로 '전쟁의 시대'였다. 은(殷)나라를 무너뜨리고 세워진 주(周)나라는 서쪽 오랑캐 견융(犬戎)의 침입으로 수도가 함락되고 왕이 피살되는 난리를 겪게 된다. 이후 주나라는 낙읍(洛邑)으로 천도하면서 동주(東周)시대를 열었는데, 이때부터 주나라 왕실의 권위는 점차 약화되고 지방 제후들의 세력은 날로 강해졌다.

동주시대는 다시 춘추시대와 전국시대로 나뉘는데,[1] 춘추시대

---

1) 전국시대의 기점에 대해서는 의견이 다양하다. 사마천은 주 원왕(元王) 원년(B.C. 475)을, 송(宋)의 여조겸(呂祖謙)은 주 경왕(敬王) 39년(B.C. 481)을, 곽말약은 주 경왕(敬王) 44년(B.C. 476)을 전국시대의 시작으로 본다. 그러나 일반적으로는 사마광(司馬光)의『자치통감』(資治通鑑)에 근거해, 진(晉)나라가 한·위·조(韓·魏·趙) 삼진(三晉)으로 분할되는 위열왕(威烈王) 23년 즉 B.C. 403년을 전국시대의 시작으로 본다. (서연달 외 지음, 중국사연구회 옮김,『중국통사』, 79-80쪽 참조)

가 지나고 전국시대에 이르면 왕의 권위가 완전히 땅에 떨어지고 지방 제후들이 독자적인 세력을 구축해 왕을 자칭하면서 저마다 독립국을 형성하게 된다. 이후 중국 역사는 진시황이 천하를 통일하기 전까지 끊임없는 전란에 놓였다. 장자는 바로 그 혼란스러운 시대의 한가운데를 살았던 인물이다.[2]

장자의 역사적 삶의 행적은 주로 사마천의『사기』에 의존하게 되는데,『사기』에는 장자의 삶에 대해 다음과 같이 기록돼 있다.

장자는 몽(蒙) 지역의 사람이고 이름은 주(周)다. 장자는 일찍이 몽 지역에서 칠원리(漆園吏)를 한 적이 있으며, 양(梁)나라의 혜왕(惠王)과 제(齊)나라의 선왕(宣王)과 같은 시대에 살았다. 그의 학문은 살피지 않은 분야가 없을 정도로 방대했지만, 궁극적으로는 노자의 사상을 중심처로 삼았다.(莊子者, 蒙人也. 名周. 周嘗為蒙漆園吏, 與梁惠王齊宣王同時. 其學無所不闚, 然其要本歸於老子之言.)

장자가 살았다고 하는 몽(蒙) 지역은 현재의 허난성 상치우(商邱)현 샤오멍청(小蒙城)으로 추정된다. 필자는 2000년대 초 여름에 장자의 고향을 방문한 적이 있다. 베이징 대학에서 방문학자로 1년 6개월 동안의 연구를 마친 후 중국에서 생활했던 기념으

---

2) 장자의 구체적 생존 연대에 대해서는 학자들마다 의견이 분분하지만 대략 B.C. 369년에서 B.C. 286년 사이로 볼 수 있다.

로 '도가(道家) 성지순례' 길에 나섰는데, 그때 가장 먼저 방문한 곳이 바로 장자의 고향마을이었다. 그런데 당시만 하더라도 그곳은 장자를 기리는 기념관이나 시설물 하나 없는 궁벽한 농촌 지역에 지나지 않았다. 단지 장자가 물을 길어 먹었다는 장자정(莊子井)과, 그곳이 장자의 고향임을 알리는 장자고리(莊子故里)라는 표지석이 있을 뿐이었다. 중국이 낳은 세계적인 철학자에 대한 대접치고는 너무 허술하다는 생각을 떨칠 수 없었다.(물론 장자 자신은 거창한 대접 같은 것은 바라지도 않았을 테지만….)

사마천은 장자가 '칠원리'(漆園吏)라는 벼슬을 했다고 기록했는데, 사실 이것은 정식 벼슬이라기보다는 보잘것없는 관리인 정도로 보는 게 합당할 것이다. 칠원(漆園)은 '옻나무 동산'이나 '옻나무 밭'을 가리키는 말이니, 장자는 국가 소유의 옻나무 밭을 관리하는 관리인이었을 것이다. 그나마 장자 성격으로 볼 때 오래 하지 못하고 내던졌을 것이고, 틈틈이 농사를 짓거나 동네 아이들을 가르치며 근근이 의식주 문제를 해결했을 것이다.

장자는 재물과 관직에 초연했으므로 평생을 가난하게 살았고, 때로는 너무 곤궁해 이웃 사람에게 양식을 빌리러 다녔던 것으로 보인다.[3] 이런 고단한 삶은 그가 우화의 소재로 삼고 있는 주인공들에게서도 나타난다. 우화의 주인공들은 대개 불구자, 형벌 받은 죄인, 미치광이, 목수, 백정, 추남 등과 같이 사회적으

---

3) 『장자』 「외물」편에 보면, "장자는 집안이 가난했으므로 감하후(監河侯)에게 곡식을 빌리러 갔다"(莊周家貧, 故往貸粟於監河侯)라는 말이 나온다.

로 무시되고 천대받는 소외 계층이다.

그런데 주목할 점은 이들의 삶이 결코 불행하게 그려지지 않았다는 사실이다. 비록 사회적으로는 무시당하며 살았지만,『장자』의 우화에서 그들은 오히려 임금이나 권력자 또는 고급 지식인들에게 삶의 지혜를 충고하고 가르쳐주는 역할로 등장한다. 아마도 장자는 이런 우화를 통해 당시의 기득권 세력을 조롱하고, 동시에 자신처럼 힘들게 살아가는 소외 계층을 위로하고자 했을 것이다.

한편 사마천은 장자가 양(梁)나라의 혜왕(惠王)과 제(齊)나라의 선왕(宣王)과 동시대를 살았다고 했다. 이 두 임금은 맹자가 자주 언급하고 그가 실제로 대면했던 군주들이므로 장자와 맹자는 동시대에 살았던 셈이 된다. 그런데 이상하게도『장자』나『맹자』어디에도 서로에 대한 언급을 찾아볼 수 없다. 그들의 생활 근거지가 그리 멀지 않았으므로 풍문으로라도 서로의 존재에 대해 들었을 것이다. 그런데도 서로에 대한 언급이 없다는 것은 기이하고도 이상하다. 철학 성향이 다른 두 사람이 의도적으로 서로를 외면했던 게 아니었을까 하는 생각도 든다.

마지막으로, 사마천은 장자가 "살피지 않은 분야가 없을 정도"로 박학다식했다고 말하면서 장자 사상의 궁극적인 귀착지는 노자 사상이었다고 기록하고 있다. 그러나 이 점에 대해서는 좀 더 따져보아야 한다. 왜냐하면 현대의 많은 학자들이 주장하듯이, 장자의 사상이 큰 틀에서는 일부 노자 사상과 상통하지만 구체적으로 들여다보면 서로 다른 면이 많기 때문이다. 노자와 장자 모두 '도'를 기본 출발점으로 삼는다는 의미에서 '도가'의 틀을 공유하는 것은 사실이지만 구체적 색깔은 서로 다르다.

　노자의 기본 관심사는 주로 정치 철학이었다. 노자는 당시의 정치적 혼란을 어떻게 해결할 것인가에 대해 답을 제시하고자 했다. 노자는 사람들이 자연으로부터 부여받은 순박한 본성을 잃고 인위와 기교의 삶에 빠져드는 세태에 문제의 원인이 있다고 진단했다. 이에 노자는 '무위정치'라는 답안을 내놓았다. 우선 위정자들부터 비움과 낮춤의 삶을 실천하고, 백성에 대해서는 다스림 없는 다스림 즉 무위지치(無爲之治)를 시행하라는 것이었다. 지도층이 먼저 소박한 심성을 회복하고 백성에 대한 간섭을 최소화하면 백성들 또한 자연히 순박해질 것이고, 그렇게 되면 세상의 혼란상은 저절로 사라질 거라는 주장이다.

　이에 반해 장자의 관심사는 노자와 달리 주로 수양론이다. 그는 우리 인간들이 왜 끊임없이 서로 다투고 비방하고 갈등하며 살아야 하는지에 대해 통찰했다. 나아가 그는 인간을 묶고 있는 삶의 질곡들은 어디에서 비롯되는지에 대해 깊이 묵상했다. 그 결과 장자는 깨달았다. 자연의 자리 즉 도의 자리에서 모든 존재들은 무차별적인 하나의 고리로 서로 유기적으로 연결되어 있다는 사실을. 이 무차별의 세계에서는 이것과 저것의 구분이 사라지고 너와 나의 대립과 갈등도 사라지게 된다는 이치를. 이것이 이른바 '제물'(齊物)의 세계다. '제물'의 이치를 깨달은 사람은 일체의 갈등과 질곡에서 벗어나, 마치 9만 리 상공을 날아가는 대붕처럼 세상을 소요하며 자유롭게 살아갈 수 있다고 보았다. 그러므로 장자는 성심(成心)에 갇혀 있는 소지(小知)의 사람들을 일깨워 대지(大知)를 체득하게 하고, 궁극적으로는 소요유(逍遙遊)의 절대자유 경지로 나아가길 바랐다. 소요유를 추구했던 장자 철학은 노자 철학과 달리 수양론으로 흐를 수밖에 없었다.

『장자』를 읽는 법

『장자』라는 책은 크고 작은 수많은 봉우리를 품고 있는 거대한 산이다. 다수의 중국 고전들이 그러하듯 『장자』 또한 오랜 시간 동안 다양한 저자들에 의해 이루어진 거대한 집체 저작이기 때문이다.[4] 따라서 우리는 이 책에서 다양한 목소리를 들을 수 있다. 실로 『장자』에는 장자 본인의 목소리, 장자 사상을 충실히 계승하고 해석하려 했던 계승자들의 목소리, 장자를 통해 노자 사상을 정치술로 발전시키고자 했던 황로학자들의 목소리, 그리고 장자를 통해 반체제 사상을 전개하려 했던 무정부주의자들의 목소리가 한데 어우러져 있다. 이들은 비록 『장자』라는 껍질을 공유하고 있지만 서로 다른 색깔을 띤다. 그러므로 『장자』를 읽을 때에는 장자 본인의 글, 제자의 글, 그리고 장자 사상과

---

4) 현재 전해지는 동양 고전들의 상당 부분은 대개 이런 형태다. 『노자』, 『관자』, 『묵자』, 『한비자』, 『여씨춘추』, 『회남자』 등이 이런 부류에 속한다.

직접적인 관련이 없는 글들을 잘 분별하면서 읽을 필요가 있다.[5]

오늘날 전해지는『장자』는 내편 7편, 외편 11편, 잡편 15편 등 총 33편으로 구성돼 있다. 이는 책이 처음 묶였을 때와는 사뭇 다르다. 우선 사마천의『사기』에 따르면 장자가 본래 남긴 글의 분량은 10만여 자였다고 하는데, 현재『장자』에 남아 있는 장자 본인의 글은 1만 3천여 자에 불과하다. 그리고 한나라 초기까지만 하더라도『장자』는 본래 52편이었다고 하는데[6] 현재의『장자』는 33편에 지나지 않는다. 현재 우리가 보는『장자』는 위진 시대의 곽상(郭象)이 당시의『장자』를 새롭게 편집한 형태다.

곽상은 당시 전해지던『장자』에서 중복된 일부 내용을 잘라 내고, 또 무질서하게 뒤섞여 있는 글들을 나름의 기준에 근거해 재편집했다. 그 결과가 내편 7편, 외편 11편, 잡편 15편으로 새 롭게 구성된『장자』다. 내편은 편명이 모두 세 글자로 되어 있으 며, 각 편명은 해당 내용을 압축적으로 표현하고 있다. 일부 이 견이 있기는 하지만 내편은 대다수의 학자들에 의해 장자 본인 의 글로 인정되고 있다. 내편 중 특히 「소요유」와 「제물론」은 장

---

5) 현재 시중에 나와 있는『장자』관련 책들, 심지어『장자』에 관한 전문 학술논문 중 상당수가 이런 구분 없이 통괄적으로 장자 사상을 기술하고 있다. 가령 장자 사상을 논의하면서『장자』내편의 글 뿐 아니라 외편이나 잡편의 글까지 마구잡이로 끌어들여 인용하고 있는 실정이다. 사정이 이렇다 보니 일반 독자들에게는 장자 사상이 자칫 이런저런 사상들이 뒤섞인 '잡탕 사상'으로 오해될 여지 가 있다. 다만『장자』에 들어 있는 비장자 계통의 글들도 고대 중국(전국 말기~한대 초기)에 유행했 던 도가 사상의 중요한 자료들이라는 점은 부인할 수 없다.

6)『한서』(漢書)「예문지」(藝文志)에는『장자』52편으로 기록되어 있다. 당(唐)나라 시대 육덕명(陸 德明)이 정리한『경전석문』(經傳釋文)「서록」(序錄)에도 사마표(司馬彪)의 주석본 52편과 맹씨(孟 氏)의 주석본 52편을 언급하고 있다.

자 사상의 핵심을 담고 있는 것으로 간주된다. 반면 외편과 잡편의 편명은 각 편의 처음 두 글자를 차용해 제목으로 삼고 있는데, 이들 글은 장자의 후학 그리고 전국 말기와 한대 초기의 도가학자들이 남긴 것으로 추정된다.

문제는 외편과 잡편 사이의 구분이다. 어떤 기준으로 외편과 잡편을 나누었을까? 아마도 곽상은 장자의 사상을 직접 계승한 사람들의 글을 외편으로, 장자 사상과 직접적인 관련이 없는 글들을 잡편으로 분류했을 것이다. 그러나 현재 외편과 잡편의 내용을 분석해보면 외편 중에도 장자 사상과 연관성 없는 글들이 있고, 잡편 중에도 장자 사상과 관련 있는 글들이 있다. 그러므로 우리는 장자 사상을 계승하고 있느냐 아니냐에 따라 외편과 잡편을 새롭게 분류할 필요가 있다.[7]

이와 함께 『장자』를 읽을 때에는 독특한 화술에 주목할 필요가 있다. 그것은 우언(寓言), 중언(重言), 치언(巵言)이라는 세 가지 표현방식이다. 이 점에 대해 「우언」편에서는 이렇게 말한다. "우언(寓言)이 열 가운데 아홉이고, 중언(重言)이 열 가운데 일곱이며, 치언(巵言)이 날로 새롭게 나타나 시비의 분별을 사라지게

---

7) 김충열 선생은 외편의 「변무」, 「마제」, 「추수」, 「지락」, 「달생」, 「산목」, 「전자방」, 「지북유」 8편과 잡편의 「경상초」, 「서무귀」, 「칙양」, 「외물」, 「우언」, 「열어구」, 「천하」 7편을 장자 사상의 계승자인 장학파(莊學派)의 저술로 본다. 그리고 외편의 「거협」, 「재유」, 「천지」, 「천도」, 「천운」, 「각의」, 「선성」 7편과 잡편의 「양왕」, 「도척」, 「어부」 등은 장자 후학 중 황로학 등의 영향을 받은 비장학파의 저술로 파악한다. (김충열, 『노장철학강의』, 233쪽 참조.)

한다."(寓言十九, 重言十七, 卮言日出, 和以天倪.)

우언이라는 것은 일종의 우화를 말한다. 이솝우화처럼 전달하고자 하는 뜻을 곧바로 제시하지 않고 비유나 가공의 이야기를 통해 간접적으로 혹은 상징적으로 표현하는 방식이다. 가령 『장자』 첫머리의 「소요유」편에는 거대한 새 대붕의 이야기가 나온다. 장자는 대붕이 북명에서 출발해 남명으로 날아간다고 하는 괴이한 이야기를 통해 자신이 노닐고 싶은 소요유의 경지를 멋들어지게 표현해내고 있다.

중언이란 세상 사람이라면 누구나 심복할 수 있는 권위자의 입을 빌려 자신의 생각을 전달하는 표현법이다. 『장자』에서는 주로 황제나 노자나 공자와 같은 역사적 인물이 그 역할을 한다.[8] 중언의 표현방식은 서양 철학자 베이컨이 말하는 4대 우상론 중 '극장의 우상'과 비슷하다. 베이컨은 참된 앎이나 올바른 인식을 위해서는 우리가 가진 여러 가지 선입관이나 편견을 제거해야 한다는 차원에서 '4대 우상'을 말했다. 그중 '극장의 우상'은 기성의 권위를 아무런 비판 없이 받아들이는 맹목적인 태도를 말한다. 그러니까 베이컨은 극복해야 할 대상으로 '극장의 우상'을 제시한 셈이다. 그러나 장자는 이를 자신의 생각을 타인에게 효과적으로 전달하는 긍정적인 수단으로 활용했다.

---

8) 여기서 한 가지 주목할 점은 공자에 대한 장자의 이중적 태도다. 장자는 자신의 우화에 종종 공자를 등장시키는데, 어떤 곳에서는 좁은 유가적 안목에 갇혀 있는 조롱의 대상으로 또 어떤 곳에서는 도가 사상을 대변하는 위대한 인물로 그려내고 있다.

치언이라는 것은 아무런 성심(成心) 없이 무심히 흘려보내는 듯한 어법을 말한다. 성현영에 따르면 '치'(卮)는 술잔의 일종으로, 가득 차면 기울어지고 비워지면 똑바로 서는 그릇이라고 한다. 이는 곧 비고 가득 참을 다른 사물에 맡기고, 기울고 바로 섬을 남에게 따르는 무심의 경지를 상징한다. 「우언」편에서는 치언에 대해 이렇게 표현하고 있다. "말하는 바 없이 말하면 종신토록 말하여도 일찍이 말한 적이 없는 것이 되고, 종신토록 말하지 않아도 일찍이 말하지 않은 적이 없는 것이 된다."(言无言, 終身言, 未嘗言; 終身不言, 未嘗不言.) 대체 무슨 말인가? 아집과 편견을 버리고 자연의 본래 모습으로 돌아가, 통달한 경지에서 대자연을 대변하는 이른바 '자연의 소리'(天籟)가 바로 치언이라는 것이다. 그러므로 치언은 특별히 전달하고자 하는 바가 없는 것 같으면서도 무언가를 전달하고 있는 '불언지언'(不言之言)의 어법이라 할 수 있다.

이상의 세 가지 화법은 『장자』 글에서 명확히 구분되지 않는다. 우언 속에 중언이 포함되어 있기도 하고, 중언 속에 우언이 들어 있기도 하며, 또 우언과 중언 속에 치언이 나타나기도 한다. 여하튼 이 세 가지 어법을 염두에 두고 읽으면 『장자』의 의미를 보다 효과적으로 이해하는 데 도움이 될 것이다.

---

9) 김충열, 『노장철학강의』, 237쪽.

아집에서 벗어나 자유에 이르는 삶

『장자』 전체를 놓고 보면 이 저술이 무엇을 말하고자 했는지 추려내기가 쉽지 않다. 앞서 말했듯이 『장자』에는 장자 본인을 비롯해 여러 인물의 글이 혼재돼 있기 때문이다. 따라서 여기서는 장자 본인의 생각이 담겨 있는 내편의 내용을 중심으로 장자의 사상을 개략적으로 살펴보고자 한다.

장자는 중국 역사상, 아니 어쩌면 동양 역사상 가장 자유로운 영혼의 소유자였다고 할 수 있다. 그는 세상의 모든 구속과 속박에서 벗어난 절대적 자유의 경지에서 노니는 것을 추구했다. 세상에 머물되 세상을 넘어서는 초월적 자유를 지향했다. 이 점은 그가 글 첫머리에 「소요유」편을 배치했다는 사실에서 언뜻 눈치 챌 수 있다. 즉 장자는 물이라는 한계와 속박에 갇혀 있던 물고기가 '붕'이라는 새로 변화하고, 그 새가 다시 9만 리 상공을 향해 거침없이 비상하는 장면을 첫머리에 둠으로써[10] 자신이 궁극적으로 지향하는 바가 무엇인지를 은근히 드러내고 있다. 그것은 바로 '유'(遊), 즉 자유롭게 노니는 것이다.

우리는 누구나 자유로운 삶을 꿈꾼다. 일차적으로는 물질적으로 자유롭기를 바란다. 육신이 건강해 내 의지대로 자유롭게 움직일 수 있기를 원하고, 또한 경제적으로 곤궁하지 않아 갖고 싶은 것을 얻는 데 어려움이 없기를 바라며, 또는 돈 때문에 하

---

10) 현행 『장자』의 편재는 위진시대의 곽상에게서 나왔지만, 내편의 경우는 애초 장자가 남긴 원형 그대로 받아들였을 가능성이 크다.

기 싫은 것을 억지로 하지 않아도 될 자유를 희망한다.

그러나 이것만이 전부는 아니다. 어쩌면 우리 인간에게 물질적 자유보다 더 중요한 것은 정신적 자유일 수 있다. 생각하고 싶은 것을 마음대로 생각할 수 있고, 말하고 싶은 것을 마음대로 표현할 수 있는 사상의 자유를 원한다. 나아가 무엇에도 걸림이 없는 자유로운 정신 경지에 도달하기를 바란다. '배부른 돼지보다 배고픈 소크라테스가 낫다'는 말처럼, 자유의 진정한 의미는 정신적 자유로움에 있다고 해야 할 것이다.

그런데 우리의 정신은 자유롭지 못하다. 그 이유는 무엇인가? 우리의 마음이 세속의 영역에 얽매여 그것을 초월하는 경지를 보지 못하기 때문은 아닌가? 우리의 시야가 상식적인 세계에 갇혀 그 너머에 있는 또 다른 세계로 들어가지 못하고 있기 때문은 아닌가? 장자는 「소요유」편에서 우리를 일상의 협소한 세계에서 끌어내 광활한 세계로 안내하고 있다. 즉 장자는 우리에게 '열려진 드넓은 공간'을 펼쳐 보임으로써 정신적 해방감을 맛보게 한 것이다.

자유로워지려면 우선 깨어나야 한다. 현재 내가 잠들어 있다는 사실을, 지금 내가 머무르고 있는 곳이 꿈속이라는 사실을 인식하고 거기로부터 벗어나야 한다. 마치 장자가 나비 꿈을 꾸다가 홀연히 깨어나듯이, 또는 꿈속에서 또 꿈을 꾸다가 깨어나고 또 깨어나듯이, 이 모든 미몽(迷夢)으로부터 깨어날 것을 장자는 촉구한다. 꿈에서 깨어나 존재의 실상을 확연히 깨달으라고 말한다. 이것을 장자는 '현해'(懸解)라 했다.[11] 이는 '거꾸로 매달려 있는 상태에서 풀려남'이라는 의미를 지닌다. 거꾸로 매달려 있으면 힘들고 괴롭다. 세상을 제대로 볼 수 없다. 그러다가 그 상태에서 풀려나면 심신이 지극히 편안해지고 모든 것을 제대로 볼 수 있다.

또한 자유로워지려면 변화해야 한다. 현재의 나에 고착되지 않고, 일상적인 나에 머물지 않고 나날이 새로워지는 존재로 살아가야 한다. 현재의 나는 '작년의 나', '지난달의 나', '어제의 나'와는 다른 모습으로 변화해야 한다. 사실 '현재의 나'는 이미 '어제의 나' 또는 '작년의 나'와는 다른 모습으로 바뀌어 있다. 단지 그 사실을 깨닫지 못했을 뿐이다. 그러므로 변화는 존재의 실상이다. 그런데 사람들은 이런 이치를 깨닫지 못하고 무언가에 집착하고 매달린다. 사랑에 집착하고, 재물에 집착하고, 명예에 집착하고, 이름에 집착하고, '나'에 집착하고, 과거에 집착하고…. '변화는 존재의 실상이다' 또는 '존재의 실상은 변화다'라는 사실을 깨달으면 우리의 모든 집착도 사라지게 될 것이다.

이러한 깨어남과 변화를 통해 존재는 그 실상을 우리에게 드러낸다. 그것은 '고름'(均)이요 '무차별'이다. 장자는 그 세계를 '제물'(齊物)이라는 말로 표현한다. 이것은 일상의 속박과 구속

---

11) 불교에서는 '해탈'이라 말한다. 이런 점에서 장자 철학과 불교 철학은 상호 통하는 점이 있다.

으로부터 초월한 자만 인식할 수 있는 세계다.

세계에는 다양한 '차이'들이 존재한다. 자연계의 사물뿐 아니라 사람들 사이에도 온갖 차이가 있다. 민족과 국가의 차이, 문화와 종교의 차이, 지식과 이념의 차이, 성격과 사고의 차이….그러나 이 모든 차이들은 도의 자리에서 바라보면 그저 '하나'일 뿐이다. 우주에서 지구를 바라보면 개별적인 사물들은 사라지고 그저 하나의 둥근 지구로 보이듯이, '좁은 시야'에서 드러나는 다양한 차이와 이질적 요소들은 '도'라는 '큰 시야'에서 바라보면 홀연히 사라진다. 이것이 바로 '제물'의 세계다.

장자가 '제물'을 주장했다고 해서 개별적인 차이를 일절 무시했다고 생각하면 오해다. 오히려 이것은 개별적인 차이를 지극히 존중하는 태도에서 나온다. 사물 간에 존재하는 개별적인 차이를 온전하게 인정하고 이해하기 위해서는 '전체'를 바라볼 수 있는 안목이 필요하다는 것이다.

결국 '제물'이란 만물을 고르게 대한다는 의미, 보다 구체적으로는 만물의 가치를 동등하게 바라본다는 뜻이다. 나와 너를 구분하거나 옳고 그름을 분별하지 않는 무차별의 인식 세계를 말한다.

그렇다면 무차별의 세계는 어떻게 확보되는가? 그것은 '나를 잊음', 즉 상아(喪我)로부터 시작된다. '상아'는 공명심을 없앨 뿐 아니라 자기라는 의식조차 없앤다. 그렇게 함으로써 나와 나 아닌 것의 대립을 넘어서고, 나아가 나의 정신과 몸의 구별조차 넘어선 망아(忘我)의 경지에 들어설 수 있다.[12] 이렇게 하여 '나'에 대한 집착과 의식이 사라질 때 나와 너의 구분, 옳음과 그름의 시비분별이 모두 사라지게 될 것이다.

이제 새삼스레 이런 질문을 던져본다. 장자가 제물론 사상을 제시한 현실적인 이유는 무엇이었을까?

그것은 아마도 당시에 유행한 백가쟁명(百家爭鳴)의 사상적 분위기에서 찾을 수 있을 것이다. 당시의 지식인들은 유가, 도가, 법가, 명가 등 다양한 학파로 나뉘어 저마다 자기 목소리를 내는 데 몰두했다. 누구나 자기네 사상만이 난세를 해결할 수 있는 유일한 사상이라고 외쳤다. 이에 대해 장자는 '나'에 대한 고집과 집착을 버리는 게 중요하다고, 그래야만 세상의 시비가 잠잠해질 수 있다고 지적하고 나섰다. 나와 남을 구별하는 분별심을 버리고, 나만 옳고 너는 그르다는 아집에서 벗어나 '도의 자리' 즉 개방된 시선으로 세상을 바라보아야 시비 다툼이 사라질 수 있다고 강조했다. 그리하여 당시의 지식인들로 하여금 관념적인 구속과 세속적인 질곡에서 벗어나, 넓고 시원한 자유로운 세계를 호흡하며 정신적 소요를 누릴 수 있는 길을 열어주고자 했다.[13]

---

12) 이강수·이권 옮김, 『장자 I 』, 87쪽.
13) 김충열, 『노장철학강의』, 231쪽. 김충열 선생은 장자에 대해 다음과 같이 총괄적으로 평가하고 있다. "남방의 뛰어난 자연 환경과 남방인 특유의 감수성에 영향을 받아, 풍부한 시적 환상과 직관 그리고 초탈에 바탕을 둔 원융무애한 정신세계를 개척하여 그 경지를 예술적으로 향유했다."

이처럼 장자는 편견과 아집에서 벗어나고 시비분별이 모두 사라진 인격, 그리하여 초월적 자유의 경지에 이른 인격이 되기를 꿈꾸었다. 『장자』에서 그런 인격은 대개 지인(至人), 신인(神人), 성인(聖人) 등으로 표현된다. 그리고 장자는 그러한 이상적 인격의 특징으로 '삼무'(三無)를 제시한다. 그는 「소요유」편에서 다음과 같이 말한다. "지인은 무기(无己)하고, 신인은 무공(无功)하며, 성인은 무명(无名)하다."(至人无己, 神人无功, 聖人无名.)

무기(無己)는 편견에 사로잡힌 '나' 또는 작은 세계에 갇힌 '나'에서 벗어난다는 의미이고, 무공(無功)은 공을 세우고도 자신이 이루어냈다는 의식이 없는 것을 말하며, 무명(無名)은 이름 즉 명예에 대한 집착이 없음을 말한다. 이들 중 핵심은 물론 무기다. 무공, 무명을 실천하기 위해서는 무기가 전제되어야 하기 때문이다.

이러한 이상적 인격에 도달하기 위한 방법으로 장자는 좌망(坐忘), 심재(心齋), 견독(見獨)과 같은 수양법을 제시한다. 좌망(坐忘)은 '앉은 채로 잊어버린다'는 말인데, 몸과 마음을 모두 잊은 무념무상의 경지에 든 것을 의미한다. 심재(心齋)는 마음을 텅 비워 자연과 하나가 된 상태를 가리키며, 견독(見獨)은 절대적인 경지를 봄 즉 도를 깨달은 것을 말한다.

▶ 원전

— 郭慶藩 撰, 『莊子集釋』, 北京, 中華書局, 1982.

— 『論語』(漢文大系1), 東京, 富山房, 昭和 59.

— 樓宇烈 校釋, 『老子周易王弼注校釋』, 臺北, 華正書局, 1983.

— 『孟子』(漢文大系1), 東京, 富山房, 昭和 59.

— 『列子』(漢文大系13), 東京, 富山房, 昭和 59.

— 王先愼, 『韓非子集解』, 北京, 中華書局, 2003.

— 劉文典, 『淮南鴻烈集解』, 北京, 中華書局, 1989.

▶ 단행본

— 강신주 지음, 『장자, 차이를 횡단하는 즐거운 모험』, 그린비, 2007.

— 권택영 지음, 『라깡, 장자, 태극기』, 민음사, 2003.

— 김충열 지음, 『김충열 교수의 노장철학 강의』, 예문서원, 1995.

— 渡邊卓 지음, 『古代中國思想の研究』, 創文社, 東京, 1977.

— 로버트 앨린슨 지음, 김경희 옮김, 『장자, 영혼의 변화를 위한 철학』, 그린비, 2004.

— 리우샤오간 지음, 최진석 옮김, 『장자 철학』, 소나무, 1990.

— 모로하시 데쓰지 지음, 조성진 옮김, 『장자 이야기』, 사회평론, 2005.

— 방동미 지음, 남상호 옮김, 『원시 유가 도가 철학』, 서광사, 1999.

— 서연달 외 지음, 중국사연구회 옮김, 『중국통사』, 청년사, 1990.

— 안동림 역주, 『장자』, 현암사, 2001.

— 양승권 지음, 『장자, 너는 자연 그대로 아름답다』, 한길사, 2013.

— 오강남 풀이, 『장자』, 현암사, 2006.

— 吳經熊·曹永祿 지음, 정인재 옮김, 『禪의 饗宴』(上), 동국대부설 역경원, 1988.

— 왕멍 지음, 허유영 옮김, 『나는 장자다』, 들녘, 2011.

— 왕보 지음, 김갑수 옮김, 『장자를 읽다』, 바다출판사, 2007.

— 왕카이 지음, 신정근·강효석·김선창 옮김, 『소요유, 장자의 미학』, 성균관대학교출판부, 2013.

— 욜란디 야코비 지음, 이태동 옮김, 『칼 융의 심리학』, 성문각, 1992.

— 이강수·이권 옮김, 『장자 I 』, 길, 2005.

— 이석명 옮김, 『도덕경』, 올재, 2014.

— 이석명 옮김, 『회남자 I 』, 소명출판, 2010.

— 이석명 옮김, 『회남자 II 』, 소명출판, 2010.

— 이석명 지음, 『노자, 비움과 낮춤의 철학』, 천지인, 2010.

— 이숭녕 감수, 『새국어대사전』, 한국도서출판중앙회, 2000.

— 이승희 감수, 『엣센스국어사전』, 민중서림, 1987.

— 이효걸 지음, 『이효걸의 장자강의』, 홍익출판사, 2013.

— 정용선 지음, 『장자, 마음을 열어주는 위대한 우화』, 간장, 2011.

— 푸페이룽 지음, 심의용 옮김, 『장자 교양강의』, 돌베개, 2011.

▶ 연구논문

— 박원재, 〈도가의 이상적 인간상에 대한 연구〉, 고려대학교 박사학위논문, 1996.

— 김경희, 〈장자의 사상적 전회〉, 『도교문화연구』, 27집, 2007.

— 이종성, 〈마음 비움의 계보학〉, 『철학연구』(대한철학회), 98집, 2006.

— 이종성, 〈장자 철학에 있어서 마음 닦음의 해체적 성격〉, 『철학논총』(새한철학회), 21집, 2000.

— 이종성, 〈장자 철학에서의 '성심'에 대한 성찰〉, 『대동철학』(대동철학회), 23집, 2003.

— 이종성, 〈장자의 좌망론〉, 『대동철학』(대동철학회), 24집, 2004.

— 이진용, 〈양생사상의 정당화 가능성 문제〉, 『철학논총』(새한철학회), 65집, 2011.

— 이택용, 〈『장자』 「덕충부」의 主旨 및 '덕'의 의미에 대한 고찰〉, 『동양철학연구』(동양철학연구회), 81집, 2015.

— 장윤수, 〈장자 철학의 정신치료적 함의〉, 『철학논총』(새한철학회), 50집, 2007.

— 최유진, 〈장자의 죽음에 대한 견해〉, 『대동철학』(대동철학회), 25집, 2004.

— 황병기, 〈『장자』 「양생주」편에 나타나는 생명의 주인〉, 『양명학』(한국양명학회), 37호, 2014.